ARBRES

ARBRES

Allen J. Coombes

Photographies de
Matthew Ward

Bordas

A DORLING KINDERSLEY BOOK

Édition originale :
Eyewitness Handbook - Trees

Édition française :
Traduction et adaptation :
Isabelle Delvallée
Supervision scientifique :
Sabine Rzepka, Alain Madec
Révision et préparation :
Trudi Strub
Fabrication : Fabienne Rousseau
Édition : Anne Nogard,
Mathilde Majorel
Responsable d'édition : Jean Arbeille

Composition, mise en pages et films :
Charente Photogravure,
L'Isle-d'Espagnac

ISBN : 2-04-760018-9
Dépôt légal : avril 2001
N° Editeur : 10082974
Achevé d'imprimer en mars 2001
à Singapour, sur les presses
de Kyodo Printing Co.

SOMMAIRE

OBSERVONS LES ARBRES

Isolés sur le versant venté d'une colline, rassemblés dans une forêt, ou alignés dans les rues des villes, les arbres constituent un élément important de presque tous nos paysages. Leurs variations au cours des saisons – non seulement en forme, taille, couleur et texture, mais également dans les détails les plus précis des feuilles, fleurs, fruits et écorces – font de leur étude une source de plaisirs toujours renouvelée.

DU FAIT QUE les arbres survivent presque partout, on peut les apprécier et les étudier où que l'on se trouve. À la campagne, ils poussent, pas toujours mais souvent, comme la nature en a décidé ; en zone urbaine, ils sont plantés le long des rues, dans les parcs et les jardins publics pour adoucir un cadre créé par l'homme. Bien que rien n'égale l'observation des arbres poussant librement dans leur habitat naturel, les villes restent bien entendu des lieux privilégiés pour les étudier et en apprendre plus à leur sujet.

CHOIX DES ARBRES

Ce livre présente les espèces d'arbres qui poussent à l'état sauvage dans les régions tempérées du globe. Dans l'hémisphère Nord, il s'agit de la plus grande partie de l'Asie et de la Chine, de l'Amérique du Nord, de l'Europe jusqu'au Bassin méditerranéen, de l'Himalaya ; dans l'hémisphère Sud, il s'agit de l'Amérique du Sud, des régions les plus froides de l'Australie, et de la Nouvelle-Zélande. À l'intérieur de cette zone étendue, l'ouvrage présente une sélection de plantes illustrant la diversité étonnante des arbres du monde entier, en essayant d'y inclure la plupart des espèces susceptibles de se trouver dans les jardins et les rues, ainsi que quelques spécimens plus inhabituels ou plus rares.

HÊTRAIE EN AUTOMNE
Une hêtraie constitue l'une des splendeurs de l'automne. Son couvert au feuillage très dense ne laisse pénétrer qu'une faible lumière et ne permet la croissance que d'un petit nombre de plantes.

HÊTRE D'ORIENT
(Fagus orientalis)

LA CONSERVATION DES ESPÈCES

Depuis quelques années, la destruction des forêts tropicales soulève, fort justement, une grande attention : ces dernières grandes zones de diversité naturelle sont le refuge de nombreux animaux et plantes, dont la préservation pourrait être d'importance vitale pour l'humanité. Confrontés à un débat de cette envergure, on oublie facilement que la plupart des forêts des régions tempérées ont déjà souffert des dommages qui menacent à présent celles des régions tropicales. Dans les pays développés, d'immenses surfaces de terres boisées naturelles ont déjà disparu au profit de l'agriculture et des besoins de l'homme en papier, matériaux de construction et autres produits à base de bois, créant ainsi les paysages relativement artificiels que nous connaissons aujourd'hui.

CHÂTAIGNIER DE CHINE
(C. mollissima)

Dans les pays en voie de développement, les bois des zones tempérées sont toujours menacés dans des régions comme l'Himalaya et l'Amérique du Sud. L'abattage des arbres, en particulier dans les régions très pluvieuses, provoque des inondations et des coulées de boue, du fait de la disparition de la végétation qui stabilisait des collines entières – sans parler des conséquences à long terme de cet abattage.

La majorité des espèces sont distribuées suffisamment largement pour supporter un abattage partiel sans que leur survie soit mise en danger. Cependant, certaines ont un habitat plus réduit. J'en donnerai pour seul exemple le sapin d'Espagne (*Abies pinsapo*, p. 57), qui pousse sur quelques montagnes dans une région restreinte du sud de l'Espagne. Il y a des années, son bois constituait une ressource locale de valeur. À présent, des coupes supplémentaires pourraient faire disparaître à jamais ces forêts magnifiques. La protection de cette espèce et d'autres espèces en danger mérite tous nos efforts.

ESPÈCES MENACÉES
Les maladies peuvent pratiquement détruire une espèce. L'encre du châtaignier, maladie cryptogamique, a tué presque tous les châtaigniers sauvages d'Amérique (Castanea dentata, *p. 149*). *Le châtaignier de Chine* (C. mollissima, *p. 149*) *est utilisé pour tenter de produire des arbres résistants.*

UN SURVIVANT CHINOIS
L'écorce du Magnolia officinalis, *var.* biloba *était récoltée pour fabriquer des médicaments, entraînant l'extinction de l'espèce dans la nature. Elle survit dans les jardins grâce à la culture.*

S'ADAPTER POUR SURVIVRE
Les mélèzes (Larix, *pp. 60-61) poussent dans les conditions les plus sévères. Leur feuillage est produit sur de nombreuses pousses latérales courtes – une adaptation qui leur permet de profiter des conditions favorables dès que les feuilles apparaissent.*

HABITAT ET MILIEU

Capables de s'adapter, les arbres peuvent pousser dans des habitats très divers. En général, ce sont les conifères qui connaissent les conditions les plus hostiles. Leur forme élancée minimise les dégâts causés par la neige ; grâce à leurs feuilles persistantes, ils profitent au mieux d'une saison de croissance parfois courte et peuvent survivre à des périodes de sécheresse prolongées, quand le sol est gelé ; enfin, la pollinisation par le vent rend inutile la visite d'insectes, parfois rares ou même inexistants dans ces habitats défavorables.

Dans les habitats moins hostiles, la saison de croissance plus longue favorise les espèces à feuilles caduques, qui ont le temps de produire de nouvelles feuilles, tous les ans, selon un cycle de renouvellement ininterrompu. Dans les zones ombragées, de grandes feuilles peuvent intercepter le maximum de lumière ; en zones humides, l'eau s'écoule rapidement grâce aux pointes effilées ; en zones sèches, la couleur grise ou argentée des feuilles permet de réduire les pertes en eau ; les fleurs odorantes ou voyantes augmentent les chances de pollinisation par les insectes.

PLANTES HYBRIDES
Un hybride est le résultat d'un croisement de deux espèces différentes et présente en général des caractéristiques intermédiaires entre les deux parents. Certains hybrides ne sont produits qu'en culture, les parents n'étant pas réunis dans la nature. L'hybridation est signalée par un signe de multiplication (×) ; *le signe plus* (+) *désigne les hybrides de greffage (voir glossaire).*

◁ **ILEX LATIFOLIA**

△ PARENT N°1
Ilex latifolia *(p. 112) a des feuilles assez grandes, bordées de dents, mais sans épines.*

ILEX × KOEHEANA ▷

L'HYBRIDE ▷
Ilex × koeheana *(p. 112) porte les grandes feuilles de* I. latifolia, *et a hérité de la bordure d'épines de* I. aquifolium.

◁ **HOUX COMMUN** ***(Ilex aquifolium)***

△ PARENT N° 2
Le houx commun (Ilex aquifolium, *p. 109) a des feuilles caractéristiques bordées d'épines.*

Une famille d'arbres

Famille
Une famille contient un seul genre ou plusieurs genres apparentés. Le nom de la famille s'écrit toujours en caractères romains, par ex. Rosacées.

Genre
Un genre contient une seule espèce ou plusieurs espèces apparentées. Le nom du genre s'écrit toujours en caractères italiques, par ex. *Prunus, Sorbus.*

Espèce
Une espèce est une unité, désignant une plante particulière. Le nom s'écrit en caractères italiques, par ex. *padus, lusitanica, domestica.*

Sous-espèce
Une sous-espèce est une division principale de l'espèce. Ces deux éléments sont toujours en caractères romains et italiques, par ex. subsp. *azorica.*

Variété et forme
La variété (var.) et la forme (f.) sont des subdivisions d'une espèce, toujours écrites en caractères romains et italiques, par ex. var. *maliformis.*

Cultivar
Un cultivar est une forme sélectionnée et nommée en raison de ses qualités horticoles. Le nom du cultivar est en caractères romains, entre guillemets simples par ex. 'Watereri'.

Observations et notes sur les arbres

Consigner par écrit vos observations sur les arbres est une lecture passionnante pour plus tard. Choisissez une demi-douzaine de vos arbres favoris près de chez vous ou de votre lieu de travail. Rendez visite à chacun d'entre eux plusieurs fois au cours des quatre saisons et constituez un dossier qui enregistre leurs caractéristiques aux différentes époques de l'année.

Mesurer la hauteur d'un arbre

Coupez une baguette bien droite, d'une longueur égale à la distance entre votre œil et votre poing en extension maximale. Tenez-la verticalement par son milieu, à bout de bras, et avancez ou reculez de façon à aligner le haut de la baguette avec le sommet de l'arbre et le bas avec la base de l'arbre. Repérez l'endroit où vous vous tenez, et mesurez la distance de ce point jusqu'à la base de l'arbre. Cette distance indique la hauteur de l'arbre.

long ruban (30 m) pour mesurer la hauteur et la circonférence du tronc

Empreintes d'écorce

Il existe un moyen efficace pour relever divers motifs et textures d'écorces. Maintenez à plat une feuille de papier sur la surface du tronc et frottez doucement avec un crayon gras. Notez la date, le nom de l'arbre et son emplacement.

Notes sur le terrain

Notez la hauteur de l'arbre, sa circonférence, la couleur et la texture de son écorce. Relevez des détails sur les feuilles, fleurs et fruits (selon l'époque de l'année), l'emplacement et la date. Complétez ces notes chez vous.

crayons gras et papier pour les empreintes d'écorce

échantillon pour un examen plus détaillé à la maison

crayons de couleur pour des croquis

petit carnet de croquis pour les notes visuelles

photographies de référence

loupe

étiquette avec attache pour les échantillons

COMMENT UTILISER CE LIVRE

CE LIVRE EST ORGANISÉ en fonction des principaux groupes d'arbres : les conifères et espèces apparentées, et les feuillus. Ces groupes sont divisés en familles, par ordre alphabétique. Pour chaque famille, une courte introduction indique le nombre de genres et d'espèces qu'elle contient et décrit les caractéristiques des plantes qui en font partie. Les entrées sont ensuite présentées par ordre alphabétique par genre, et par espèce dans chaque genre. Elles fournissent des informations détaillées, par le texte et l'image, sur les espèces choisies dans chaque famille.

Chaque entrée débute par le nom commun, ou le nom scientifique si aucun nom commun accepté n'existe. Beaucoup de plantes en effet n'en ont pas : elles sont suffisamment connues sous leur nom scientifique pour ne pas en avoir besoin. L'exemple suivant présente l'organisation d'une entrée typique.

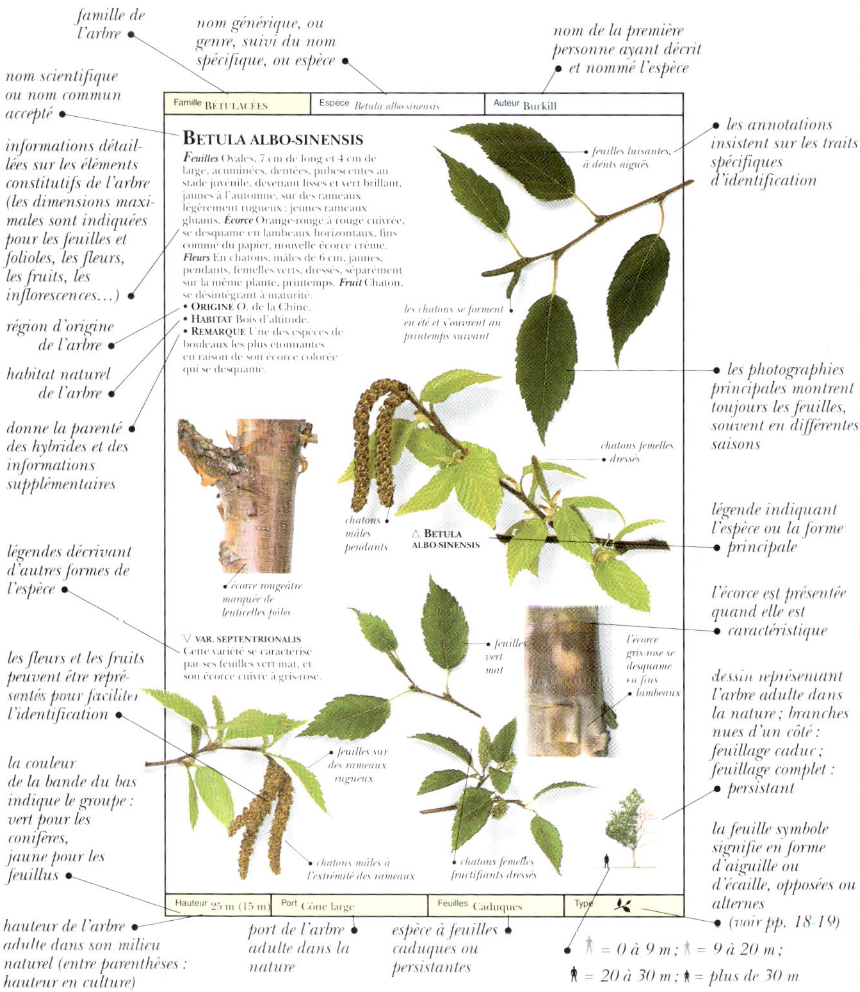

QU'EST-CE QU'UN ARBRE ?

UN ARBRE est un élément vivant. Il possède une tige ligneuse, le tronc, un système racinaire, et des branches couvertes de feuilles en saison. Il peut avoir des fleurs et ensuite des fruits.

La taille et le port distinguent les arbres des arbustes. Un arbre atteint en général 5 m ou plus et n'a qu'une tige qui peut se diviser ; un arbuste est d'habitude plus petit et de nombreuses tiges poussent à partir de sa base. Une espèce qui forme un grand arbre dans une vallée fertile peut n'être qu'un arbuste bas sur un versant de colline exposé. Dans un terrain découvert, l'arbre peut développer une couronne étalée ; dans une forêt touffue, son port sera plus étroit.

FEUILLES
La chlorophylle est le pigment qui donne aux feuilles leur couleur verte. Elle permet à la plante de convertir l'eau et le dioxyde de carbone en sucres et en oxygène en utilisant l'énergie solaire (photosynthèse).

TRONC ET ÉCORCE
Le tronc conduit l'eau et les sels minéraux vers les feuilles, et les produits de la photosynthèse des feuilles aux racines. Il supporte les branches et leur feuillage. La couche d'écorce externe protège les délicats tissus vivants sous-jacents.

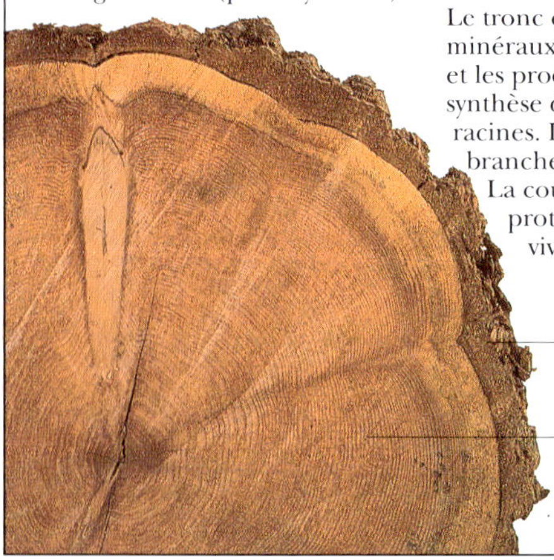

SYSTÈME RACINAIRE
Un arbre adulte possède de grosses racines principales qui l'ancrent dans le sol et le supportent. Un réseau environnant de racines très fines absorbe l'eau et les sels minéraux qui sont transportés vers les parties de l'arbre en croissance active.

Bourgeons et rameaux

Les bourgeons sont formés par la croissance des jeunes feuilles à l'intérieur d'une couche d'écailles pendant l'hiver. Celles-ci protègent les jeunes feuilles jusqu'à ce qu'elles soient capables de se déployer au printemps. Les rameaux transportent l'eau et les éléments nutritifs et portent les feuilles.

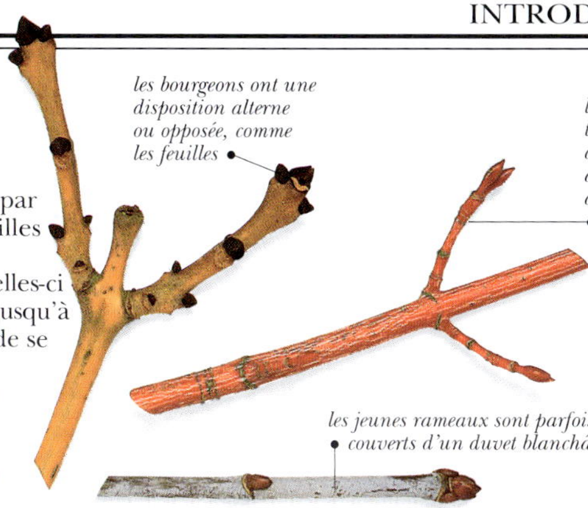

Fleurs

Les fleurs produisent le pollen et le reçoivent d'autres plantes. Il est en général transporté par le vent ou par les insectes. Si la pollinisation est réussie, des fruits contenant des graines se forment.

Fruit

Le fruit protège les graines pendant qu'elles mûrissent et facilite leur dispersion quand elles sont mûres. Les fruits charnus sont en général mangés par les animaux, qui se déplacent et disséminent les graines ; les fruits secs et ailés sont emportés par le vent.

LES DIFFÉRENTES PARTIES DE L'ARBRE

EN VOUS FAMILIARISANT avec les principales parties d'un arbre, et avec leur diversité, vous identifierez plus facilement les arbres en n'importe quelle saison ; il faut également connaître les mots spécifiques qui les décrivent. Des feuilles, des fleurs, des fruits, et des écorces typiques sont illustrés dans ces pages. Quand vous pourrez relier les mots aux images, vous pourrez imaginer l'aspect des différentes parties de l'arbre en lisant les entrées.

LES DIX PRINCIPALES FORMES DE FEUILLES

Les formes de feuilles sont très variables, comme les formes de base. Toutes les feuilles ne rentrent pas dans l'une des catégories présentées ci-dessous (catégories intermédiaires). Ces formes s'appliquent non seulement aux feuilles simples mais aussi aux folioles (divisions) d'une feuille composée. Une feuille simple est une feuille qui n'est pas divisée en parties séparées. Une feuille composée est divisée en 2 parties ou plus.

Feuilles aciculaires : côtés parallèles, pointe effilée.

Feuilles linéaires : côtés parallèles, pointe émoussée.

Feuilles arrondies : contour plus ou moins circulaire.

Feuilles oblongues : côtés parallèles ou presque.

Feuilles elliptiques : larges, aux 2 extrémités rétrécies.

Feuilles cordées : base à échancrure profonde.

Feuilles ovales : moitié inférieure plus large.

Feuilles obovales : moitié supérieure plus large.

Feuilles lancéolées : élancées, moitié inférieure plus large.

Feuilles oblancéolées : élancées, moitié supérieure plus large.

LES PARTIES DE LA FLEUR

Alors que les feuilles peuvent varier énormément à l'intérieur d'un genre, les fleurs des espèces et des genres apparentés sont généralement similaires, au moins dans leur structure. Celles des arbres sont souvent petites, parfois insignifiantes, et sans pétales ou peu visibles ; elles peuvent aussi être grandes et spectaculaires. Certaines sont odorantes, d'autres sentent mauvais ou n'ont pas d'odeur. La façon dont elles sont portées – solitaires ou en groupes – est également un critère d'identification important.

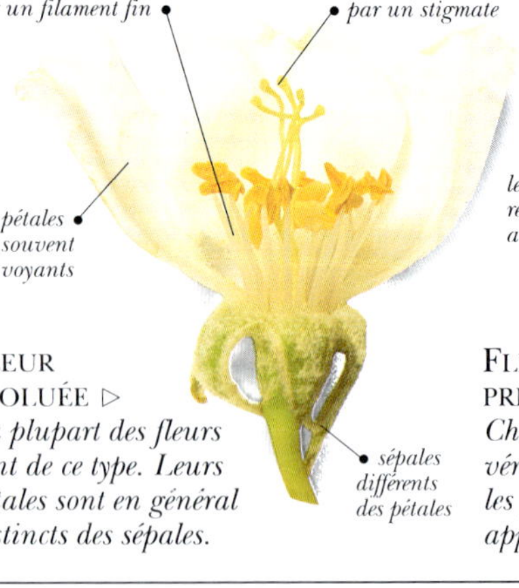

FLEUR ÉVOLUÉE ▷
La plupart des fleurs sont de ce type. Leurs pétales sont en général distincts des sépales.

FLEUR PRIMITIVE ▷
Chez ces fleurs, pas de véritable distinction entre les pétales et les sépales, appelés collectivement tépales.

TYPES DE FRUITS

Les fruits se développent à partir des fleurs, et le type de fruit porté par un arbre est donc – comme pour les fleurs – caractéristique du genre ou même de la famille auquel il appartient. La plupart des fruits proviennent d'une seule fleur. D'autres, comme la figue (*Ficus carica*, p. 219), dérivent de plusieurs fleurs ayant fusionné pour former des fruits multiples.

NOIX (*Juglans regia*) ▽

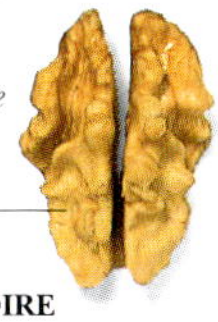

Les noix ont une coquille dure avec une seule graine souvent comestible

◁ **PRUNE (*Prunus domestica*)**

Les fruits à noyau sont charnus, avec une seule graine

◁ **POIRE (*Pyrus communis*)**

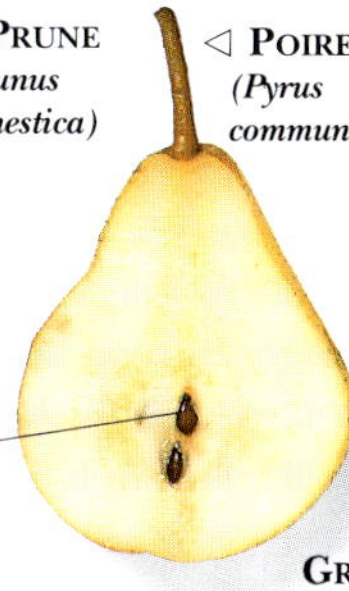

Les fruits charnus peuvent contenir plusieurs graines et sont souvent comestibles

▽ **FIGUE (*Ficus carica*)**

Réceptacle charnu contenant de nombreuses graines minuscules développées à partir de fleurs se trouvant à l'intérieur

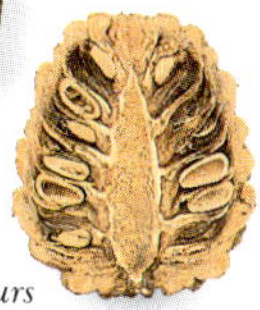

▽ **GRAINES AILÉES ISSUES D'UN CÔNE**

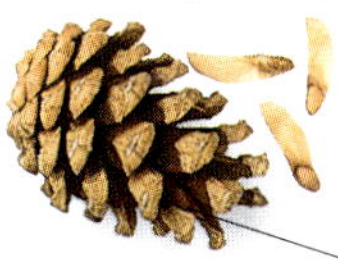

Les graines des cônes sont nues et portées sur la surface interne des écailles. Celles-ci restent étroitement fermées jusqu'à la maturité des graines

GRAINES △ **ISSUES D'UNE GOUSSE**

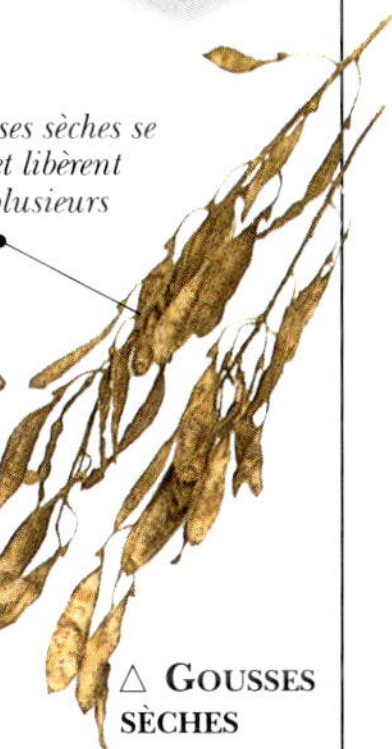

Les gousses sèches se fendent et libèrent une ou plusieurs graines

△ **GOUSSES SÈCHES**

TYPES D'ÉCORCES

Les motifs et les textures caractéristiques des écorces se développent parce que la circonférence du tronc augmente. En effet, l'écorce externe est constituée de cellules mortes et ne peut grandir, et quand le tronc grossit, l'écorce se craquelle et pèle de différentes façons. L'écorce est un moyen d'identification très utile, car il peut être utilisé toute l'année.

écorce lisse, mouchetée de lenticelles

L'écorce lisse caractérise beaucoup d'arbres jeunes. Elle peut se craqueler ou peler avec l'âge.

l'écorce du jeune arbre était toute blanche

Les plaques sont des surfaces d'écorces irrégulières, s'exfoliant souvent, avec des craquelures.

de l'écorce plus jeune est visible à la base des crêtes et des fissures

Crêtes et fissures se développent parfois en craquelures épaisses. Elles peuvent être saillantes ou profondes.

l'écorce nouvellement exposée a une couleur caractéristique

L'écorce qui pèle verticalement pend souvent puis tombe de l'arbre en longs rubans et bandes.

arracher l'écorce à la main l'abîme

L'écorce qui pèle horizontalement se déroule parfois du tronc en bandes et en larges plaques fines comme du papier.

l'écorce qui s'exfolie présente différents stades et couleurs

L'écorce qui s'exfolie irrégulièrement révèle des couches d'âges différents et donne au tronc un aspect hirsute.

Conifère ou feuillu ?

Afin de découvrir tout ce que l'on peut savoir sur une espèce d'arbre, les scientifiques ont souvent recours au microscope. Celui-ci fournit des indices indispensables, mais cachés, pour l'identification d'une espèce (bien que les scientifiques eux-mêmes puissent faire des erreurs). Mais, pour la plupart des gens, l'observation attentive et détaillée de ce qui est immédiatement visible doit suffire. Il est facile, si vous connaissez les traits particuliers de ces deux groupes principaux, de distinguer les conifères et espèces apparentées des feuillus. Leurs principales caractéristiques sont décrites et illustrées dans ces deux pages.

Conifères et espèces apparentées

Feuilles

La plupart des conifères ont un feuillage persistant : ils gardent leurs feuilles en hiver. Quelques-uns sont caduques : ils renouvellent leurs feuilles tous les ans. Les feuilles sont généralement étroites, à pointe aiguë, ou petites et squamiformes. Le feuillage est souvent doux et aromatique.

Fleurs

Elles sont mâles ou femelles, sur la même plante ou non. Elles n'ont pas de pétales, mais certaines sont assez décoratives. Les fleurs femelles ont souvent des écailles aux couleurs vives ; les fleurs mâles libèrent un pollen poudreux.

Fruit

Chez la plupart des conifères, le « fruit » est un cône, souvent composé d'écailles ligneuses. Les espèces de genévrier ont des écailles charnues, qui donnent au « fruit » une allure de baie. Les plantes proches des conifères, comme les ifs, ne sont pas de vrais conifères, mais leur sont apparentés. Leur « fruit » est une graine entourée d'une paroi charnue.

Les différences botaniques

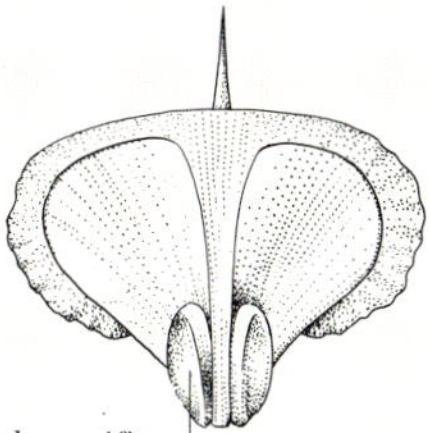

les conifères portent des graines nues

Conifères

Les conifères et espèces apparentées sont classés dans les gymnospermes : plantes à graines nues, qui ne sont pas renfermées dans un ovaire. On considère qu'ils sont plus primitifs que les feuillus.

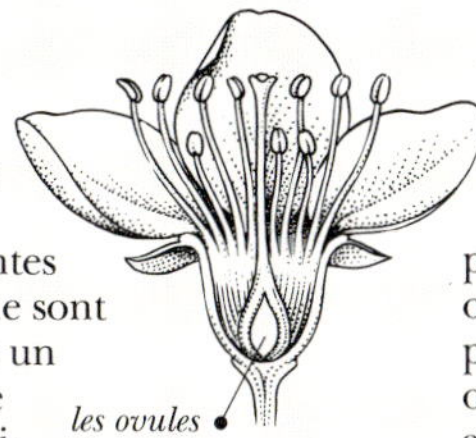

les ovules des feuillus sont à l'intérieur d'un ovaire

Feuillus

Les feuillus sont classés dans les angiospermes : plantes dont les ovules sont protégés par un ovaire. Ces ovules évoluent en graines après une fécondation réussie.

Feuillus

Feuilles

Le feuillage est persistant ou caduc. Les feuilles sont simples ou composées, généralement plates, avec un réseau distinct de fines nervures. Leur forme est très variable. Le feuillage peut être aromatique, mais jamais résineux comme celui des conifères.

Fleurs

Les fleurs des feuillus sont généralement hermaphrodites : les organes mâles et femelles sont sur la même fleur. Les fleurs mâles et femelles séparées peuvent être portées par la même plante ou non. Fleurs généralement avec pétales, souvent odorantes.

Fruit

Le fruit des feuillus présente une diversité beaucoup plus grande que celui de la plupart des conifères. Il peut être sous forme de baie, de capsule, de drupe, de gousse ; il est ligneux, charnu, ou sec ; épineux, rugueux ou lisse ; comestible ou non ; et de toutes les couleurs possibles quand il est mûr.

CLÉ D'IDENTIFICATION DES ARBRES

LA CLÉ des pages 18 à 33 utilise les caractéristiques des feuilles pour vous aider à identifier les arbres décrits dans ce livre. L'**étape 1** (ci-contre) vous permet de classer votre arbre dans les conifères, les feuillus ou les palmiers. Dans l'**étape 2**, les conifères et les feuillus sont répartis en groupes selon leur type de feuille. Dans l'**étape 3**, chacun de ces groupes est divisé en groupe plus précis avec deux genres ou plus.

ÉTAPE 1 : QUEL GROUPE ?

Les arbres se répartissent en deux grands groupes : les conifères et les feuillus (y compris les palmiers). Les caractéristiques des conifères sont indiquées p. 16, celles des feuillus p. 17, et celles des palmiers p. 19.

CONIFÈRE

FEUILLU

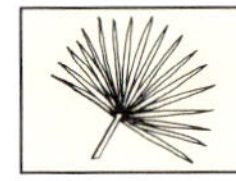

PALMIER

ÉTAPE 2 : CONIFÈRES – À FEUILLAGE CADUC OU PERSISTANT ?

Seuls quelques conifères de ce livre ont des feuilles caduques ; la plupart ont un feuillage persistant. Les espèces caduques perdent leurs feuilles en automne. Au printemps, leurs jeunes feuilles pâles sont nettement visibles. Les espèces persistantes gardent leurs feuilles en hiver, on les reconnaît donc facilement. Si l'arbre a des feuilles caduques, consultez les pages 20-21. S'il a des feuilles persistantes, déterminez si les feuilles sont squamiformes ou non, puis consultez les pages 22-23 ou 20-21.

FEUILLES NON SQUAMIFORMES

- *Groupées ou en verticilles* **20-21**
- *Isolées, rameaux dissimulés* **20-21**
- *Isolées, rameaux non dissimulés, pousses de 1 an vertes* **20-21**
- *Isolées, rameaux non dissimulés, pousses de 1 an non vertes* **20-21**

FEUILLES CADUQUES

- ***Ginkgo* 20**
- ***Larix* 20**
- ***Pseudolarix* 20**
- ***Glyptostrobus* 21**
- ***Metasequoia* 21**
- ***Taxodium* 21**

CONIFÈRES

FEUILLES PERSISTANTES

AU MOINS QUELQUES FEUILLES SQUAMIFORMES

- *Feuillage en ramules aplatis* **22-23**
- *Feuillage en ramules irréguliers* **22-23**

ÉTAPE 2 : FEUILLUS – FEUILLES OPPOSÉES OU ALTERNES ?

Les feuillus ont toujours des feuilles disposées selon l'un des modes suivants : opposé ou alterne. Les feuilles opposées sont portées par 2 ou 3, l'une en face de l'autre, de chaque côté de la tige. Les feuilles alternes sont isolées, étagées alternativement de chaque côté de la tige. Les folioles sont également opposées ou alternes. Si votre feuille est opposée, consultez les pages 22-25, si elle est alterne, les pages 24-33.

OPPOSÉES

FEUILLUS

ALTERNES

COMPOSÉES, OPPOSÉES

- ***Feuilles dentées ou lobées*** **22-23**
- ***Feuilles non dentées*** **24**

SIMPLES, OPPOSÉES

- ***Feuilles dentées*** **24-25**
- ***Feuilles non dentées*** **24-25**
- ***Feuilles lobées*** **24**

COMPOSÉES, ALTERNES

- ***Feuilles pennées, dentées*** **24-27**
- ***Feuilles pennées, non dentées*** **26-27**
- ***Feuilles bipennées, dentées*** **26**
- ***Feuilles bipennées, non dentées*** **26**
- ***Feuilles à 3 folioles*** **26**

SIMPLES, ALTERNES

- ***Feuilles non dentées, persistantes*** **28-29**
- ***Feuilles non dentées, caduques*** **28-29**
- ***Feuilles lobées, dentées*** **30-31**
- ***Feuilles lobées, non dentées*** **30-31**
- ***Feuilles non lobées, dentées, persistantes*** **30-31**
- ***Feuilles non lobées, dentées, caduques*** **32-33**

ÉTAPE 2 : PALMIERS

Les palmiers ont un port qui ressemble souvent à celui des arbres, mais ce ne sont pas de vrais arbres. Ils ont une seule tige sans branches, dont la circonférence ne s'accroît pas en vieillissant, et des feuilles distinctement divisées. La plupart des palmiers sont originaires de régions chaudes, mais certaines espèces poussent dans les régions tempérées, telles que le Bassin méditerranéen et le sud des États-Unis. Le palmier de Chine (*Trachycarpus fortunei*), décrit comme un exemple de palmier dans ce livre qui concerne surtout les régions tempérées, est l'espèce la plus rustique. Si votre feuille appartient à ce palmier, consultez la page 31.

PALMIERS

ÉTAPE 3 : CONIFÈRES

Cette étape finale de la clé d'identification va vous conduire rapidement à la bonne section de ce livre. Si vous avez commencé par consulter cette partie de la clé, retournez aux pages 16 et 17, qui décrivent et illustrent les principales caractéristiques différenciant les conifères et espèces apparentées des feuillus. Ces traits notés, reportez-vous aux pages 18 et 19 et lisez les étapes 1 et 2 de la clé. Vous êtes maintenant prêt pour l'étape 3.

Chaque feuille individuelle de cette clé représente un genre. Vous avez déjà déterminé à quel type de conifère vous avez affaire – espèce à feuilles caduques ou persistantes, squamiformes

CONIFÈRES	FEUILLES CADUQUES	Type : non squamiforme

Feuilles renouvelées tous les ans

Ginkgo **51**

Larix **60-61**

Pseudolarix **76**

CONIFÈRES	FEUILLES PERSISTANTES	Type : non squamiforme

Feuilles groupées ou en verticilles

Fitzroya **44**

Juniperus **44-48**

Cedrus **58-59**

Feuilles isolées, jeunes pousses dissimulées par les feuilles ou par la base des feuilles

Araucaria **34**

Arthrotaxis **80**

Cryptomeria **80**

Feuilles isolées, jeunes pousses non dissimulées, tiges de un an vertes

Cephalotaxus **34-35**

Podocarpus **78**

Saxegothaea **78**

ou non. Vous verrez que chaque grand groupe a été divisé en plusieurs petits groupes. Vous atteignez un autre niveau d'information, affinant les détails ; par exemple, les feuilles sont-elles groupées, en verticilles, ou isolées ? Comparez soigneusement vos feuilles à celles présentées dans les bandes de chaque section, et déterminez à quel groupe appartient votre feuille. Comparez votre feuille aux feuilles du groupe final, et trouvez celle qui lui ressemble le plus. Le genre auquel appartient la feuille est indiqué sous sa photographie. Consultez la (les) page(s) notée(s) derrière le nom de genre pour découvrir la ou les entrées pertinentes de l'espèce.

Glyptostrobus **81**

Metasequoia **81**

Taxodium **83**

Pinus **66-75**

Sciadopitys **82**

Sequoia **82**

Sequoiadendron **82**

Taiwania **83**

Taxus **79**

Torreya **79**

Cunninghamia **81**

Feuilles isolées, jeunes rameaux non dissimulés, pousses de un an non vertes

Abies **52-57**

Picea **62-65**

Pinus monophylla **70**

CONIFÈRES	FEUILLES PERSISTANTES	Type : quelques feuilles squamiformes

Feuillage en ramules aplatis

Austrocedrus **35**

Calocedrus **36**

Chamaecyparis **37-39**

Feuillage en ramules irréguliers

Cupressus **41-43**

Juniperus **44-48**

ÉTAPE 3 : FEUILLUS

Cette étape finale de la clé d'identification va vous conduire rapidement à la bonne section de ce livre. Si vous avez commencé par consulter cette partie de la clé, retournez aux pages 16 et 17, qui décrivent et illustrent les principales caractéristiques différenciant les conifères et espèces apparentées des feuillus. Ces traits notés, reportez-vous aux pages 18 et 19 et lisez les étapes 1 et 2 de la clé. Vous êtes maintenant prêt pour l'étape 3.

Chaque feuille individuelle de cette clé représente un genre. Vous avez déjà déterminé à quel type de feuille de feuillu vous avez affaire – opposé ou alterne, composé ou simple. Vous

FEUILLUS	FEUILLES OPPOSÉES	Type : composé

Feuilles dentées ou lobées

Acer **84-104**

Eucryphia **146-148**

Aesculus **178-181**

Pseudotsuga **76**

Tsuga **77**

Cupressocyparis **40**

Cupressus cashmeriana **41**

Thuja **49-55**

Thujopsis **51**

verrez que chaque grand groupe a été divisé en plusieurs petits groupes. Vous atteignez un autre niveau d'information, affinant les détails; par exemple, les feuilles sont elles dentées, non dentées ou lobées? Comparez soigneusement vos feuilles à celles présentées dans les bandes de chaque section, et déterminez à quel groupe appartient votre feuille. Comparez votre feuille à celles du groupe final, et trouvez celle qui lui ressemble le plus. Le genre auquel appartient la feuille est indiqué sous sa photographie. Consultez la (les) page(s) notée(s) derrière le nom de genre pour découvrir l' (les) entrée(s) pertinente(s) de l'espèce.

Fraxinus **228-230**

Feuilles non dentées

Phellodendron **283**

Tetradium **284**

FEUILLUS	FEUILLES OPPOSÉES	Type : simple

Feuilles dentées

Acer **84-104**

Euonymus **132**

Cercidiphyllum **133**

Eucryphia **146-148**

Feuilles non dentées

Catalpa **129-131**

Buxus **131**

Cornus **133-138**

Eucryphia **146-148**

Feuilles lobées

Acer **84-104**

Catalpa **129-131**

Paulownia **296**

FEUILLUS	FEUILLES ALTERNES	Type : composé

Feuilles pennées, dentées

Rhus **105-106**

Carya **182-183**

Juglans **183-185**

Platycarya **185**

Chionanthus **227-228**

Phillyrea **231**

Rhamnus cathartica **237**

Eucalyptus **222-225**

Myrtus **225**

Chionanthus **227-228**

Ligustrum **231**

Pterocarya **186-187**

Gleditsia **195**

Cedrela **217**

Sorbus **274-282**

Zanthoxylum **285**

Koelreuteria **295**

Xanthoceras **295**

Feuilles pennées, non dentées

Rhus trichocarpa **106**

Juglans regia **185**

Cladrastis **194**

Feuilles bipennées, dentées

Aralia **114**

Gleditsia **195**

Feuilles bipennées, non dentées

Acacia **190-191**

Albizia **192**

Gymnocladus **195**

Feuilles trifoliées

Laburnocytisus **196**

Laburnum **197-198**

Ptelea **284**

Ailanthus **296**

Maackia **198**

Robinia **199**

Sophora **200**

FEUILLUS	FEUILLES ALTERNES	Type : simple

Feuilles non dentées, persistantes

Ilex **108-113**

Arbutus **141-143**

Rhododendron **144**

Chrysolepis **150**

Acacia **191**

Magnolia **202-215**

Callistemon **221**

Eucalyptus **222-225**

Feuilles non dentées, caduques

Cotinus **105**

Asimina **107**

Cornus alternifolia **133**

Diospyros **138-139**

Sassafras **189**

Cercis **192-193**

Genista **194**

Magnolia **202-215**

Cotoneaster **240**

Cydonia **244**

Mespilus **255**

Pyrus salicifolia **273**

Lithocarpus **154**

Quercus ilex **163**

Laurus **188**

Umbellularia **189**

Pittosporum **233**

Embothrium **236**

Drimys **310**

Elaeagnus **140**

Hippophae **140**

Fagus **151-153**

Quercus **158-173**

Maclura **220**

Nyssa **226-227**

Embothrium **236**

Rhamnus frangula **237**

Feuilles lobées, dentées

Kalopanax **115**

Quercus **158-173**

Liquidambar **175-176**

Broussonetia **218**

Crataemespilus **244**

Malus **245-254**

Sorbus **274-282**

Populus alba **286**

Feuilles lobées, non dentées

Quercus **158-173**

Sassafras **189**

Liriodendron **201**

Feuilles non lobées, dentées, persistantes

Ilex **108-113**

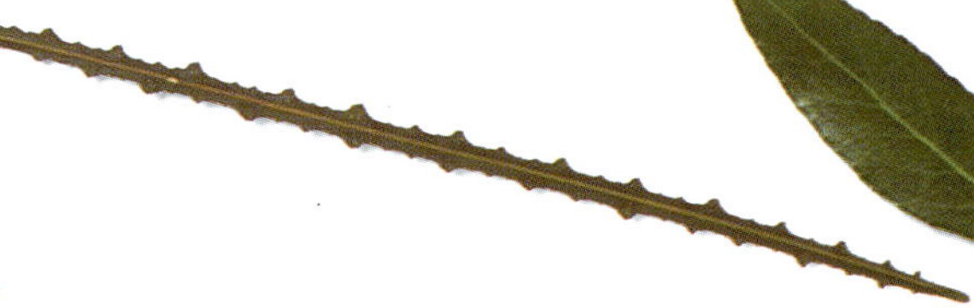

Pseudopanax **115**

Maytenus **132**

Azara **174**

Photinia **256-257**

Prunus **265**

Ficus **219**

Morus **220**

Platanus **234-235**

Crataegus **240-243**

Tilia mongolica **304**

Trachycarpus **232**

Arbutus **141-143**

Nothofagus **155-157**

Quercus **158-173**

Trochodendron **306**

Feuilles non lobées, dentées, caduques

Alnus **116-117**

Betula **118-125**

Carpinus **126-127**

Corylus **127**

Fagus **151-153**

Nothofagus **155-157**

Quercus **158-173**

Idesia **174**

Morus **220**

Davidia **226**

Amelanchier **238-239**

Crataegus **240-243**

Pyrus **273**

Sorbus **274-282**

Populus **286-290**

Salix **291-294**

Tilia **302-305**

Celtis **306-307**

Ulmus **308-309**

Zelkova **309-310**

Ostrya **128**

Oxydendrum **143**

Eucommia **145**

Castanea **149-150**

Parrotia **177**

Parrotiopsis **177**

Hoheria **216**

Broussonetia **218**

Malus **245-254**

Mespilus **255**

Photinia **256-257**

Prunus **258-272**

Halesia **297**

Pterostyrax **298**

Styrax **298-299**

Stewartia **300-301**

LES CONIFÈRES
ET PLANTES PROCHES

LES ARAUCARIACÉES

FAMILLE CONSTITUÉE de deux genres et de près de 30 espèces de grands arbres à feuilles persistantes. Généralement originaires de l'hémisphère Sud, on en trouve en Asie du Sud-Est. Beaucoup sont cultivées pour leur bois. Le désespoir du singe (*Araucaria araucana*) est la plus connue.

Famille ARAUCARIACÉES	Espèce *Auraucaria araucana*	Auteur (Molina) K. Koch

DÉSESPOIR DU SINGE

Feuilles Ovales, 5 cm de long et 2 cm de large, larges à la base, pointe épineuse, vert foncé brillant, embrassantes, tout autour du rameau. ***Écorce*** Grise, ridée. ***Fleurs*** 10 cm de long, mâles marron, en groupe, femelles vert-brun, isolées, au sommet de plantes en général séparées, printemps. ***Fruit*** Cône brun, ovoïde, 15 cm de long.
• **ORIGINE** Argentine, Chili.
• **HABITAT** Montagnes.

Hauteur 40 m (20 m)	Port Particulier	Feuilles Persistantes	Type

LES CÉPHALOTAXACÉES

D'APRÈS LES FOSSILES, cette famille a été largement répandue, mais on ne la trouve plus, à l'état sauvage, qu'en Extrême-Orient. Un seul genre, plusieurs espèces (petits arbres ou grands arbustes). Les feuilles sont linéaires et les fructifications en forme de prune. Les fleurs sont unisexuées sur des plantes séparées.

Famille CÉPHALOTAXACÉES	Espèce *Cephalotaxus fortunei*	Auteur W. J. Hooker

CEPHALOTAXUS FORTUNEI

Feuilles Linéaires, 10 cm de long et environ 3 mm de large, pointues, vert brillant dessus, deux bandes blanchâtres dessous, étalées de chaque côté de la tige. ***Écorce*** Brun-rouge, se desquamant. ***Fleurs*** Mâles et femelles jaune crème, généralement sur plantes séparées, printemps. ***Fruit*** Cône ovale, charnu, brun pourpre, 2,5 cm de long.
• **ORIGINE** C. et E. de la Chine.
• **HABITAT** Forêts d'altitude.

Hauteur 9 m	Port Largement étalé	Feuilles Persistantes	Type

Famille CÉPHALOTAXACÉES	Espèce *Cephalotaxus harringtonia*	Auteur (Forbes) K. Koch

CEPHALOTAXUS HARRINGTONIA

Feuilles Linéaires, 5 cm de long et 3 mm de large, pointues, vert foncé brillant dessus, 2 bandes dessous, insérées de chaque côté du rameau. ***Écorce*** Brune, se desquamant. ***Fleurs*** Blanc crème, mâles à l'aisselle des feuilles, femelles au bout des rameaux, sur plantes généralement séparées, printemps. ***Fruit*** Cône, graine ovale, 2,5 cm de long, bleu-vert, brun-pourpre à maturité.
- **ORIGINE** Inconnue.
- **HABITAT** Uniquement en culture.
- **REMARQUE** Cette espèce a été décrite d'après une plante de jardin japonaise.

CEPHALOTAXUS HARRINGTONIA ▽

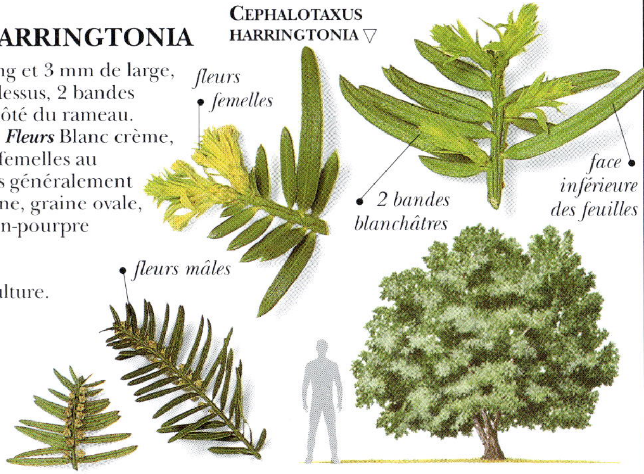

VAR. DRUPACEA ▷
Cette variété japonaise a des feuilles plus courtes.

Hauteur 6 m	Port Largement étalé	Feuilles Persistantes	Type

LES CUPRESSACÉES

CETTE FAMILLE COMPTE environ 20 genres, avec plus de 100 espèces d'arbres et d'arbustes à feuillage persistant, dont les cyprès (*Cupressus*, pp. 41-43) et les genévriers (*Juniperus*, pp. 44-48), répartis dans le monde entier. Petites feuilles d'abord en forme d'aiguille, puis en écaille, les deux apparaissant chez certains genévriers. Fleurs mâles et femelles séparées, sur la même plante ou non. Le fruit est un cône, ressemblant à une baie chez les genévriers.

Famille CUPRESSACÉES	Espèce *Austrocedrus chilensis*	Auteur (D. Don) Florin & Boutelje

AUSTROCEDRUS CHILENSIS

Feuilles Squamiformes, 5 mm de long, plates, pointe émoussée, vert foncé luisant, parfois marquées de blanc dessus, nette bande blanche dessous, en ramules plats ; plus petites tout en haut ou en bas des rameaux. ***Écorce*** Gris-brun, squameuse. ***Fleurs*** Mâles et femelles très petites, mâles jaunâtres, femelles vertes, en petits groupes à l'extrémité des rameaux, début du printemps. ***Fruit*** Cône oblong, 1 cm de long, vert, marron à maturité, avec 4 écailles embrassantes.
- **ORIGINE** Argentine, Chili.
- **HABITAT** Montagnes.
- **REMARQUES** Appelé aussi *Libocedrus chilensis*. Étroitement apparenté au *Calocedrus decurrens*, p. 36.

Hauteur 25 m (15 m)	Port Cône étroit	Feuilles Persistantes	Type

Famille CUPRESSACÉES	Espèce *Calocedrus decurrens*	Auteur (Torrey) Florin

CALOCEDRUS DECURRENS

Feuilles Squamiformes, 3 mm de long, groupées 2 paires par 2 paires, pointe triangulaire aiguë, vert foncé brillant, en ramules plats, aromatiques ; plus grandes tout en haut ou en bas. ***Écorce*** Rouge-brun, squameuse. ***Fleurs*** Mâles et femelles très petites, mâles jaunes, femelles vertes, en petits groupes à l'extrémité des rameaux, hiver. ***Fruit*** Cône oblong, jaune-brun, 2,5 cm de long, 6 écailles embrassantes.

- **ORIGINE** O. de l'Amérique du Nord.
- **HABITAT** Forêts sur les pentes des montagnes.
- **REMARQUE** Appelé aussi *Libocedrus decurrens.* À l'état sauvage, les plus vieux peuvent avoir une forme plus ouverte. Bois aromatique, très utile.

△ **CALOCEDRUS DECURRENS**

▽ **CALOCEDRUS DECURRENS**

'AUREOVARIEGATA' ▷
Le feuillage de cette forme porte des taches irrégulières jaunes, d'où son apparence panachée intéressante.

Hauteur 40 m (30 m)	Port Colonne étroite	Feuilles Persistantes	Type

Famille CUPRESSACÉES	Espèce *Chamaecyparis lawsoniana*	Auteur (Murray) Parlatore

(FAUX) CYPRÈS DE LAWSON

Feuilles Squamiformes, très petites, pointues, à extrémité parfois un peu relevée, vert foncé dessus, plus pâles, marquées de X blancs dessous, là où elles se rejoignent, en ramules plats. ***Écorce*** Pourpre-brun, se desquamant. ***Fleurs*** Mâles rouges, femelles bleuâtres, en groupes à l'extrémité des rameaux, début du printemps. ***Fruit*** Cône rond, jaune-brun, 8 mm de diamètre, 8 écailles.
• **ORIGINE** États-Unis : N.-O. de la Californie, S.-O. de l'Orégon.
• **HABITAT** Pentes et gorges de montagnes.

▽ **CHAMAECYPARIS LAWSONIANA**

◁ **' GRAYSWOOD PILLAR '**
Les branches ascendantes donnent à cette forme un port columnaire compact.

' HILLIERI ' ▷
Les feuilles jaune d'or de cette forme très ornementale sont portées par de grands ramules plats.

△ **' ALBOSPICA '**
Cette forme à croissance lente forme un cône large.

Hauteur 50 m (30 m)	Port Cône étroit	Feuilles Persistantes	Type

Famille CUPRESSACÉES	Espèce *Chamaecyparis nootkatensis*	Auteur (D. Don) Spach

CYPRÈS DE NOOTKA

Feuilles Squamiformes, très petites, pointe aiguë libre, carénées, vert foncé dessus, plus pâles dessous, ramules aromatiques plats. ***Écorce*** Gris-brun à orange-brun, fibreuse. ***Fleurs*** Mâles jaunes, femelles bleues, en groupes à l'extrémité des rameaux, début du printemps. ***Fruit*** Cône rond, 1 cm de diamètre, mûr en 2 ans.
• **ORIGINE** N.-O. de l'Amérique du Nord.
• **HABITAT** Montagnes côtières.

△ **C. NOOTKATENSIS**

'VARIEGATA' ▷
Les ramules de cette forme sont irrégulièrement tachés de blanc.

Hauteur 40 m (20 m)	Port Colonne étroite	Feuilles Persistantes	Type

Famille CUPRESSACÉES	Espèce *Chamaecyparis obtusa*	Auteur (Siebold & Zuccarini) Endlicher

HINOKI

Feuilles Squamiformes, très petites, émoussées, vert foncé dessus, marquées dessous de X et Y blanc vif là où les feuilles se rejoignent, en ramules plats, aromatiques. ***Écorce*** Rouge-brun, tendre, se desquamant en lambeaux fins. ***Fleurs*** Mâles jaune rougeâtre, femelles brun pâle, en petits groupes à l'extrémité des rameaux, printemps. ***Fruit*** Cône globuleux, 1,2 cm de diamètre, vert, brun à maturité.

• **ORIGINE** Japon.

• **HABITAT** Généralement pentes des montagnes.

• **REMARQUE** Quelques variétés naines parmi les formes cultivées.

‘CRIPPSII’ ▷ Sur cette forme ornementale, seules les branches les plus extérieures sont jaune d'or vif.

△ **CHAMAECYPARIS OBTUSA**

Hauteur 40 m (20 m)	Port Cône étroit	Feuilles Persistantes	Type

Famille CUPRESSACÉES	Espèce *Chamaecyparis pisifera*	Auteur (Siebold & Zuccarini) Endlicher

SAWARA

Feuilles Squamiformes, très petites, pointe aiguë libre, vert foncé dessus, marques blanches apparentes dessous, sur ramules plats, aromatiques, légèrement plus grandes sur les côtés des rameaux que dessus ou dessous. ***Écorce*** Rouge-brun, se desquamant en lambeaux étroits. ***Fleurs*** Mâles brunâtres, femelles brun pâle, en petits groupes à l'extrémité des rameaux, printemps. ***Fruit*** Cône globuleux, 8 mm de diamètre, vert, brun à maturité.

• **ORIGINE** Japon.

• **HABITAT** Bords de ruisseaux en montagne.

• **REMARQUE** La partie spécifique du nom scientifique, *pisifera*, tient à la taille du cône, aussi petit qu'un pois. Les jeunes plantes ont des feuilles étroites, de 6 mm de long, conservées sur l'adulte chez certaines formes cultivées. Le motif traditionnel bleu et blanc « en forme de saule » dessiné sur les poteries et porcelaines représente cette espèce.

Hauteur 50 m (20 m)	Port Cône large	Feuilles Persistantes	Type

Famille CUPRESSACÉES	Espèce *Chamaecyparis thyoides*	Auteur (L.) Britton, Sterns, Poggenberg

CHAMAECYPARIS THYOIDES

Feuilles Squamiformes, très petites, pointues au bout, vert à gris-vert dessus, souvent finement mouchetées de résine, marques blanc brillant dessous, sur rameaux grêles, en petits ramules plats, aromatiques ; légèrement plus grandes sur le côté du rameau que dessus. ***Écorce*** Grise à brune, fibreuse, se desquamant en lambeaux. ***Fleurs*** Mâles brunâtres, femelles vertes, en groupes à l'extrémité des rameaux, printemps. ***Fruit*** Cône globuleux, 6 mm de diamètre, glauque, brun à maturité, 6 écailles pointues.
• **ORIGINE** E. des États-Unis.
• **HABITAT** Généralement marécages, terrains détrempés, lieux humides.

△ CHAMAECYPARIS THYOIDES

△ **'GLAUCA'**
Cette forme se distingue par un feuillage d'un remarquable blanc bleuâtre à bleu-gris. Les cônes sont plus pruineux.

▽ **'VARIEGATA'**
Comme son nom l'indique, ce cultivar est une forme panachée de l'espèce. Ses ramules sont tachés de jaune plus ou moins pâle.

Hauteur 25 m (15 m)	Port Colonne étroite	Feuilles Persistantes	Type

Famille CUPRESSACÉES	Espèce × *Cupressocyparis leylandii*	Auteur (Dallimore & Jackson) Dallimore

CYPRÈS DE LEYLAND

Feuilles Squamiformes, très petites, pointues, vert foncé dessus, plus pâles dessous, portées selon des angles divers sur le rameau, ramules plats ; même taille sur le côté et le dessus des rameaux. ***Écorce*** Rouge-brun, stries peu profondes. ***Fleurs*** Mâles jaunes, femelles vertes, en petits groupes à l'extrémité des rameaux, début du printemps. ***Fruit*** Cône globuleux, 2 cm de diamètre, bleu-vert, brun brillant à maturité.

• **ORIGINE** Horticole.

• **REMARQUE** Hybride intergénérique entre le cyprès de Nootka (*Chamaecyparis nootkatensis*, p. 37) et le cyprès de Monterey (*Cupressus macrocarpa*, p. 42). Le 'Haggerson Grey', à feuillage vert légèrement cendré, est le plus couramment cultivé.

△ **'CASTLEWELLAN GOLD'**
Les jeunes plantes de cette forme présentent un feuillage jaune vif. Sur les plantes plus vieilles, matures, il s'assombrit en jaune bronze rougeâtre.

△ **'HAGGERSTON GREY'**

△ **'NAYLOR'S BLUE'**
Forme à feuillage bleu-gris à vert grisâtre. Se développe sous forme de colonne très étroite.

'SILVER DUST' ▷
Forme originaire des États-Unis, à l'U.S. National Arboretum, Washington, D.C.

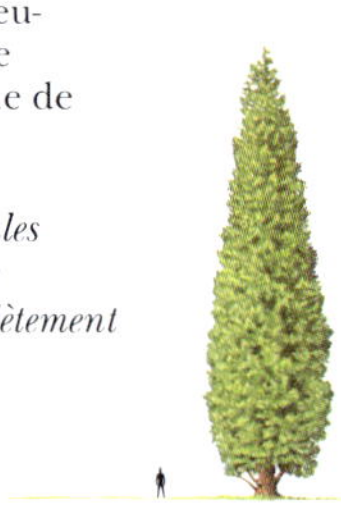

Hauteur 30 m	Port Colonne étroite	Feuilles Persistantes	Type

Famille CUPRESSACÉES	Espèce *Cupressus cashmeriana*	Auteur Royle ex Carrière

CUPRESSUS CASHMERIANA

Feuilles Squamiformes, très petites, pointe détachée et étalée, donnant au feuillage un toucher rugueux, en ramules glauques pendants et plats. ***Écorce*** Rouge-brun, se desquamant par bandes verticales. ***Fleurs*** Mâles et femelles peu visibles, en groupes séparés sur la même plante, début à milieu de l'hiver. ***Fruit*** Cône globuleux, 1,2 cm de diamètre, bleu-vert devenant jaune verdâtre et brun en mûrissant, écaille à pointe crochue.
• **ORIGINE** Inconnue ; probablement Himalaya.
• **HABITAT** Seulement en culture.
• **REMARQUE** Arbre particulièrement élégant, de taille petite à moyenne. Son port s'étale avec l'âge.

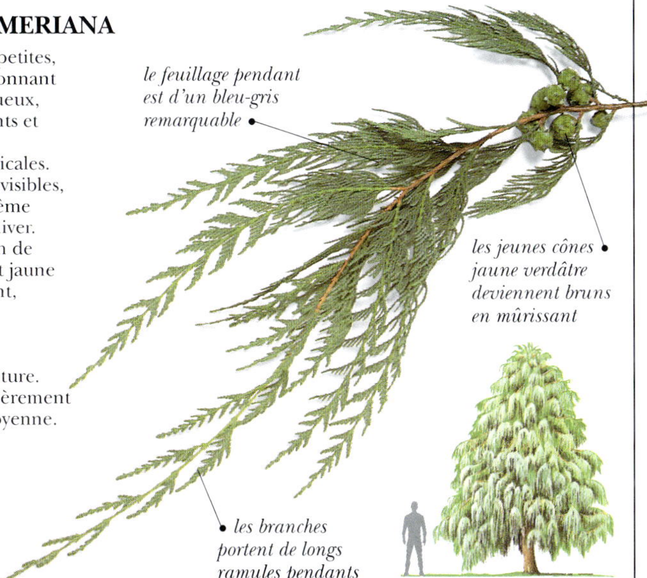

Hauteur 20 m	Port Étroit, pleureur	Feuilles Persistantes	Type

Famille CUPRESSACÉES	Espèce *Cupressus glabra*	Auteur Sudworth

CUPRESSUS GLABRA

Feuilles Squamiformes, très petites, pointe aiguë, bleu-vert, avec une fine tache de résine blanche au centre de la face inférieure, étroitement serrées contre la tige, portées en ramules aromatiques irréguliers sur des rameaux rougeâtres. ***Écorce*** Rouge-brun. ***Fleurs*** Mâles jaunes, bien visibles, femelles vertes, en bouquets au sommet des pousses, portées sur le même pied, de la moitié à la fin de l'hiver. ***Fruit*** Cône globuleux, gris-brun, de 2,5 cm de large, persistant plusieurs années sur l'arbre.
• **ORIGINE** États-Unis : Arizona.
• **HABITAT** Pentes rocheuses de montagnes.
• **REMARQUE** Cette espèce est couramment cultivée, le plus souvent sous la forme « Pyramidalis » au feuillage bleu argenté, ramassé et dense. On la trouve souvent sous le nom d'une espèce proche mais beaucoup plus rare, *C. arizonica*.

Hauteur 20 m	Port Cône étroit	Feuilles Persistantes	Type

Famille CUPRESSACÉES	Espèce *Cupressus lusitanica*	Auteur Miller

CYPRÈS DE GOA

Feuilles Squamiformes, très petites, pointes aiguës libres, gris-vert, en ramules irréguliers légèrement aromatiques. ***Écorce*** Brune, se desquamant par bandes fibreuses verticales. ***Fleurs*** Mâles jaune-brun, femelles glauques, en petits groupes à l'extrémité des rameaux, début du printemps. ***Fruit*** Cône globuleux, 1,5 cm de diamètre, glauque bleu devenant brun, écailles à pointe saillante, mûr en 2 ans.
• **ORIGINE** Amérique c., Mexique.
• **HABITAT** Montagnes.
• **REMARQUE** Appelé aussi cyprès de Busaco. On pensait qu'il était originaire du Portugal.

△ **C. LUSITANICA**

◁ **'GLAUCA PENDULA'**
Cette forme se distingue par des rameaux pendants, à feuillage bleu-gris.

Hauteur 30 m	Port Cône étroit	Feuilles Persistantes	Type

Famille CUPRESSACÉES	Espèce *Cupressus macrocarpa*	Auteur Hartweg ex Gordon

CYPRÈS DE LAMBERT

Feuilles Squamiformes, très petites, pointe aiguë, serrées sur le rameau, en ramules aromatiques irréguliers. ***Écorce*** Rouge-brun, stries peu profondes. ***Fleurs*** Mâles jaunes, femelles vertes, en petits groupes à l'extrémité des rameaux, du printemps au début de l'été. ***Fruit*** Cône globuleux, 4 cm de diamètre, écailles à courte pointe crochue.
• **ORIGINE** États-Unis : Californie.
• **HABITAT** Forêts côtières à feuillage persistant.
• **REMARQUE** Arbre rare, présent aux environs de Monterey. Le port s'étale avec l'âge.

▽ **CUPRESSUS MACROCARPA**

'GOLDCREST' ▷
Cette forme remarquable est l'un des cultivars sélectionné pour son feuillage jaune d'or vif.

Hauteur 25 m	Port Cône large	Feuilles Persistantes	Type

Famille CUPRESSACÉES	Espèce *Cupressus sempervirens*	Auteur Linnaeus

CYPRÈS DE PROVENCE

Feuilles Squamiformes, très petites, pointes émoussées, vert foncé (sans marques blanches dessous), légèrement aromatiques, en ramules irréguliers, appliqués contre le rameau. ***Écorce*** Gris-brun, stries en spirale peu profondes. ***Fleurs*** Mâles jaune-brun, femelles vertes, en petits groupes à l'extrémité des rameaux, printemps. ***Fruit*** Cône ovoïde à globuleux, 4 cm de diamètre, vert, brun à maturité, écailles embrassantes, petite saillie sur chaque écaille.
- **ORIGINE** Asie du S.-O., E. méditerranéen.
- **HABITAT** Zone à climat de type méditerranéen.
- **REMARQUE** La culture courante de la forme à port étroit 'Stricta' dans les pays méditerranéens caractérise le paysage.

△ **CUPRESSUS SEMPERVIRENS**

'SWANE'S GOLDEN' ▷
Cette forme, obtenue en Australie, a une croissance lente, formant un petit arbre compact au port très étroit. Ses ramules à l'extrémité jaune lui donnent une apparence dorée.

Hauteur 30 m	Port Colonne étroite	Feuilles Persistantes	Type

Famille CUPRESSACÉES	Espèce *Fitzroya cupressoides*	Auteur (Molina) Johnston

ALERGE

Feuilles Oblongues et épaisses, 3 mm à 7 mm de long, pointe émoussée, en verticilles de 3, vert foncé avec 2 bandes blanches sur le dessous, sur des rameaux grêles, pendants. ***Écorce*** Rouge-brun, se desquamant en longues bandes verticales. ***Fleurs*** Mâles jaunes, femelles jaune-vert, en petits groupes à l'extrémité des rameaux, printemps. ***Fruit*** Cône brun, globuleux, 8 mm de diamètre.

- **ORIGINE** Argentine, Chili.
- **HABITAT** Montagnes.
- **REMARQUE** Nom scientifique d'après le capitaine Fitzroy, dont le bateau, le *Beagle*, a conduit Darwin en Amérique du Sud.

Hauteur 50 m (20 m)	Port Colonne large	Feuilles Persistantes	Type

Famille CUPRESSACÉES	Espèce *Juniperus chinensis*	Auteur Linnaeus

GENÉVRIER DE CHINE

Feuilles Adultes : squamiformes, très petites, pointe émoussée, en ramules aromatiques irréguliers, serrés contre le rameau ; juvéniles : aciculaires, 8 mm de long, pointe aiguë, en opposées ou en verticilles de 3, vertes avec 2 bandes glauques sur la face supérieure, à la base des rameaux. ***Écorce*** Rouge-brun, se desquamant en bandes verticales. ***Fleurs*** Mâles jaunes, femelles petites pourpre-vert, en petits groupes à l'extrémité des rameaux, en général sur plantes séparées, printemps. ***Fruit*** Cône glauque, ressemblant à une baie, 8 mm de long.

- **ORIGINE** Chine, Japon.
- **HABITAT** Collines et montagnes.
- **REMARQUE** Bien que les feuillages adultes et juvéniles soient normalement présents en même temps, certains arbres n'en portent qu'un type. Parfois arbustif. Beaucoup de formes cultivées.

J. CHINENSIS

'AUREA' ▷
Forme au feuillage jaune d'or.

Hauteur 25 m	Port Cône étroit	Feuilles Persistantes	Type

Famille CUPRESSSACÉES	Espèce *Juniperus communis*	Auteur Linnaeus

GENÉVRIER COMMUN

Feuilles Aciculées, élancées, 1,2 cm de long, en verticilles de 3, pointe aiguë, vert brillant, large bande blanchâtre sur la face supérieure. ***Écorce*** Rouge-brun, se desquamant en fines bandes verticales. ***Fleurs*** Mâles jaunes, femelles petites et vertes, en petits groupes à l'aisselle des feuilles, généralement sur plantes séparées, printemps. ***Fruit*** Cône ressemblant à une baie, 6 mm de long, vert devenant glauque et pruineux, noir luisant à maturité.

• **ORIGINE** Zones tempérées de l'hémisphère Nord.

• **HABITAT** Espaces découverts, des côtes rocheuses à la haute montagne.

• **REMARQUE** Espèce variable : se trouve sous forme rampante, arbustive, ou parfois d'arbre. Les baies donnent au gin son goût caractéristique. Également utilisées comme aromate.

Hauteur 6 m	Port Cône étroit	Feuilles Persistantes	Type

Famille CUPRESSACÉES	Espèce *Juniperus deppeana*	Auteur Steudel

JUNIPERUS DEPPEANA

Feuilles Squamiformes, petites, 3 mm de long, vert vif, tache nette de résine blanche dessous, 2 bandes blanches vers la base, serrées contre le rameau à la base, libres au bout, se terminant par une pointe aiguë qui rend le feuillage rêche ; aromatiques quand on les froisse. ***Écorce*** Gris foncé, profondément découpée en petites plaques oblongues. ***Fleurs*** Insignifiantes. ***Fruit*** Cône pruineux, ressemblant à une baie, globuleux, rouge-brun, 1,5 cm de diamètre.

• **ORIGINE** Mexique, S.-O. des États-Unis.

• **HABITAT** Pentes rocheuses en altitude.

• **REMARQUE** Appelé aussi *Juniperus deppeana* var. *pachyphloea*. Facilement identifiable par son écorce caractéristique en damier.

Hauteur 15 m (5 m)	Port Cône large	Feuilles Persistantes	Type

Famille CUPRESSACÉES	Espèce *Juniperus drupacea*	Auteur Labillardière

JUNIPERUS DRUPACEA

Feuilles Aciculaires, rigides, étroites, 2,5 cm de long, en verticilles de 3, pointe aiguë; 2 larges bandes blanchâtres, nervure centrale et bords verts sur le dessus, vert brillant dessous. ***Écorce*** Orange-brun, se desquamant en fines bandes verticales. ***Fleurs*** Mâles jaunes, femelles très petites, vertes, en petits groupes à l'extrémité de courts rameaux feuillus, en général sur plantes séparées, printemps. ***Fruit*** Grand cône pruineux ressemblant à une baie, 2,5 cm de long, bleu-vert devenant brun puis noir en mûrissant, écailles triangulaires pointues.
- **ORIGINE** Asie du S.-E., Grèce.
- **HABITAT** Forêts d'altitude.
- **REMARQUE** On distingue facilement cette espèce par ses feuilles les plus larges de tous les genévriers. Ses grands cônes sont rarement présents sur les plantes cultivées.

Hauteur 10 m	Port Colonne étroite	Feuilles Persistantes	Type

Famille CUPRESSACÉES	Espèce *Juniperus occidentalis*	Auteur W. J. Hooker

JUNIPERUS OCCIDENTALIS

Feuilles Squamiformes, petites, par 3, finement dentées, gris-vert, petite glande dessous, serrées sur des ramules épais ; sur les rameaux les plus vigoureux, pointues et libres. ***Écorce*** Rouge-brun, cannelée, se desquamant. ***Fleurs*** Mâles jaunes, femelles vertes, en petits groupes à l'extrémité des rameaux, généralement sur plantes séparées, printemps. ***Fruit*** Cône pruineux, globuleux à ovoïde, ressemblant à une baie, bleu-noir, 1 cm de long, mûr en 2 ans.
- **ORIGINE** O. des États-Unis.
- **HABITAT** Pentes rocheuses et sols secs en altitude.
- **REMARQUE** Le bord denté de la feuille n'est visible qu'à la loupe. Dans la chaîne de la sierra Nevada, en Californie (États-Unis), certains individus de plus de 2 000 ans poussent sur les rochers.

Hauteur 20 m	Port Cône large	Feuilles Persistantes	Type

Famille CUPRESSACÉES	Espèce *Juniperus oxycedrus*	Auteur Linnaeus

GENÉVRIER CADE

Feuilles Aciculaires, 2,5 cm de long, en verticilles de 3, vert dessus, 2 bandes glauques dessous. ***Écorce*** Pourpre-brun, se desquamant par bandes verticales. ***Fleurs*** Mâles jaunes, femelles vertes, en petits groupes à l'aisselle des feuilles, généralement sur plantes séparées, printemps. ***Fruit*** Cône ressemblant à une baie, 1,2 cm de diamètre, pruineux au début, de rouge à pourpre en mûrissant.
- **ORIGINE** Asie du S.-E., Europe du S.
- **HABITAT** Collines sèches et bois.
- **REMARQUE** L'huile de cade, traditionnellement utilisée pour les affections de la peau, est tirée de son bois. Aux îles Baléares, où le genévrier commun (*Juniperus communis*, p. 45) ne pousse pas, les baies du cade sont utilisées comme substitut pour aromatiser le gin.

Hauteur 10 m	Port Cône large	Feuilles Persistantes	Type

Famille CUPRESSACÉES	Espèce *Juniperus recurva*	Auteur Buchanan-Hamilton ex D. Don

JUNIPERUS RECURVA

Feuilles Aciculaires, élancées, 6 mm de long, en verticilles de 3, pointe aiguë gris-vert mat dessus, 2 bandes blanches dessous, sèches comme du papier au toucher, pointant vers l'avant sur des rameaux pendants. ***Écorce*** Rouge-brun, se desquamant en bandes verticales. ***Fleurs*** Mâles jaunes, femelles vertes, en petits groupes à l'extrémité des rameaux, sur la même plante, printemps. ***Fruit*** Cône luisant, bleu-noir, ressemblant a une baie, 8 mm de long.
- **ORIGINE** S.-O. de la Chine, Himalaya.
- **HABITAT** Haute montagne.
- **REMARQUE** *J. recurva* var. *coxii*, présenté ci-contre, a des feuilles légèrement plus étalées, sur des rameaux pendants.

JUNIPERUS RECURVA VAR. COXII

Hauteur 15 m	Port Cône étroit	Feuilles Persistantes	Type

Famille CUPRESSACÉES	Espèce *Juniperus scopulorum*	Auteur Sargent

GENÉVRIER DES MONTAGNES ROCHEUSES

Feuilles Squamiformes, très petites, vert à gris-bleu, serrées contre le rameau. ***Écorce*** Rouge-brun, se desquamant en bandes fines. ***Fleurs*** Mâles jaunes, femelles vertes, en petits groupes à l'extrémité des rameaux, généralement sur la même plante, printemps. ***Fruit*** Cône ressemblant à une baie, 6 mm de diamètre, bleu-noir à pruine glauque, mûr en 2 ans.

• **ORIGINE** S.-O. de l'Amérique du Nord.
• **HABITAT** Bois et sols rocheux en montagne.
• **REMARQUE** 'Skyrocket', présentée ici, est la forme de jardin la plus connue. Cette espèce à allure de cyprès a donné son nom à Cypress Island, dans l'État de Washington, États-Unis, où elle pousse en abondance.

JUNIPERUS SCOPULORUM 'SKYROCKET'

Hauteur 12 m	Port Cône étroit	Feuilles Persistantes	Type

Famille CUPRESSACÉES	Espèce *Juniperus virginiana*	Auteur Linnaeus

GENÉVRIER DE VIRGINIE

Feuilles Feuilles adultes et juvéniles généralement présentes ensemble ; adulte : squamiformes, très petites, pointues, d'ordinaire vert à bleu-vert, serrées contre le rameau ; juvéniles : aciculaires, 6 mm de long, en général par 2, pointe aiguë, gris-vert dessus, glauques dessous, à l'extrémité des rameaux. ***Écorce*** Rouge-brun, se desquamant en bandes verticales. ***Fleurs*** Mâles jaunes, femelles vertes, en petits groupes à l'extrémité des rameaux, généralement sur plantes séparées, printemps. ***Fruit*** Cône glauque, pruineux, ressemblant à une baie, 6 mm de long, mûr en 1 an.

• **ORIGINE** E. de l'Amérique du Nord.
• **HABITAT** Bois et pentes rocheuses.
• **REMARQUE** Largement répandu et cultivé. Son bois sert à faire des crayons.

JUNIPERUS VIRGINIANA

'GLAUCA' ▷ Cette forme a un feuillage gris glauque.

Hauteur 30 m (15 m)	Port Colonne étroite	Feuilles Persistantes	Type

Famille CUPRESSACÉES	Espèce *Thuja koraiensis*	Auteur Nakai

THUYA DE CORÉE

Feuilles Squamiformes, petites, vert vif dessus, marques argentées brillantes dessous, en ramules plats, aromatiques à l'écrasement. ***Écorce*** Rouge-brun, se desquamant en bandes fines. ***Fleurs*** Mâles vertes à bout noir, femelles vertes, en groupes séparés à l'extrémité des rameaux, sur la même plante, printemps. ***Fruit*** Cône oblong, dressé, 1 cm de long, jaune-vert, brun à maturité, 8 écailles.
• **ORIGINE** N.-E. de la Chine, Corée.
• **HABITAT** Forêts d'altitude.
• **REMARQUE** Cette espèce se trouve sous forme de petit arbre ou d'arbuste compact.

Hauteur 10 m	Port Cône étroit	Feuilles Persistantes	Type

Famille CUPRESSACÉES	Espèce *Thuja occidentalis*	Auteur Linnaeus

THUYA DU CANADA

Feuilles Squamiformes, très petites, vert jaunâtre brillant dessus, plus pâles, sans marques blanches dessous, en ramules aromatiques plats, sur des rameaux plats. ***Écorce*** Orange-brun, se desquamant en bandes verticales. ***Fleurs*** Mâles rouges, femelles jaune-brun, en groupes séparés à l'extrémité des rameaux, sur la même plante, printemps. ***Fruit*** Cône oblong, dressé, 1 cm de long, jaune-vert, brun à maturité, 8 à 10 écailles.
• **ORIGINE** E. de l'Amérique du Nord.
• **HABITAT** Pentes de montagne rocheuses, souvent sur terrain calcaire et marécages.
• **REMARQUE** Une des premières espèces d'arbres nord-américains acclimatée en Europe. En culture, a fait l'objet de nombreuses sélections, dont des formes ornementales à feuillage coloré et de nombreuses formes naines.

Hauteur 20 m	Port Cône étroit	Feuilles Persistantes	Type

Famille CUPRESSACÉES	Espèce *Thuja plicata*	Auteur D. Don

THUYA GÉANT

Feuilles Squamiformes, très petites, vert brillant dessus, marques blanches dessous, en ramules aromatiques plats. ***Écorce*** Brun violacé, se desquamant verticalement. ***Fleurs*** Mâles rouge-noir, jaunes en s'ouvrant, femelles jaune-vert, en groupes séparés à l'extrémité des rameaux, sur la même plante, printemps. ***Fruit*** Cône ovoïde, dressé, 1,2 cm de long, jaune-vert, brun à maturité.
• **ORIGINE** N.-O. de l'Amérique du Nord.
• **HABITAT** Montagnes.

△ **THUJA PLICATA**

◁ **'ZEBRINA'**
Ses bandes alternées de feuillage jaune et vert lui donnent une apparence panachée.

Hauteur 60 m (40 m)	Port Cône étroit	Feuilles Persistantes	Type

Famille CUPRESSACÉES	Espèce *Thuja standishii*	Auteur (Gordon) Carrière

THUYA DU JAPON

Feuilles Squamiformes, très petites, pointe émoussée, jaune-vert dessus, plus pâles avec de petites marques blanchâtres dessous, en ramules aromatiques plats et pendants, sur des rameaux plats. ***Écorce*** Rouge-brun, se desquamant en bandes et en plaques. ***Fleurs*** Mâles rouge noirâtre, jaunes en s'ouvrant, femelles verdâtres, en groupes séparés à l'extrémité des rameaux, sur la même plante, printemps. ***Fruit*** Cône oblong, dressé, 1 cm de long, vert, rouge-brun à maturité, environ 10 écailles.
• **ORIGINE** Japon.
• **HABITAT** Crêtes de montagne rocheuses et landes.
• **REMARQUE** Le feuillage écrasé dégage une odeur très douce.

Hauteur 20 m	Port Cône large	Feuilles Persistantes	Type

Famille CUPRESSACÉES	Espèce *Thujopsis dolabrata*	Auteur (Linnaeus f.) Siebold & Zuccarini

THUJOPSIS DOLABRATA

Feuilles Squamiformes, 6 mm de long, vert foncé brillant à jaune-vert dessus, en ramules plats, sur de larges rameaux plats. ***Écorce*** Pourpre-brun, se desquamant en bandes verticales fines. ***Fleurs*** Mâles vert noirâtre, femelles bleu-gris, en groupes séparés à l'extrémité des rameaux, sur la même plante, printemps. ***Fruit*** Cône brun, pruineux, 1,2 cm de long.
- **ORIGINE** Japon.
- **HABITAT** Forêts humides d'altitude.

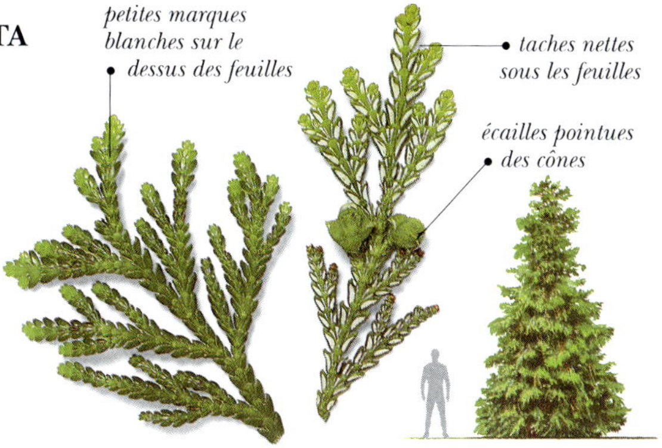

Hauteur 35 m (20 m)	Port Cône large	Feuilles Persistantes	Type

LES GINKGOACÉES

CETTE FAMILLE COMPREND un seul genre, avec une seule espèce. Cependant, d'après les fossiles, il a existé une large répartition de plantes similaires sur toute la surface de la terre, il y a 150 à 200 millions d'années. Parfois classée dans les Conifères, cette espèce, véritable fossile vivant, est la seule survivante d'un groupe de plantes plus primitives que les conifères vrais.

Famille GINKGOACÉES	Espèce *Ginkgo biloba*	Auteur Linnaeus

ARBRE AUX 40 ÉCUS

Feuilles En éventail, environ 7,5 cm de long, diversement échancrées, nombreuses nervures divergeant à partir de la base, vert mat virant au jaune vif en automne, isolées sur les pousses longues, en groupes sur les rameaux latéraux courts. ***Écorce*** Gris-brun, crêtes et fissures. ***Fleurs*** Mâles et femelles petites, jaune-vert, mâles en groupe de type chaton, femelles seules ou en paires sur un pédoncule court, sur plantes séparées, printemps. ***Fruit*** Charnu, graine en forme de prune, jaune-vert à orange-brun en mûrissant, amande comestible.
- **ORIGINE** Chine.
- **HABITAT** Seulement en culture.
- **REMARQUE** Le fruit en décomposition dégage une odeur très déplaisante.

△ GINKGO BILOBA

'VARIEGATA' ▷ Les feuilles de cette forme portent des rayures jaune crème.

Hauteur 30 m	Port Cône large	Feuilles Caduques	Type

Les Pinacées

CETTE FAMILLE COMPREND les sapins (*Abies*, pp. 52-57), les mélèzes (*Larix*, pp. 60-61), et les pins (*Pinus*, pp. 66-75). Environ 200 espèces d'arbres et d'arbustes, 10 genres, généralement dans les régions tempérées du Nord. Les mélèzes et *Pseudolarix* ont des feuilles caduques. Fleurs généralement portées séparément sur la même plante ; les femelles développent un cône ligneux.

Famille PINACÉES	Espèce *Abies alba*	Auteur Miller

Sapin commun

Feuilles Linéaires, 3 cm de long, extrémité souvent échancrée, vert foncé brillant dessus, 2 bandes blanchâtres dessous, en général pectinées, plus courtes et pointant vers l'avant au-dessus. ***Écorce*** Grise et lisse, se craquelle en petites plaques en vieillissant. ***Fleurs*** Mâles jaunes, sous le rameau, femelles vertes dressées, en groupes séparés sur la même plante, printemps. ***Fruit*** Cône dressé, cylindrique, 15 cm de long, vert, brun en mûrissant, bractées saillantes tournées vers le bas.

• **Origine** Europe.
• **Habitat** Forêts d'altitude.
• **Remarque** Souvent utilisé comme arbre de Noël dans de nombreux pays d'Europe.

Hauteur 40 m	Port Cône étroit	Feuilles Persistantes	Type

Famille PINACÉES	Espèce *Abies bracteata*	Auteur (D. Don) Nuttall

Sapin de Santa Lucia

Feuilles En aiguille, 5 cm de long, extrémité très pointue, vert foncé brillant dessus, 2 bandes blanches dessous, étalées de chaque côté du rameau. ***Écorce*** Gris foncé et lisse. ***Fleurs*** Mâles jaunâtres, sous le rameau, femelles vertes dressées, en groupes séparés sur la même plante, printemps. ***Fruit*** Cône ovoïde, dressé, 10 cm de long, vert, brun en mûrissant, bractées remarquablement longues et poilues.

• **Origine** États-Unis : Californie.
• **Habitat** Forêts à feuilles persistantes, pentes de montagne.
• **Remarque** Le plus rare des sapins d'origine nord-américaine.

Hauteur 35 m	Port Cône étroit	Feuilles Persistantes	Type

Famille PINACÉES	Espèce *Abies cephalonica*	Auteur Loudon

SAPIN DE CÉPHALONIE

Feuilles Linéaires, rigides, 3 cm de long, pointe aiguë, vert foncé brillant dessus, 2 bandes blanchâtres dessous, tout autour du rameau. ***Écorce*** Gris foncé, se craquelle en petites plaques carrées. ***Fleurs*** Mâles rougeâtres, jaunes en s'ouvrant, sous le rameau, femelles vertes dressées, en groupes séparés sur la même plante, printemps. ***Fruit*** Cône brun, dressé, 15 cm de long, en cylindre aminci aux bouts, bractées saillantes tournées vers le bas.
- **ORIGINE** Europe du S.-E.
- **HABITAT** Montagnes.

Hauteur 30 m (20 m)	Port Cône étroit	Feuilles Persistantes	Type

Famille PINACÉES	Espèce *Abies concolor*	Auteur (Gordon) Lindley

ABIES CONCOLOR

Feuilles Linéaires, 6 cm de long, pointe émoussée, bleu-gris ou gris-vert, étalées en dessous du rameau, relevées vers le haut. ***Écorce*** Grise et lisse, devient squameuse avec l'âge. ***Fleurs*** Mâles jaunes, sous les rameaux, femelles jaune verdâtre, dressées, en groupes séparés sur la même plante, printemps. ***Fruit*** Cône dressé, cylindrique, 10 cm de long, vert à pourpre, brun en mûrissant.
- **ORIGINE** O. des États-Unis.
- **HABITAT** Pentes de montagne.

Hauteur 40 m (25 m)	Port Cône étroit	Feuilles Persistantes	Type

Famille PINACÉES	Espèce *Abies forrestii*	Auteur Rogers

ABIES FORRESTII

Feuilles Linéaires, 4 cm de long, extrémité entaillée, vert très foncé dessus, 2 bandes blanches dessous, étalées au-dessous du rameau, densément insérées au-dessus. ***Écorce*** Grise, lisse. ***Fleurs*** Mâles pourpres, jaunes en s'ouvrant, sous le rameau, femelles pourpres dressées, en groupes séparés sur la même plante, printemps. ***Fruit*** Cône dressé, 10 cm de long, cylindre large à extrémité plate, pourpre foncé, brun-pourpre en mûrissant, petites bractées saillantes tournées vers le bas.
- **ORIGINE** O. de la Chine, S.-E. du Tibet.
- **HABITAT** Haute montagne.

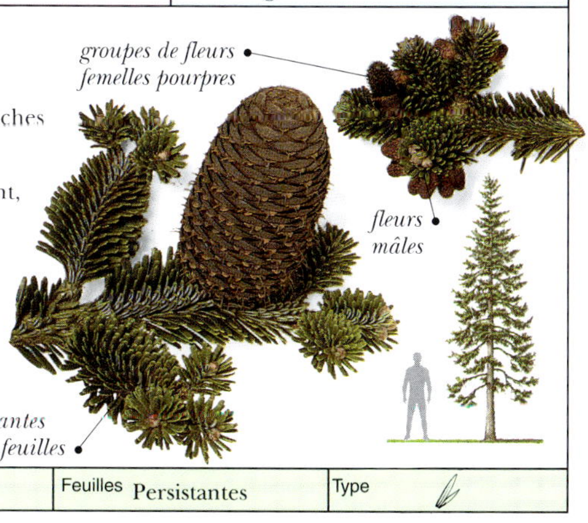

Hauteur 20 m	Port Cône étroit	Feuilles Persistantes	Type

Famille PINACÉES	Espèce *Abies grandis*	Auteur (Douglas) Lindley

SAPIN DE VANCOUVER

Feuilles Linéaires, 5 cm de long, extrémité échancrée, vert moyen dessus, 2 bandes blanches dessous, étalées de chaque côté du rameau. ***Écorce*** Grise et lisse, se craquelle avec l'âge. ***Fleurs*** Mâles rougeâtres, jaunes en s'ouvrant, femelles vertes, dressées, en groupes séparés sur la même plante, printemps. ***Fruit*** Cône dressé, cylindrique, 10 cm de long, vert, brun en mûrissant.
- **ORIGINE** O. de l'Amérique du Nord.
- **HABITAT** Forêts à feuillage persistant, pentes de basse montagne.

Hauteur 80 m (50 m)	Port Cône étroit	Feuilles Persistantes	Type

Famille PINACÉES	Espèce *Abies homolepis*	Auteur Siebold & Zuccarini

ABIES HOMOLEPIS

Feuilles Linéaires, 3 cm de long, extrémité entaillée, vertes et duveteuses dessus (au moins au stade juvénile), 2 larges bandes blanches dessous, insérées de chaque côté du rameau. ***Écorce*** Gris rosé, squameuse avec l'âge. ***Fleurs*** Mâles rougeâtres, jaune-vert en s'ouvrant, sous le rameau, femelles rouge violacé, dressées, en groupes séparés sur la même plante, printemps. ***Fruit*** Cône dressé, cylindrique, 10 cm de long, bleu-pourpre, brun en mûrissant.
- **ORIGINE** Japon.
- **HABITAT** Forêts d'altitude.

Hauteur 30 m	Port Cône étroit	Feuilles Persistantes	Type

Famille PINACÉES	Espèce *Abies koreana*	Auteur Wilson

SAPIN DE CORÉE

Feuilles Linéaires, 2 cm de long, extrémité arrondie à entaillée, vert foncé dessus, 2 bandes blanches ou tout blanc dessous, densément réparties au-dessus du rameau, étalées dessous. ***Écorce*** Gris-brun foncé. ***Fleurs*** Mâles jaunes, sous le rameau, femelles pourpre rougeâtre, dressées, en groupes séparés sur la même plante, printemps. ***Fruit*** Cône dressé, cylindrique, 7,5 cm, bractées saillantes, courbées vers le bas.
- **ORIGINE** Corée.
- **HABITAT** Montagnes.

Hauteur 15 m	Port Cône étroit	Feuilles Persistantes	Type

Famille PINACÉES	Espèce *Abies lasiocarpa*	Auteur (W. J. Hooker) Nuttall

ABIES LASIOCARPA

Feuilles Linéaires, 4 cm de long, extrémité échancrée, gris-vert dessus, 2 bandes blanches dessous, relevées au-dessus du rameau, les feuilles centrales pointant vers l'avant, étalées dessous. ***Écorce*** Gris-blanc, lisse, avec vésicules de résine. ***Fleurs*** Mâles nuancées de rouge, jaunes en s'ouvrant, sous le rameau, femelles pourpres, dressées, en groupes séparés sur la même plante, printemps. ***Fruit*** Cône dressé, cylindrique, 10 cm de long, pourpre foncé, brun en mûrissant.
• **ORIGINE** O. de l'Amérique du Nord.
• **HABITAT** Du niveau de la mer à la montagne.

ABIES LASIOCARPA ▷

VAR. ARIZONICA ▷
Cette variété, appelée sapin-liège de l'Arizona, provient du sud de la région. On la reconnaît à ses feuilles plus bleues et son écorce liégeuse.

2 bandes blanches étroites sur la face inférieure des feuilles

Hauteur 30 m	Port Cône étroit	Feuilles Persistantes	Type

Famille PINACÉES	Espèce *Abies magnifica*	Auteur Murray

ABIES MAGNIFICA

Feuilles Linéaires, 4 cm de long, extrémité émoussée, gris-vert, relevées au-dessus du rameau, étalées ou courbées vers le haut au-dessous. ***Écorce*** Grise, rugueuse, liégeuse ; rouge chez les plantes très âgées. ***Fleurs*** Mâles violet-rouge, sous le rameau, femelles rouges, dressées, en groupes séparés sur la même plante, printemps. ***Fruit*** Cône dressé, cylindre large, 20 cm ou plus de long, pourpre devenant jaune-vert puis brun en mûrissant.
• **ORIGINE** États-Unis : Californie, S. de l'Orégon.
• **HABITAT** Pentes et crêtes de montagne sèches.

feuilles courbées vers le haut

Hauteur 60 m (40 m)	Port Cône étroit	Feuilles Persistantes	Type

Famille PINACÉES	Espèce *Abies nordmanniana*	Auteur (Steven) Spach

SAPIN DE NORDMANN

Feuilles Linéaires, 4 cm de long, extrémité échancrée, vert vif brillant dessus, 2 bandes blanches dessous, denses au-dessus du rameau, étalées dessous. ***Écorce*** Grise et lisse, se craquelle en petites plaques carrées en vieillissant. ***Fleurs*** Mâles rougeâtres, sous le rameau, femelles vertes dressées, en groupes séparés sur la même plante, printemps. ***Fruit*** Cône dressé, cylindre large, 15 cm de long, vert, pourpre-brun en mûrissant, bractées saillantes courbées vers le bas.
• **ORIGINE** Caucase, N.-E. de la Turquie.
• **HABITAT** Forêts de montagne.

Hauteur 50 m (30 m)	Port Cône large	Feuilles Persistantes	Type

Famille PINACÉES	Espèce *Abies numidica*	Auteur Carrière

SAPIN DE NUMIDIE

Feuilles Linéaires, rigides, 2 cm de long, extrémité ronde ou échancrée, gris-vert foncé, petite tache blanchâtre vers le haut, 2 bandes blanches dessous, densément insérées tout autour du rameau, dressées dessus, étalées dessous. ***Écorce*** Gris-pourpre, lisse, se desquame avec l'âge. ***Fleurs*** Mâles teintées de rouge, jaune en s'ouvrant, sous le rameau, femelles vertes, dressées, en groupes séparés sur la même plante, printemps. ***Fruit*** Cône dressé, cylindrique, 15 cm de long, pourpre-vert, brun à maturité, brusquement rétréci au bout.
• **ORIGINE** Algérie.
• **HABITAT** Montagnes côtières.
• **REMARQUE** Espèce rare à l'état sauvage. Proche du sapin d'Espagne (*Abies pinsapo*, p. 57).

Hauteur 25 m	Port Cône étroit	Feuilles Persistantes	Type

Famille PINACÉES	Espèce *Abies pinsapo*	Auteur Boissier

SAPIN D'ESPAGNE

Feuilles Linéaires, rigides, 2 cm de long, pointe émoussée, gris-vert à gris-bleu, densément insérées tout autour du rameau. ***Écorce*** Gris foncé, se craquelle en petites plaques carrées avec l'âge. ***Fleurs*** Mâles rouges, jaunes en s'ouvrant, sous le rameau, femelles vertes, dressées, en groupes séparés sur la même plante, printemps. ***Fruit*** Cône dressé, cylindrique, 15 cm de long, vert, brun en mûrissant.
- **ORIGINE** S. de l'Espagne.
- **HABITAT** Pentes sèches en montagne.

Hauteur 25 m	Port Cône large	Feuilles Persistantes	Type

Famille PINACÉES	Espèce *Abies procera*	Auteur Rehder

SAPIN NOBLE

Feuilles Linéaires, 3 cm de long, pointe émoussée, cannelées dessus, gris-vert à gris-bleu. ***Écorce*** Gris clair argenté ou violacé, fissures peu profondes avec l'âge. ***Fleurs*** Mâles rouge nuancé de jaune, sous le rameau, femelles rougeâtres ou vertes, dressées, en groupes séparés sur la même plante, printemps. ***Fruit*** Cône dressé, cylindre large, pourpre-brun, 25 cm de long, bractées saillantes courbées vers le bas.
- **ORIGINE** O. des États-Unis.
- **HABITAT** Pentes ouest des montagnes.

Hauteur 80 m (40 m)	Port Cône étroit	Feuilles Persistantes	Type

Famille PINACÉES	Espèce *Abies veitchii*	Auteur Lindley

ABIES VEITCHII

Feuilles Linéaires, 3 cm de long, extrémité échancrée, vert foncé brillant dessus, 2 bandes bleu-blanc vif dessous, denses, pointant vers l'avant le long du rameau, étalées dessous. ***Écorce*** Grise et lisse, squameuse avec l'âge. ***Fleurs*** Mâles rougeâtres, jaunes en s'ouvrant, sous le rameau, femelles rouge-violet, dressées, en groupes séparés sur la même plante, à la fin du printemps. ***Fruit*** Cône cylindrique, dressé, 7,5 cm de long, bleu-pourpre, brun en mûrissant.
- **ORIGINE** Japon, Asie orientale.
- **HABITAT** Forêts de résineux en altitude.

Hauteur 25 m	Port Cône étroit	Feuilles Persistantes	Type

Famille PINACÉES	Espèce *Cedrus atlantica*	Auteur Manetti

CÈDRE DE L'ATLAS

Feuilles Aciculaires, 2 cm de long, isolées sur les rameaux longs, en verticilles denses sur les rameaux latéraux courts à croissance lente, pointe aiguë, gris-vert à vert foncé. ***Écorce*** Gris foncé sur les vieux arbres, fissurées en plaques écailleuses. ***Fleurs*** Dressées, mâles jaunes, femelles vertes, en groupes séparés sur la même plante, à l'automne. ***Fruit*** Cône dressé, un peu en forme de tonneau, 7,5 cm de long, vert-pourpre devenant pourpre-brun, brun à maturité, mûr en 2 à 3 ans, se désarticule sur l'arbre.

- **ORIGINE** Algérie, Maroc.
- **HABITAT** Forêts.
- **REMARQUE** Espèce parfois répertoriée comme sous-espèce géographique du cèdre du Liban (*C. libani*, p. 59), duquel on la distingue facilement par son port. À l'état sauvage, on la trouve uniquement dans la chaîne de l'Atlas.

CEDRUS ATLANTICA

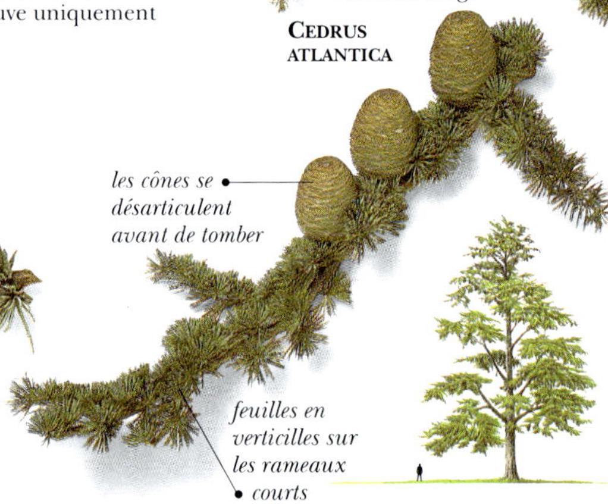

△ **F. GLAUCA**
Ce cèdre bleu est la forme la plus commune dans les jardins. Son feuillage est gris-bleu vif.

Hauteur 40 m (25 m)	Port Cône large	Feuilles Persistantes	Type

Famille PINACÉES	Espèce *Cedrus brevifolia*	Auteur Henry

CÈDRE DE CHYPRE

Feuilles Aciculaires, 2 cm de long, éparses sur les longs rameaux, en rosettes denses sur les rameaux latéraux courts à croissance lente, vert foncé. ***Écorce*** Gris foncé, se craquelle en plaques verticales. ***Fleurs*** Dressées, mâles bleu-vert, femelles vertes, en groupes séparés sur la même plante, à l'automne. ***Fruit*** Cône cylindrique, dressé, 7 cm de long, vert-pourpre, brun en mûrissant.

- **ORIGINE** Chypre.
- **HABITAT** Montagnes.
- **REMARQUE** Les feuilles courtes le distinguent d'une espèce proche, le cèdre du Liban (*Cedrus libani*, p. 59).

Hauteur 20 m (10 m)	Port Cône large	Feuilles Persistantes	Type

Famille PINACÉES	Espèce *Cedrus deodara*	Auteur G. Don

CÈDRE DE L'HIMALAYA

Feuilles Aciculaires, 4 cm de long, isolées sur les rameaux longs, en rosettes denses sur les rameaux latéraux courts à croissance lente, vert à gris-vert ; l'extrémité des rameaux pend nettement. ***Écorce*** Gris foncé, se craquelle verticalement en vieillissant. ***Fleurs*** Mâles pourpres, jaunes en s'ouvrant, femelles vertes, dressées, en groupes séparés sur la même plante, à l'automne. ***Fruit*** Cône dressé en forme de tonneau, 12 cm de long, vert, pourpre-brun en mûrissant.
• **ORIGINE** O. de l'Himalaya.
• **HABITAT** Forêts d'altitude.

Hauteur 50 m (25 m)	Port Cône large	Feuilles Persistantes	Type

Famille PINACÉES	Espèce *Cedrus libani*	Auteur A. Richard

CÈDRE DU LIBAN

Feuilles Aciculaires, 3 cm de long, isolées sur les rameaux longs, en rosettes denses sur les rameaux latéraux courts à croissance lente, vert foncé à gris-bleu. ***Écorce*** Gris foncé, se craquelle en plaques verticales. ***Fleurs*** Mâles bleu-vert, jaunes en s'ouvrant, dressées, femelles vertes, dressées, en groupes séparés sur la même plante, à l'automne. ***Fruit*** Cône dressé en forme de tonneau, 12 cm de long, vert-pourpre, brun à maturité.
• **ORIGINE** Liban, S.-O. de la Turquie.
• **HABITAT** Forêts d'altitude.
• **REMARQUE** Les plantes âgées sont caractéristiques : le feuillage est porté par des faisceaux larges de branches étalées sur plusieurs troncs massifs.

Hauteur 40 m (25 m)	Port Étalé, très caractéristique	Feuilles Persistantes	Type

Famille PINACÉES	Espèce *Larix decidua*	Auteur Miller

MÉLÈZE COMMUN

Feuilles Linéaires, souples, 4 cm de long, isolées sur les rameaux longs, en rosettes denses sur les rameaux latéraux courts, vert vif devenant jaune à l'automne. ***Écorce*** Grise, devenant rouge-brun, fissurée et squameuse. ***Fleurs*** Mâles jaunes, tombantes, femelles rouges, dressées, en groupes séparés sur la même plante, printemps. ***Fruit*** Cône ovoïde, dressé, brun, environ 4 cm de long.
- **ORIGINE** Europe.
- **HABITAT** Montagnes.

Hauteur 40 m (25 m)	Port Cône étroit	Feuilles Caduques	Type

Famille PINACÉES	Espèce *Larix × eurolepis*	Auteur Henry

LARIX × EUROLEPIS

Feuilles Aciculaires, souples, gris-vert à vert. ***Écorce*** Brun rougeâtre, squameuse. ***Fleurs*** Mâles jaunes, tombantes, femelles rouges, dressées, en groupes séparés sur la même plante, printemps. ***Fruit*** Cône ovoïde, dressé, brun, 3 cm de long.
- **ORIGINE** Horticole.
- **REMARQUE** Hybride du mélèze commun (*Larix decidua* ci-dessus) et du mélèze du Japon (*Larix kaempferi* ci-dessous).

Hauteur 35 m	Port Cône large	Feuilles Caduques	Type

Famille PINACÉES	Espèce *Larix kaempferi*	Auteur (A.B. Lambert) Carrière

MÉLÈZE DU JAPON

Feuilles Aciculaires, souples, 4 cm de long, isolées sur les rameaux longs, en rosettes sur les rameaux courts, gris-vert à bleu-vert. ***Écorce*** Brun rougeâtre, squameuse. ***Fleurs*** Mâles jaunes, tombantes, femelles crème ou rosâtres, dressées, en groupes séparés sur la même plante, printemps. ***Fruit*** Cône ovoïde, dressé, 3 cm.
- **ORIGINE** C. du Japon.
- **HABITAT** Montagnes.

Hauteur 30 m	Port Cône large	Feuilles Caduques	Type

Famille PINACÉES	Espèce *Larix laricina*	Auteur (Du Roi) K. Koch

LARIX LARICINA

Feuilles Linéaires, souples, 3 cm de long, isolées sur les rameaux longs, en rosettes denses sur les rameaux latéraux courts à croissance lente, bleu-vert jaunes à l'automne. ***Écorce*** Brun rosâtre à rougeâtre, squameuse. ***Fleurs*** Mâles jaunes, pendant sous le rameau, femelles rouges, dressées, en groupes séparés sur la même plante, printemps. ***Fruit*** Cône ovoïde, dressé, brun, 2 cm de long, quelques écailles droites.
• **ORIGINE** Amérique du Nord.
• **HABITAT** Bois et marécages.
• **REMARQUE** Largement répandu au Canada et au nord-est des États-Unis, jusqu'au cercle polaire arctique.

Hauteur 20 m	Port Cône étroit	Feuilles Caduques	Type

Famille PINACÉES	Espèce *Larix occidentalis*	Auteur Nuttall

LARIX OCCIDENTALIS

Feuilles Aciculaires, souples, 4 cm de long, isolées sur les rameaux longs, en rosettes denses sur les rameaux latéraux courts à croissance lente, vert vif, jaunes à l'automne. ***Écorce*** Brun rougeâtre, épaisse, squameuse. ***Fleurs*** Mâles jaunes, pendant sous le rameau, femelles rouges, dressées, en groupes séparés sur la même plante, printemps. ***Fruit*** Cône ovoïde, dressé, brun, 4 cm de long, bractées saillant entre les écailles.
• **ORIGINE** O. de l'Amérique du Nord.
• **HABITAT** Montagnes.
• **REMARQUE** Dans leur région d'origine, ils atteignent rapidement la hauteur maximum. Cette espèce forme souvent des forêts monospécifiques, surtout après un incendie, en raison de la germination prolifique des graines.

Hauteur 50 m (25 m)	Port Cône étroit	Feuilles Caduques	Type

Famille PINACÉES	Espèce *Picea abies*	Auteur (Linnaeus) Karsten

ÉPICÉA COMMUN

Feuilles Aciculaires, rigides, 2 cm de long, 4 faces, pointe aiguë, vert foncé, étalées sur des rameaux lisses et bruns. ***Écorce*** Rouge-brun à gris, se desquamant en bandes fines. ***Fleurs*** Mâles rouges, jaunâtres en s'ouvrant, femelles rouges, en groupes séparés dressées, sur la même plante, printemps. ***Fruit*** Cône cylindrique, brun, pendant, 15 cm de long.
• **ORIGINE** Europe.
• **HABITAT** Forêts d'altitude, sols humides.
• **REMARQUE** Espèce importante, largement cultivée pour la valeur commerciale de son bois, et pour servir d'arbre de Noël.

Hauteur 50 m (25 m)	Port Cône étroit	Feuilles Persistantes	Type

Famille PINACÉES	Espèce *Picea breweriana*	Auteur Watson

PICEA BREWERIANA

Feuilles Aciculaires, souvent courbées, 3 cm de long, aplaties, émoussées, vert foncé, 2 bandes blanchâtres dessous, insérées tout autour du rameau. ***Écorce*** Gris-pourpre, squameuse avec l'âge. ***Fleurs*** Mâles rouges, jaunâtres en s'ouvrant, femelles rouges ou vertes, en groupes séparés sur la même plante, printemps. ***Fruit*** Cône brun, en cylindre étroit, pendant, 12 cm de long.
ORIGINE États-Unis : N. de la Californie, S. de l'Orégon.
HABITAT Montagnes.

Hauteur 35 m (20 m)	Port Port étroit, pleureur	Feuilles Persistantes	Type

Famille PINACÉES	Espèce *Picea glauca*	Auteur (Moench) Voss

SAPINETTE BLANCHE

Feuilles Aciculaires, rigides, 1,5 cm de long, 4 faces, bleu-vert, bandes blanches, insérées densément, pointant vers l'avant ; rameaux lisses, presque blancs. ***Écorce*** Gris-brun, squameuse. ***Fleurs*** Mâles rouges, jaunes en s'ouvrant, femelles pourpre-rouge, en groupes séparés sur la même plante, printemps. ***Fruit*** Cône cylindrique, brun pâle, pendant, 6 cm de long.
• **ORIGINE** Canada, N.-E. des États-Unis.
• **HABITAT** Forestier.

Hauteur 30 m (15 m)	Port Cône étroit	Feuilles Persistantes	Type

Famille PINACÉES	Espèce *Picea jezoensis*	Auteur (Siebold & Zuccarini) Carrière

PICEA JEZOENSIS

Feuilles Aciculaires, 1,5 cm de long, aplaties, vert foncé dessus, 2 larges bandes blanches dessous, pointant vers l'avant au-dessus de rameaux pâles et lisses, étalées au-dessous. ***Écorce*** Gris-brun, se desquamant, profondes fissures. ***Fleurs*** Mâles rougeâtres, femelles violet-rouge, en groupes séparés sur la même plante, printemps. ***Fruit*** Cône cylindrique, rouge-brun, pendant, 7,5 cm de long.
• **ORIGINE** N.-E. de l'Asie, Japon.
• **HABITAT** Forêts d'altitude, sur pentes escarpées et plateaux secs.

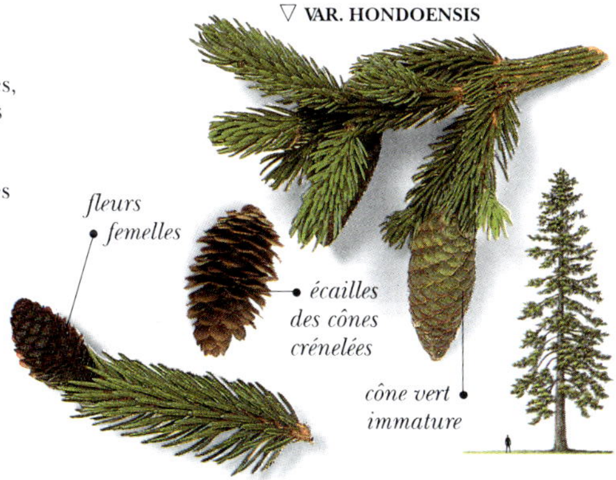

Hauteur 50 m (30 m)	Port Cône étroit	Feuilles Persistantes	Type

Famille PINACÉES	Espèce *Picea likiangensis*	Auteur (Franchet) Pritzel

PICEA LIKIANGENSIS

Feuilles Aciculaires, 1,5 cm de long, bleu-vert dessus, bleu-blanc dessous, pointant vers l'avant au-dessus de rameaux généralement velus, brun pâle, couchées en dessous. ***Écorce*** Gris-brun, se desquamant, fissurée avec l'âge. ***Fleurs*** Mâles et femelles abondantes, mâles rouges, jaunes en s'ouvrant, femelles rouge vif, en groupes séparés sur la même plante, printemps. ***Fruit*** Cône cylindrique, pendant, 10 cm de long, pourpre, brun pâle à maturité.
• **ORIGINE** O. de la Chine, Tibet.
• **HABITAT** Bois d'altitude.

Hauteur 40 m (20 m)	Port Cône large	Feuilles Persistantes	Type

Famille PINACÉES	Espèce *Picea mariana*	Auteur (Miller) B.S.P.

SAPINETTE NOIRE

Feuilles Aciculaires, 1,5 cm de long, 4 faces, pointe émoussée, bleu-vert dessus, bleu-blanc dessous, insérées tout autour de rameaux velus jaune-brun.
Écorce Gris-brun, se desquamant.
Fleurs Mâles et femelles rouges, en groupes séparés sur la même plante, printemps.
Fruit Cône ovoïde rouge-brun, pendant, 4 cm de long.
• **ORIGINE**
Canada, N.-E. des États-Unis.
• **HABITAT**
Pentes de montagne et tourbières.

Hauteur 30 m (15 m)	Port Cône étroit	Feuilles Persistantes	Type

Famille PINACÉES	Espèce *Picea omorika*	Auteur (Pančić) Purkyně

ÉPICÉA DE SERBIE

Feuilles Aciculaires, 2 cm de long, aplaties, vert foncé brillant dessus, 2 larges bandes blanches dessous, la plupart couchées au-dessus de rameaux velus brun pâle, quelques-unes tout autour. ***Écorce*** Pourpre-brun, se craquelle en plaques carrées.
Fleurs Mâles et femelles rouges, en groupes séparés sur la même plante, printemps. ***Fruit*** Cône ovoïde étroit, brun-pourpre, pendant, 6 cm de long.
• **ORIGINE**
Bosnie-Herzégovine.
• **HABITAT** Au bord de la Drina, sol calcaire.

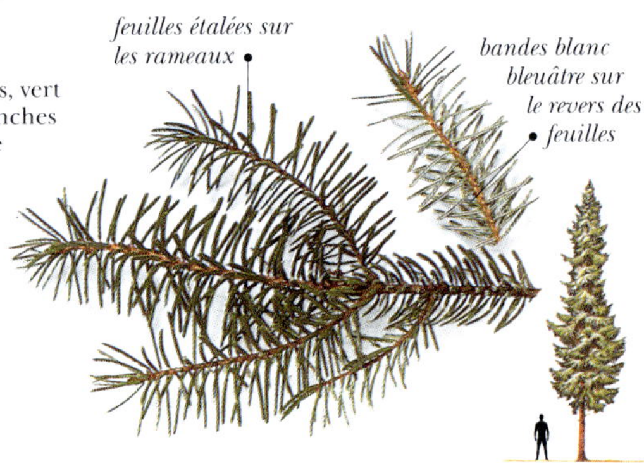

Hauteur 30 m	Port Cône étroit	Feuilles Persistantes	Type

Famille PINACÉES	Espèce *Picea orientalis*	Auteur (Linnaeus) Link

SAPINETTE D'ORIENT

Feuilles Aciculaires, 8 mm de long, 4 faces, pointe émoussée, vert foncé brillant, pointées vers l'avant tout autour de rameaux velus blanchâtres à brun pâle.
Écorce Brun rosâtre, se desquamant en petites plaques.
Fleurs Mâles rouges, jaunes en s'ouvrant, femelles rouges, en groupes séparés sur la même plante, printemps. ***Fruit*** Cône cylindrique étroit, pendant, 10 cm de long, pourpre, brun à maturité.
• **ORIGINE** Caucase, N.-E. de la Turquie.
• **HABITAT** Forêts d'altitude.

Hauteur 30 m	Port Cône étroit	Feuilles Persistantes	Type

Famille PINACÉES	Espèce *Picea pungens*	Auteur Engelmann

ÉPICÉA DU COLORADO

Feuilles Aciculaires, rigides, 3 cm de long, bout pointu, gris-vert à bleu-gris, insérées tout autour de rameaux lisses brun pâle. ***Écorce*** Pourpre-gris, squameuse. ***Fleurs*** Mâles rougeâtres, femelles vertes, en groupes séparés sur la même plante, printemps. ***Fruit*** Cône cylindrique, brun pâle, pendant, 10 cm de long.
• **ORIGINE** O. des États-Unis.
• **HABITAT** Haute montagne, pentes sèches et bords des torrents.

△ **'KOSTER'** Le feuillage de cette forme est bleu argenté vif.

PICEA ▷ **PUNGENS**

Hauteur 35 m (25 m)	Port Cône étroit	Feuilles Persistantes	Type

Famille PINACÉES	Espèce *Picea sitchensis*	Auteur (Bongard) Carrière

ÉPICÉA DE SITKA

Feuilles Aciculaires, 3 cm de long, pointe aiguë, vert vif dessus, 2 bandes blanches dessous, arrangées tout autour de rameaux lisses blanchâtres à brun pâle. ***Écorce*** Gris et pourpre-gris, se desquamant en grosses écailles. ***Fleurs*** Mâles rougeâtres, femelles vertes, en groupes séparés sur la même plante, printemps. ***Fruit*** Cône cylindrique, brun pâle, pendant, 10 cm de long.
• **ORIGINE** O. de l'Amérique du Nord.
• **HABITAT** Terrains humides à basse altitude, près des côtes.

Hauteur 80 m (50 m)	Port Cône étroit	Feuilles Persistantes	Type

Famille PINACÉES	Espèce *Picea smithiana*	Auteur (Wallich) Boissier

PICEA SMITHIANA

Feuilles Aciculaires, longues, 4 cm de long, 4 faces, vert foncé, insérées tout autour de rameaux pendants lisses, brillants, brun pâle. ***Écorce*** Pourpre-gris, se desquamant. ***Fleurs*** Mâles jaune-vert, pendantes, à l'extrémité des rameaux, femelles vertes, dressées, en groupes séparés sur la même plante, fin du printemps à début de l'été. ***Fruit*** Cône pendant, 20 cm de long, vert, brun luisant à maturité.
• **ORIGINE** O. de l'Himalaya.
• **HABITAT** Forêts d'altitude à feuillage persistant.

Hauteur 40 m	Port Étroit, pleureur	Feuilles Persistantes	Type

Famille PINACÉES	Espèce *Pinus ayacahuite*	Auteur Ehrenberg

PIN DU MEXIQUE

Feuilles Aciculaires, fines, 15 cm de long, groupées par 5, bleu-vert, sur des rameaux jaune-brun à poils fins. ***Écorce*** Grise, rugueuse, grossièrement fissurée. ***Fleurs*** Mâles jaunes, femelles rouges, en groupes séparés sur les jeunes rameaux, début d'été. ***Fruit*** Cône pendant, cylindrique, jaune-brun, résineux, 45 cm de long, écailles à bout violet.

- **ORIGINE** N. du Guatemala, Mexique.
- **HABITAT** Pentes de montagne.

Hauteur 35 m (25 m)	Port Cône large	Feuilles Persistantes	Type

Famille PINACÉES	Espèce *Pinus bungeana*	Auteur Zuccarini

PIN NAPOLÉON

Feuilles Aciculaires, rigides, 7,5 cm de long, groupées par 3, pointe aiguë, jaune-vert, sur des rameaux lisses, gris-vert. ***Écorce*** Gris-vert et blanc crème, se desquamant par petits morceaux. ***Fleurs*** Mâles jaunes, femelles vertes, en groupes séparés sur les jeunes rameaux, début d'été. ***Fruit*** Cône ovoïde, jaune-brun, 7 cm de long, écailles à bout épineux.

- **ORIGINE** N. de la Chine.
- **HABITAT** Pentes escarpées de montagne, terrains schisteux.

Hauteur 25 m (15 m)	Port Cône large	Feuilles Persistantes	Type

Famille PINACÉES	Espèce *Pinus cembra*	Auteur Linnaeus

AROLLE, PIN CEMBRO

Feuilles Aciculaires, 9 cm de long, groupées par 3, surface externe vert brillant, interne bleu-vert, sur des rameaux verdâtres couverts de poils orange-brun. ***Écorce*** Gris-brun, squameuse. ***Fleurs*** Mâles pourpres, jaunes en s'ouvrant, femelles rouges, en groupes séparés sur les jeunes rameaux, fin du printemps. ***Fruit*** Cône ovoïde, 7 cm de long, bleu-pourpre, rouge-brun à maturité, jamais tout à fait ouvert.

- **ORIGINE** Europe.
- **HABITAT** Montagnes.

Hauteur 25 m (15 m)	Port Colonne étroite	Feuilles Persistantes	Type

Famille PINACÉES	Espèce *Pinus contorta*	Auteur Loudon

Pinus contorta

Feuilles Aciculées, tordues, 5 cm de long, en paires, densément insérées, vert foncé ou vert moyen, sur des rameaux lisses, vert-brun. ***Écorce*** Rouge-brun, petites fissures carrées. ***Fleurs*** Mâles jaunes, femelles rouges, en groupes séparés sur les jeunes rameaux, fin du printemps. ***Fruit*** Cône ovoïde, brun pâle, à pointe dirigée vers l'arrière, 5 cm de long, écailles à fines épines.

• **ORIGINE**
O. de l'Amérique du Nord.

• **HABITAT**
Dunes côtières et tourbières.

• **REMARQUE** Largement réparti de l'Alaska au Mexique. Le pin lodgepole, var. *latifolia*, peut atteindre 30 m en altitude.

P. CONTORTA

▽ PINUS CONTORTA

◁ VAR. LATIFOLIA

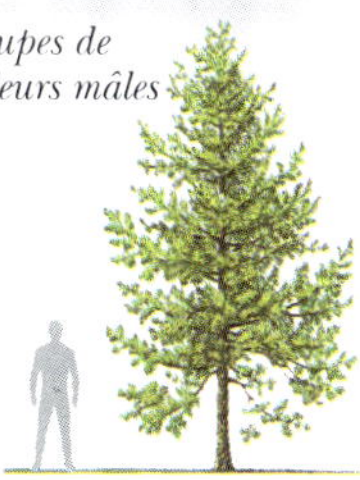

Hauteur 10 m	Port Cône large	Feuilles Persistantes	Type

Famille PINACÉES	Espèce *Pinus coulteri*	Auteur D. Don

Pinus coulteri

Feuilles Aciculaires, raides, 30 cm de long, groupées en général par 3, gris-vert, sur des rameaux pruineux très robustes. ***Écorce*** Pourpre brun, squameuse, fissures profondes. ***Fleurs*** Mâles pourpres, jaunes en s'ouvrant, femelles rouges, en groupes séparés sur les jeunes rameaux, fin du printemps, début d'été. ***Fruit*** Cône ovoïde, jaune-brun, résineux, 30 cm de long, épines crochues au bout des écailles, reste fermé plusieurs années.

• **ORIGINE**
États-Unis : Californie.

• **HABITAT**
Pentes sèches et rocheuses de montagne.

Hauteur 25 m	Port Largement étalé	Feuilles Persistantes	Type

Famille PINACÉES	Espèce *Pinus densiflora*	Auteur Siebold & Zuccarini

PINUS DENSIFLORA

Feuilles Aciculaires, fines, 10 cm de long, par paires, vert vif, pointant vers l'extérieur des rameaux verts lisses. ***Écorce*** Brun rougeâtre devenant gris-rouge, se craquelle en plaques irrégulières avec l'âge. ***Fleurs*** Mâles jaune-brun, femelles rouges, en groupes séparés sur les jeunes rameaux, fin du printemps. ***Fruit*** Cône brun pâle conique, 5 cm de long, mûr en 2 ans.
• **ORIGINE** N.-E. de la Chine, Japon, Corée.
• **HABITAT** Du niveau de la mer à la montagne.

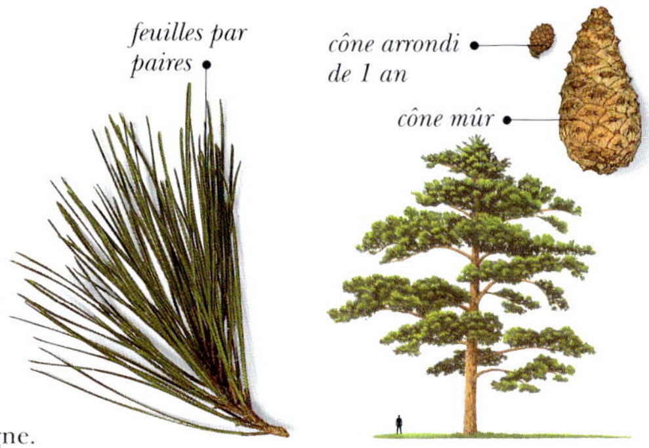

Hauteur 35 m (15 m)	Port Largement étalé	Feuilles Persistantes	Type

Famille PINACÉES	Espèce *Pinus × holfordiana*	Auteur Jackson

PINUS × HOLFORDIANA

Feuilles Aciculaires, élancées, 18 cm de long, en groupes de 5, surface externe vert vif, interne bleu-gris, sur des ramules verts velus. ***Écorce*** Grise, fissurée. ***Fleurs*** Mâles jaunes, femelles rouges, en groupes séparés sur les jeunes rameaux, début d'été. ***Fruit*** Cône pendant, résineux, orange-brun, 30 cm de long.
• **ORIGINE** Horticole.
• **REMARQUE** Hybride du pin du Mexique (*Pinus ayacahuite* var. *veitchii*, p. 66) et du pin pleureur de l'Himalaya (*P. wallichiana*, p. 75).

Hauteur 25 m	Port Cône large	Feuilles Persistantes	Type

Famille PINACÉES	Espèce *Pinus jeffreyi*	Auteur Murray

PIN DE JEFFREY

Feuilles Aciculaires, rigides, 25 cm de long, en groupes de 3, bleu-gris, sur des ramules robustes, velus. ***Écorce*** Gris-brun foncé, profondes fissures étroites. ***Fleurs*** Mâles rouges, jaunes en s'ouvrant, femelles rouge-violet, en groupes séparés sur les jeunes rameaux, début d'été. ***Fruit*** Cône jaune-brun, 30 cm de long, épine incurvée et élancée sur chaque écaille.
• **ORIGINE** O. des États-Unis.
• **HABITAT** Pentes sèches d'altitude.
• **REMARQUE** Apparenté au pin des montagnes Rocheuses (*P. ponderosa*, p. 73).

Hauteur 50 m (20 m)	Port Cône large	Feuilles Persistantes	Type

Famille PINACÉES	Espèce *Pinus koraiensis*	Auteur Siebold & Zuccarini

PINUS KORAIENSIS

Feuilles Aciculaires, fines, 12 cm de long, en groupes denses de 5, surface externe vert brillant, interne bleu-blanc. ***Écorce*** Gris foncé, épaisse, se desquamant. ***Fleurs*** Mâles rouges, jaunes en s'ouvrant, femelles rouges, en groupes séparés sur les jeunes rameaux, début d'été. ***Fruit*** Cône pourpre-brun, conique, 12 cm de long.

- **ORIGINE** N.-E. de l'Asie, Japon, Corée.
- **HABITAT** Vallées fluviales, et pentes de basse montagne.

Hauteur 35 m (20 m)	Port Cône large	Feuilles Persistantes	Type

Famille PINACÉES	Espèce *Pinus leucodermis*	Auteur Antoine

PIN DE BOSNIE

Feuilles Aciculaires, rigides, 9 cm de long, par paires, pointe aiguë, vert foncé, en groupes denses, pointant vers l'avant sur des rameaux pruineux. ***Écorce*** Grise, se craquelle en petites plaques carrées. ***Fleurs*** Mâles jaunes, femelles rouge-pourpre, à l'extrémité des rameaux, en groupes séparés sur la même plante, début d'été. ***Fruit*** Cône ovoïde, 10 cm de long, bleu intense, devenant jaune-brun en mûrissant en 2 ans.

- **ORIGINE** Albanie, N. de la Grèce, Bosnie-Herzégovine.
- **HABITAT** Montagne, en général sur terrain calcaire.
- **REMARQUE** Appelé aussi *P. heldreichii* var. *leucodermis*. Se reconnaît facilement à son feuillage vert foncé, ses cônes juvéniles bleus, et son port étroit.

Hauteur 25 m	Port Cône étroit	Feuilles Persistantes	Type

Famille PINACÉES	Espèce *Pinus monophylla*	Auteur Torrey & Frémont

PINUS MONOPHYLLA

Feuilles Aciculaires, incurvées, rigides, 5 cm de long, isolées, gris-vert à bleu-gris, sur des rameaux orange robustes. ***Écorce*** Grise, à côtes étroites. ***Fleurs*** Mâles jaunes, femelles rouges, en groupes séparés sur les jeunes rameaux, début d'été. ***Fruit*** Cône, 5,5 cm de long, vert, gris-brun en mûrissant.
• **ORIGINE** N. du Mexique, S.-O. des États-Unis.
• **HABITAT** Pentes et crêtes sèches et rocheuses d'altitude.
• **REMARQUE** Appelé aussi *P. cembroides* var. *monophylla*. Se reconnaît facilement à ses aiguilles isolées : la plupart des pins portent leurs aiguilles par groupes de 2 ou plus.

Hauteur 15 m	Port Cône large	Feuilles Persistantes	Type

Famille PINACÉES	Espèce *Pinus montezumae*	Auteur A.B. Lambert

PIN DE MONTEZUMA

Feuilles Aciculaires, 30 cm de long, généralement en groupes de 5, finement dentées et légèrement rêches au bord, gris-vert, étalées en faisceaux en forme de brosse, sur des rameaux robustes, lisses, rouge-brun. ***Écorce*** Grise, épaisse, profonds sillons. ***Fleurs*** Mâles pourpres, jaunes en s'ouvrant, femelles rouges, en groupes séparés sur les jeunes rameaux, début d'été. ***Fruit*** Cône conique à ovoïde, 15 cm de long, bleu-pourpre, jaune-brun ou rouge-brun en mûrissant, écailles à bout épineux, seul ou en groupe.
• **ORIGINE** Guatemala, Mexique.
• **HABITAT** Montagnes.
• **REMARQUE** Son nom rappelle Montezuma II, empereur aztèque du Mexique au début du XVIe siècle.

Hauteur 30 m (20 m)	Port Largement étalé	Feuilles Persistantes	Type

Famille PINACÉES	Espèce *Pinus muricata*	Auteur D. Don

PINUS MURICATA

Feuilles Aciculaires, raides, 15 cm de long, le plus souvent par paires, gris-vert ou bleu-vert, sur des rameaux orange-brun. ***Écorce*** Pourpre-brun, épaisse, sillonnée. ***Fleurs*** Mâles jaunes, femelles rouges, en groupes séparés sur les jeunes rameaux, début d'été. ***Fruit*** Cône ovoïde, rouge-brun, 8 cm de long, asymétrique, en verticilles, persiste plusieurs années.
- **ORIGINE** États-Unis : Californie.
- **HABITAT** Collines basses en zone côtière.

Hauteur 25 m	Port Colonne large	Feuilles Persistantes	Type

Famille PINACÉES	Espèce *Pinus nigra*	Auteur Arnold

PIN NOIR D'AUTRICHE

Feuilles Aciculaires, raides, 15 cm de long, par paires, pointe aiguë, vert très foncé, sur des rameaux robustes, bruns. ***Écorce*** Presque noire, squameuse, crêtes. ***Fleurs*** Mâles jaunes, femelles rouges, en groupes séparés sur les jeunes rameaux, fin du printemps début d'été. ***Fruit*** Cône brun, ovoïde, 8 cm de long.
- **ORIGINE** C. et S.-E. de l'Europe.
- **HABITAT** Montagnes et collines souvent en terrain calcaire.

△ **PINUS NIGRA**

◁ **SUBSP. LARICIO**
Appelé aussi var. *maritima*, le pin de Corse a des feuilles gris-vert.

Hauteur 45 m (25 m)	Port Colonne large	Feuilles Persistantes	Type

Famille PINACÉES	Espèce *Pinus parviflora*	Auteur Siebold & Zuccarini

PINUS PARVIFLORA

Feuilles Aciculaires, légèrement tordues, 6 cm de long, en groupes de 5, surface externe verte ou bleu-vert, interne bleu-blanc, sur des rameaux verdâtres. ***Écorce*** Grise, squameuse, profondes fissures. ***Fleurs*** Mâles pourpre-rouge, jaunes en s'ouvrant, femelles rouges, en groupes séparés sur les jeunes rameaux, début d'été. ***Fruit*** Cône ovoïde, 7 cm de long, vert, rouge-brun à maturité, écailles coriaces.
- **ORIGINE** Japon.
- **HABITAT** Montagnes, sur sol caillouteux.

Hauteur 25 m (10 m)	Port Colonne large	Feuilles Persistantes	Type

Famille PINACÉES	Espèce *Pinus peuce*	Auteur Grisebach

PIN DE MACÉDOINE

Feuilles Aciculaires, raides, 10 cm de long, en groupes denses de 5, bleu-vert, pointées vers l'avant, sur des rameaux verts lisses et pruineux. ***Écorce*** Pourpre-brun, fissurée et craquelée par plaques. ***Fleurs*** Mâles jaunes, femelles rouges, en groupes séparés sur les jeunes rameaux, début d'été. ***Fruit*** Cône pendant, cylindrique à conique, résineux, 15 cm de long, vert, brun à maturité.
• **ORIGINE** S.-E. de l'Europe.
• **HABITAT** Montagnes.

Hauteur 30 m (15 m)	Port Colonne étroite	Feuilles Persistantes	Type

Famille PINACÉES	Espèce *Pinus pinaster*	Auteur Aiton

PIN MARITIME

Feuilles Aciculaires, raides, 20 cm de long, par paires, pointe aiguë, gris-vert devenant vert foncé, sur des rameaux robustes. ***Écorce*** Pourpre-brun, crêtes, fissures profondes. ***Fleurs*** Mâles jaunes, femelles rouges, en groupes séparés sur les jeunes rameaux, début d'été. ***Fruit*** Cône brun brillant, conique, jusqu'à 20 cm de long, écailles à pointes saillantes, persistant plusieurs années.
• **ORIGINE** N. de l'Afrique, S.-O. de l'Europe.
• **HABITAT** Sols sablonneux.

Hauteur 35 m	Port Colonne large	Feuilles Persistantes	Type

Famille PINACÉES	Espèce *Pinus pinea*	Auteur Linnaeus

PIN PARASOL

Feuilles Aciculaires, robustes, 12 cm de long, par paires ou par 3, vertes, sur des rameaux lisses orange-brun ; isolées et bleu-gris vif sur les jeunes plantes. ***Écorce*** Orange-brun, fissures profondes. ***Fleurs*** Mâles jaunes, femelles vertes, en groupes séparés sur les jeunes rameaux, début d'été. ***Fruit*** Cône presque globuleux, lourd, brun luisant, 12 cm de long.
• **ORIGINE** Bassin méditerranéen.
• **HABITAT** Sol sablonneux, près des côtes.

Hauteur 20 m	Port Largement étalé	Feuilles Persistantes	Type

Famille PINACÉES	Espèce *Pinus ponderosa*	Auteur Lawson

PINUS PONDEROSA

Feuilles Aciculaires, rigides, 25 cm de long, en groupes de 3, gris-vert foncé, pointant vers l'avant, sur des rameaux robustes, lisses, jaune-brun à rouge-brun. ***Écorce*** Jaune-brun ou rougeâtre, épaisse, en grosses plaques.
Fleurs Mâles pourpre foncé, femelles rouges, en groupes séparés sur les jeunes rameaux, fin du printemps.
Fruit Cône ovoïde, 10 cm ou plus de long, pourpre, rouge-brun brillant à maturité.
• **ORIGINE** O. de l'Amérique du Nord.
• **HABITAT** Pentes de montagne.

Hauteur 50 m (30 m)	Port Cône large	Feuilles Persistantes	Type

Famille PINACÉES	Espèce *Pinus radiata*	Auteur D. Don

PIN DE MONTEREY

Feuilles Aciculaires, fines, 15 cm de long, en groupes de 3, vert vif sur des rameaux gris-vert. ***Écorce*** Gris foncé, fissures profondes.
Fleurs Mâles jaune-brun, femelles rouge-pourpre, en groupes séparés sur les jeunes rameaux, début d'été.
Fruit Cône brun, 12 cm de long, persistant plusieurs années.
• **ORIGINE** États-Unis : Californie.
• **HABITAT** Pentes sèches près des côtes.

Hauteur 30 m	Port Cône large	Feuilles Persistantes	Type

Famille PINACÉES	Espèce *Pinus strobus*	Auteur Linnaeus

PIN WEYMOUTH

Feuilles Aciculaires, fines, 12 cm de long, en groupes de 5, surface externe gris-vert, interne gris blanc, densément insérées. ***Ecorce*** Gris foncé, lisse, fissures profondes. ***Fleurs*** Mâles jaunes, femelles roses, en groupes séparés sur les jeunes rameaux, début d'été.
Fruit Cône pendant, cylindrique, incurvé, 15 cm de long ou plus, vert, brun pâle à maturité.
• **ORIGINE** E. de l'Amérique du Nord.
• **HABITAT** Bois à basse altitude.

Hauteur 50 m (30 m)	Port Cône étroit	Feuilles Persistantes	Type

Famille PINACÉES	Espèce *Pinus sylvestris*	Auteur Linnaeus

PIN SYLVESTRE

Feuilles Aciculaires, robustes, tordues, 7 cm de long, par paires, bleu-vert à bleu-gris. ***Écorce*** Pourpre-gris, pelant par plaques irrégulières ; orange et se desquamant vers le sommet. ***Fleurs*** Mâles jaunes, femelles rouges, en groupes séparés sur les jeunes rameaux, fin du printemps au début de l'été. ***Fruit*** Cône ovoïde, 7,5 cm de long, vert, brun en mûrissant.
- **ORIGINE** Asie, Europe.
- **HABITAT** Montagnes, sols sablonneux ou gravillonneux.
- **REMARQUE** Port large en espaces découverts, étroit en espaces confinés.

▽ **PINUS SYLVESTRIS**

△ **'EDWIN HILLIER'** Forme sélectionnée pour son feuillage étonnant et son écorce rouille.

Hauteur 35 m	Port Étalé en général	Feuilles Persistantes	Type

Famille PINACÉES	Espèce *Pinus tabuliformis*	Auteur Carrière

PINUS TABULIFORMIS

Feuilles Aciculaires, 15 cm de long, en général par paires, parfois par 3, vertes à gris-vert, sur des rameaux jaune-brun ; jeunes rameaux pruineux. ***Écorce*** Grise, fissurée ; nuancée d'orange ou de rose vers le sommet de la plante. ***Fleurs*** Mâles jaune pâle, femelles rouge-pourpre, en groupes séparés sur les jeunes rameaux, début d'été. ***Fruit*** Cône brun, ovoïde, 6 cm de long, petite épine à l'extrémité de chaque écaille, demeure longtemps sur les rameaux.
- **ORIGINE** O., C. et N. de la Chine.
- **HABITAT** Montagnes.
- **REMARQUE** Les jeunes arbres ont généralement une forme plus conique, la couronne plate et étalée caractéristique de l'espèce se formant au cours de la maturation.

Hauteur 25 m (10 m)	Port Largement étalé	Feuilles Persistantes	Type

Famille PINACÉES	Espèce *Pinus thunbergii*	Auteur Parlatore

PINUS THUNBERGII

Feuilles Aciculaires, rigides, 10 cm de long, par paires, pointe aiguë, densément insérées, pointant vers l'avant, sur des rameaux lisses jaune-brun. ***Écorce*** Grise, se craquelle en plaques irrégulières. ***Fleurs*** Mâles jaunâtres, femelles rouge-pourpre, en groupes séparés sur les jeunes rameaux, début d'été. ***Fruit*** Cône ovoïde, 7 cm de long, pourpre ou vert, gris-brun à maturité.
• **ORIGINE** N.-E. de la Chine, Japon, Corée.
• **HABITAT** Le long des côtes.
• **REMARQUE** Espèce apparentée au pin noir d'Autriche (*P. nigra*, p. 71). En hiver, on reconnaît facilement ce pin à ses bourgeons foliaires couverts de poils blancs.

Hauteur 40 m (25 m)	Port Cône large	Feuilles Persistantes	Type

Famille PINACÉES	Espèce *Pinus wallichiana*	Auteur Jackson

PIN PLEUREUR DE L'HIMALAYA

Feuilles Aciculaires, fines, souvent courbées à la base, flexibles, 20 cm de long, en groupes de 5, surface externe grise, interne bleu-blanche, sur des rameaux lisses, verts et duveteux. ***Écorce*** Grise, lisse, devenant gris foncé et fissurée. ***Fleurs*** Mâles jaunes, femelles bleu-vert et roses, en groupes séparés sur les jeunes rameaux, début d'été. ***Fruit*** Cône pendant, incurvé, résineux, 30 cm de long, vert, brun pâle à maturité.
• **ORIGINE** Himalaya.
• **HABITAT** Forêts d'altitude.
• **REMARQUE** Appelé aussi pin du Bouthan. Le nom devrait être réservé au *P. bhutanica*, espèce du Bhoutan, Asie du Sud, récemment décrite.

Hauteur 50 m (30 m)	Port Cône large	Feuilles Persistantes	Type

Famille PINACÉES	Espèce *Pseudolarix amabilis*	Auteur (Nelson) Rehder

MÉLÈZE DORÉ

Feuilles Linéaires, fines, 5 cm de long, isolées sur les rameaux longs, en rosettes denses sur les rameaux courts courbés vers le haut, jaune d'or à l'automne. ***Écorce*** Gris-brun, se craquelle en petites plaques carrées. ***Fleurs*** Mâles et femelles jaunes, en groupes séparés à l'extrémité de rameaux courts, fin du printemps ou début d'été. ***Fruit*** Cône ovoïde, 5 cm de long, vert, brun à maturité, se désarticule avant de tomber.
• **ORIGINE** E. de la Chine.
• **HABITAT** Forêts d'altitude.
• **REMARQUE** Proche des mélèzes (*Larix*, p. 60-61).

Hauteur 40 m (15 m)	Port Cône large	Feuilles Caduques	Type

Famille PINACÉES	Espèce *Pseudotsuga menziesii*	Auteur (Mirbel) Franco

SAPIN DE DOUGLAS

Feuilles Linéaires, 3 cm de long, extrémité arrondie, vertes dessus, 2 bandes blanches dessous, aromatiques, insérées tout autour du rameau ou étalées dessus. ***Écorce*** Pourpre-brun, épaisse, fissures rouge-brun. ***Fleurs*** Mâles jaunes, sous le rameau, femelles vertes avec des parties rosées, en groupes séparés sur la même plante, printemps. ***Fruit*** Cône pendant rouge-brun, 10 cm de long, bractées à 3 pointes saillant entre les écailles.
• **ORIGINE** O. de l'Amérique du Nord.
• **HABITAT** Forêts à feuillage persistant sur les pentes de montagnes humides.
• **REMARQUE** Son nom commun commémore le botaniste écossais D. Douglas. Appelé aussi sapin de l'Orégon ou Douglas vert.

Hauteur 90 m (60 m)	Port Cône étroit	Feuilles Persistantes	Type

Famille PINACÉES	Espèce *Tsuga canadensis*	Auteur (Linnaeus) Carrière

TSUGA DU CANADA, PRUCHE

Feuilles Linéaires, fines, 1,2 cm de long, vert foncé dessus, 2 bandes blanches dessous. ***Écorce*** Pourpre-gris, stries squameuses. ***Fleurs*** Mâles jaunes, sous le rameau, femelles ressemblant à de petits cônes verts, à l'extrémité, en groupes séparés fin du printemps. ***Fruit*** Cône pendant, ovoïde, brun pâle, 2 cm de long.
• **ORIGINE** E. de l'Amérique du Nord.
• **HABITAT** Bois sur collines ou rochers.

Hauteur 30 m (20 m)	Port Cône large	Feuilles Persistantes	Type

Famille PINACÉES	Espèce *Tsuga caroliniana*	Auteur Engelmann

TSUGA DE CAROLINE

Feuilles Linéaires, 2 cm de long, vert foncé dessus, 2 bandes blanches dessous. ***Écorce*** Rouge-brun, stries en vieillissant. ***Fleurs*** Mâles et femelles rougeâtres, mâles sous le rameau, femelles à l'extrémité, en groupes séparés, fin du printemps. ***Fruit*** Cône pendant, ovoïde, brun pâle, 2,5 cm de long.
• **ORIGINE** S.-E. des États-Unis.
• **HABITAT** Pentes de montagne.

Hauteur 20 m (10 m)	Port Cône large	Feuilles Persistantes	Type

Famille PINACÉES	Espèce *Tsuga heterophylla*	Auteur (Rafinesque) Sargent

TSUGA DE CALIFORNIE

Feuilles Linéaires, 2 cm de long, côtés parallèles, vert foncé dessus, 2 bandes blanches dessous. ***Écorce*** Pourpre-brun, crénelée, se desquamant. ***Fleurs*** Rougeâtres, mâles sous le rameau, femelles à l'extrémité, en groupes séparés sur la même plante, fin du printemps. ***Fruit*** Cône pendant, ovoïde, brun, 2 cm de long.
• **ORIGINE** O. de l'Amérique du Nord.
• **HABITAT** Forêts.

Hauteur 60 m (35 m)	Port Cône étroit	Feuilles Persistantes	Type

LES PODOCARPACÉES

FAMILLE COMPTANT plus de 100 espèces d'arbres et d'arbustes à feuillage persistant, surtout du genre *Podocarpus*; la plupart poussent dans les régions chaudes de l'hémisphère Sud. Fleurs en général sur plantes séparées, mâles de type chaton, femelles à fructification parfois coriace, parfois charnue.

Famille PODOCARPACÉES	Espèce *Podocarpus andinus*	Auteur Endlicher

PODOCARPUS ANDINUS

Feuilles Linéaires, 2,5 cm de long, courte pointe, bleu-vert foncé dessus, 2 bandes blanchâtres dessous, tout autour du rameau. ***Écorce*** Gris foncé, lisse. ***Fleurs*** Mâles jaunes, en groupes ramifiés de 2,5 cm de long, femelles petites, vertes, sur plantes séparées, début d'été. ***Fruit*** Cône charnu, forme de prune, comestible, vert, jaune à maturité, graine unique.
• **ORIGINE** Argentine, S. du Chili.
• **HABITAT** Montagnes.

Hauteur 15 m (5 m)	Port Cône large	Feuilles Persistantes	Type

Famille PODOCARPACÉES	Espèce *Saxegothaea conspicua*	Auteur Lindley

SAXEGOTHAEA CONSPICUA

Feuilles Linéaires, en général courbes, 3 cm de long, fine pointe aiguë, vert foncé dessus, 2 bandes blanchâtres dessous, formant 2 rangées désordonnées de chaque côté du rameau, ou étalées tout autour. ***Écorce*** Pourpre-brun, lisse, se desquamant en bandes. ***Fleurs*** Mâles violacées, à l'aisselle des feuilles, femelles bleu-vert à l'extrémité des rameaux, en groupes séparés sur la même plante, fin du printemps au début de l'été. ***Fruit*** Cône globuleux, charnu, 2 cm de diamètre, écailles bleu-vert piquantes.
• **ORIGINE** Chili.
• **HABITAT** Forêts.

Hauteur 12 m	Port Cône large	Feuilles Persistantes	Type

LES TAXACÉES

CETTE FAMILLE EST SOUVENT distinguée des conifères vrais, car les graines ne sont pas enfermées dans un cône. Six genres, avec 18 espèces d'arbres et d'arbustes à feuilles persistantes. Généralement dioïques. Les fleurs femelles forment une graine unique entourée d'une enveloppe charnue, l'arille.

Famille TAXACÉES	Espèce *Taxus baccata*	Auteur Linnaeus

IF COMMUN

Feuilles Linéaires, 3 cm de long, pointues, vert foncé dessus, 2 bandes vert plus pâle dessous, en général étalées en 2 rangées de chaque côté du rameau. ***Écorce*** Pourpre-brun, lisse, se desquamant. ***Fleurs*** Petites, mâles jaune pâle, en groupes à l'aisselle des feuilles, femelles isolées à l'extrémité des ramules, souvent sur plantes séparées, printemps. ***Fruit*** Arille rouge, de 1 cm de long, ouvert au bout, exposant la graine verdâtre.

• **ORIGINE** N. de l'Afrique, S.-O. de l'Asie, Europe.

• **HABITAT** Sols calcaires.

• **REMARQUE** Toute la plante est toxique, sauf l'arille.

△ TAXUS BACCATA

'LUTEA' ▷ Forme particulière par la couleur jaune des fruits.

Hauteur 12 à 25 m	Port Cône large	Feuilles Persistantes	Type

Famille TAXACÉES	Espèce *Torreya californica*	Auteur Torrey

TORREYA CALIFORNICA

Feuilles Aciculaires, 6 cm de long, pointe aiguë, vert foncé brillant dessus, 2 bandes blanchâtres dessous. ***Écorce*** Gris-brun, stries verticales. ***Fleurs*** Mâles blanc crème, à l'aisselle des feuilles, femelles petites et vertes, sur plantes séparées, printemps à début d'été. ***Fruit*** Grosse graine unique, dans un arille vert taché de pourpre, environ 4 cm de long.

• **ORIGINE** États-Unis : Californie.

• **HABITAT** Pentes fraîches et gorges en région côtière et en montagne.

Hauteur 30 m (15 m)	Port Cône large	Feuilles Persistantes	Type

Les Taxodiacées

Cette famille compte environ 10 genres et 15 espèces d'arbres à feuilles persistantes ou non, provenant d'Amérique du Nord, de l'est de l'Asie, et de Tasmanie. Feuilles en aiguille ou en écaille. Fleurs unisexuées sur la même plante; femelles se développant en cône ligneux.

Famille TAXODIACÉES	Espèce *Athrotaxis laxifolia*	Auteur W.J. Hooker

Athrotaxis laxifolia

Feuilles Petites, 6 mm de long, pointe aiguë libre, étalées, jaunâtres devenant vert foncé. ***Écorce*** Rouge-brun, se desquamant verticalement. ***Fleurs*** Mâles et femelles jaune-brun, en groupes séparés sur la même plante, début du printemps. ***Fruit*** Cône rond, 2 cm de diamètre, vert pâle, rouge-brun à maturité, écailles à bout épineux.
• **Origine** Tasmanie.
• **Habitat** Montagnes.

Hauteur 10 m	Port Cône large	Feuilles Persistantes	Type

Famille TAXODIACÉES	Espèce *Cryptomeria japonica*	Auteur D. Don

Cryptomeria japonica

Feuilles Linéaires, 1,5 cm de long, acuminées, vert vif, courbées vers l'avant le long des rameaux. ***Écorce*** Orange-brun, tendre, épaisse, se desquamant verticalement. ***Fleurs*** Mâles jaune-brun, à l'aisselle des feuilles, femelles vertes, à l'extrémité des rameaux, en groupes séparés sur la même plante, début du printemps.
Fruit Cône globuleux, brun, 2 cm de diamètre.
• **Origine** Japon.
• **Habitat** Forêts.

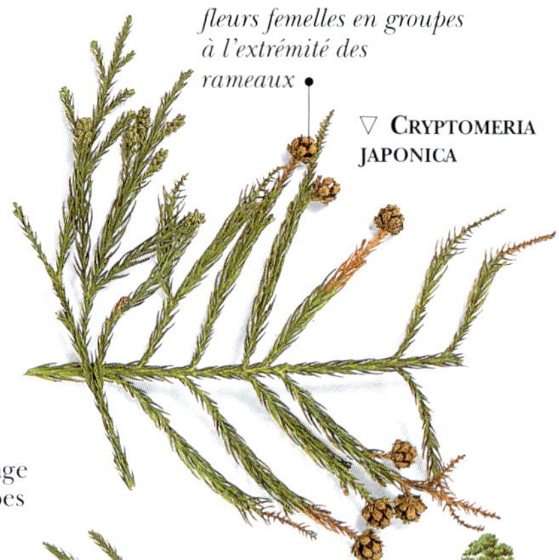

'Lobbii' ▽
Forme à feuillage porté en groupes denses.

△ **'Cristata'**
Forme beaucoup plus petite qui atteint 10 m.

Hauteur 50 m (25 m)	Port Cône large	Feuilles Persistantes	Type

Famille TAXODIACÉES	Espèce *Cunninghamia lanceolata*	Auteur (A.B. Lambert) W.J. Hooker

CUNNINGHAMIA LANCEOLATA

Feuilles Lancéolées, 6 cm de long, vert brillant, 2 bandes blanches dessous. ***Écorce*** Rouge-brun, striée. ***Fleurs*** Mâles jaune-brun, en groupes, femelles jaune-vert, en groupes isolés, à l'extrémité des rameaux. ***Fruit*** Cône globuleux, 4 cm de diamètre, vert puis brun.

- **ORIGINE** Chine.
- **HABITAT** Forêts à feuillage persistant.

Hauteur 25 m	Port Colonne large	Feuilles Persistantes	Type

Famille TAXODIACÉES	Espèce *Glyptostrobus pensilis*	Auteur (Staunton) K. Koch

GLYPTOSTROBUS PENSILIS

Feuilles Linéaires ou squamiformes, petites, 1,5 cm de long, bleu-vert, étalées de chaque côté des rameaux caducs, en spirale sur les rameaux persistants, rouges à la fin de l'automne quand elles tombent. ***Écorce*** Gris-brun, fissures peu profondes. ***Fleurs*** Mâles et femelles peu visibles. ***Fruit*** Cône globuleux à ovoïde, rugueux, vert, 2,5 cm de long.

- **ORIGINE** S.-E. de la Chine.
- **HABITAT** Marais et rives des fleuves.
- **REMARQUE** Espèce à présent rare à l'état sauvage.

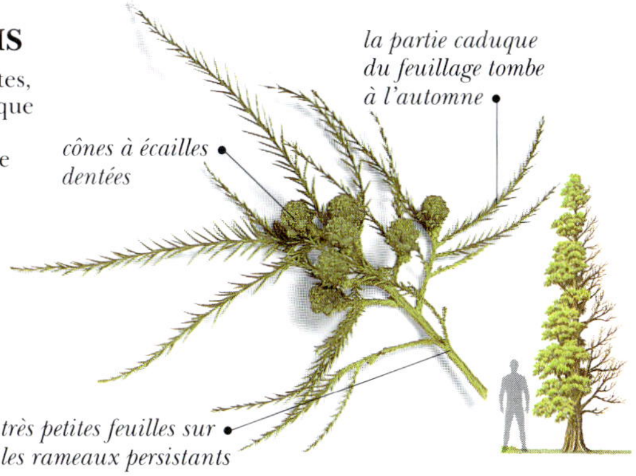

Hauteur 10 m	Port Cône étroit	Feuilles Caduques	Type

Famille TAXODIACÉES	Espèce *Metasequoia glyptostroboides*	Auteur Hu & Cheng

METASEQUOIA GLYPTOSTROBOIDES

Feuilles Linéaires, jusqu'à 2,5 cm de long, souples, aplaties, précoces, vert clair devenant vert foncé, opposées sur les rameaux caducs, en spirale sur les rameaux persistants, devenant jaunes, roses ou rouges à l'automne. ***Écorce*** Orange-brun à rouge-brun, se desquamant en écailles fibreuses. ***Fleurs*** Mâles jaunes, femelles verdâtres, en groupes séparés sur les jeunes rameaux, sur la même plante, printemps. ***Fruit*** Cône globulaire, 2,5 cm de diamètre, vert, brun à maturité.

- **ORIGINE** S.-O. de la Chine.
- **HABITAT** Sol humide et bords d'eau.

Hauteur 40 m (20 m)	Port Cône étroit	Feuilles Caduques	Type

Famille TAXODIACÉES	Espèce *Sciadopitys verticillata*	Auteur Siebold & Zuccarini

PIN PARASOL DU JAPON

Feuilles Aciculaires, 12 cm de long, profondément rainurées des 2 côtés, vert foncé dessus, jaune-vert dessous. ***Écorce*** Rouge-brun, se desquamant en longues bandes verticales. ***Fleurs*** Mâles jaunes, en groupes nombreux, femelles vertes, à l'extrémité des rameaux, sur la même plante, printemps. ***Fruit*** Cône ovoïde, 7,5 cm de long, vert, rouge-brun en 2 ans de maturation.
• **ORIGINE** Japon.
• **HABITAT** Montagnes.

Hauteur 30 m (15 m)	Port Cône étroit	Feuilles Persistantes	Type

Famille TAXODIACÉES	Espèce *Sequoia sempervirens*	Auteur (D. Don) Endlicher

SEQUOIA SEMPERVIRENS

Feuilles Linéaires, 2 cm de long, pointues, vert foncé dessus, 2 bandes blanches dessous, étalées de chaque côté du rameau. ***Écorce*** Rouge-brun, tendre et fibreuse, très épaisse, stries larges. ***Fleurs*** Mâles jaune-brun, femelles vertes, en groupes séparés sur la même plante, fin de l'hiver à début du printemps. ***Fruit*** Cône en sphère aplatie, rouge-brun, 3 cm de long, 1 an de maturation.
• **ORIGINE** États-Unis : S. de l'Orégon, Californie.
• **HABITAT** Pentes basses en région côtière.

Hauteur 100 m (40 m)	Port Cône étroit	Feuilles Persistantes	Type

Famille TAXODIACÉES	Espèce *Sequoiadendron giganteum*	Auteur (Lindley) Buchholz

SEQUOIADENDRON GIGANTEUM

Feuilles Jusqu'à 8 mm de long, pointe aiguë étalée, vert foncé, tout autour du rameau. ***Écorce*** Rouge-brun, tendre, fibreuse, très épaisse. ***Fleurs*** Mâles jaunes, à l'extrémité des rameaux, femelles vertes, en groupes séparés, début du printemps. ***Fruit*** Cône en forme de tonneau, 7,5 cm de long, vert, brun en 2 ans de maturation, demeurant souvent plusieurs années sur l'arbre.
• **ORIGINE** États-Unis : Californie.
• **HABITAT** Pente ouest des montagnes.

Hauteur 90 m (50 m)	Port Cône étroit	Feuilles Persistantes	Type

Famille TAXODIACÉES	Espèce *Taiwania cryptomerioides*	Auteur Hayata

TAIWANIA CRYPTOMERIOIDES

Feuilles Étroites, 2 cm de long, larges et aplaties à la base, pointe épineuse aiguë, bleu-vert, incurvées vers l'avant le long des rameaux ; plus petites sur les rameaux portant les cônes. ***Écorce*** Rouge-brun, se desquamant en bandes verticales. ***Fleurs*** Mâles en groupes rassemblés, femelles en groupes isolés, séparés à l'extrémité des rameaux, sur la même plante, printemps. ***Fruit*** Cône globuleux, 1,2 cm de diamètre, vert, brun à maturité.

• **ORIGINE** Taiwan.

• **HABITAT** Forêts d'altitude.

Hauteur 60 m (20 m)	Port Cône étroit	Feuilles Persistantes	Type

Famille TAXODIACÉES	Espèce *Taxodium ascendens*	Auteur Brongniart

TAXODIUM ASCENDENS

Feuilles Linéaires, 1 cm de long, serrées autour des rameaux caducs dressés, s'étalant légèrement par la suite. ***Écorce*** Rouge-brun, épaisse, stries grossières. ***Fleurs*** Mâles jaune-vert en chatons pendants de 20 cm, femelles vertes, en petits groupes à la base des chatons mâles, sur la même plante, se formant à l'automne mais s'ouvrant au printemps. ***Fruit*** Cône globuleux, 3 cm de long, vert, brun à maturité.

• **ORIGINE** S.-E. des États-Unis.

• **HABITAT** Marécages et bords de lac.

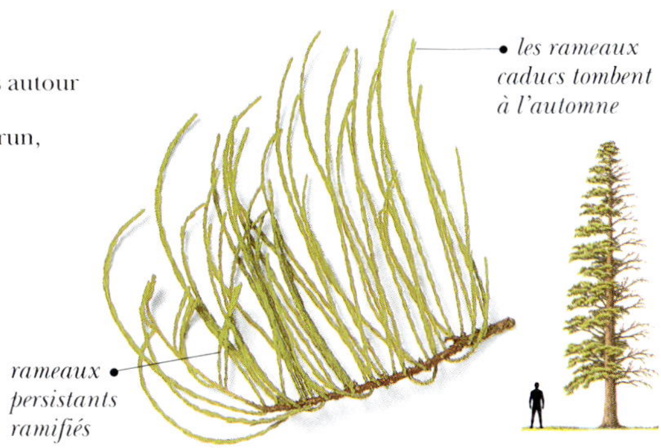

Hauteur 30 m	Port Colonne étroite	Feuilles Caduques	Type

Famille TAXODIACÉES	Espèce *Taxodium distichum*	Auteur (Linnaeus) Richard

CYPRÈS CHAUVE

Feuilles Linéaires, 2 cm de long, souples, aplaties, étalées ou en spirale, tardives. ***Écorce*** Gris-brun, fine, rugueuse, souvent crevassée et renforcée à la base. ***Fleurs*** Mâles jaune-vert en chatons pendants de 20 cm, femelles vertes, en petits groupes à la base des chatons mâles, sur la même plante, se formant à l'automne mais s'ouvrant au printemps. ***Fruit*** Cône globuleux, 3 cm de diamètre, vert, brun à maturité.

• **ORIGINE** S.-E. des États-Unis.

• **HABITAT** Marécages, bords de rivières ou étangs.

Hauteur 50 m (30 m)	Port Cône large	Feuilles Caduques	Type

LES FEUILLUS

LES ACÉRACÉES

FAMILLE DE L'ÉRABLE, 2 genres et plus de 100 espèces d'arbres et d'arbustes à feuilles persistantes ou non. La plupart se trouvent dans les régions nordiques tempérées, quelques-uns sous les tropiques.

Feuilles opposées souvent lobées, parfois simplement dentées, ou divisées en folioles. Les petites fleurs mâles et femelles vont du crème au jaune, vert, rouge ou pourpre. Elles sont portées, parfois séparément, sur la même plante ou non, s'ouvrant en général quand les jeunes feuilles se déploient. Fruits ailés en 2 moitiés.

Chez *Acer*, un côté de chaque moitié comporte une aile allongée ; chez *Dipteronia*, chaque moitié est entourée par une aile.

Famille ACÉRACÉES	Espèce *Acer buergerianum*	Auteur Miquel

ACER BUERGERIANUM

Feuilles Trilobées, 10 cm de long et de large, rétrécies à la base, généralement peu ou non dentées, vert foncé dessus, bleuâtres dessous, chaque face devenant lisse, virant au rouge en automne. ***Écorce*** Gris-brun, pelant par plaques squameuses en vieillissant. ***Fleurs*** Petites, jaune-vert, en larges grappes coniques dressées, au printemps avec les feuilles. ***Fruit*** Ailes parallèles dressées, 2,5 cm de long, vert ou rougeâtre, brun en mûrissant.
- **ORIGINE** Chine, Japon.
- **HABITAT** Bois d'altitude.

Hauteur 15 m	Port Largement étalé	Feuilles Caduques	Type

Famille ACÉRACÉES	Espèce *Acer campestre*	Auteur Linnaeus

ÉRABLE CHAMPÊTRE

Feuilles Lobées en palme, 7,5 cm de long et 10 cm de large, 5 lobes, vert foncé dessus, plus pâles et pubescentes dessous, jaunes en automne ; jus laiteux quand on coupe le pétiole. ***Écorce*** Brun pâle, écailleuse, se fissure avec l'âge. ***Fleurs*** Petites, vertes, en corymbes dressés, au printemps, avec les feuilles. ***Fruit*** De 2,5 cm de long, parfois rouge au début, en corymbes pendants.

- **ORIGINE** N. de l'Afrique, S.-O. de l'Asie, Europe.
- **HABITAT** Bois, broussailles, haies.

ACER CAMPESTRE

'PULVERULENTUM' ▷
Les feuilles plus petites de cette forme sont largement tachées de blanc.

Hauteur 15 m	Port Étalé	Feuilles Caduques	Type

Famille ACÉRACÉES	Espèce *Acer capillipes*	Auteur Maximowicz

ACER CAPILLIPES

Feuilles 15 cm de long et 10 cm de large, 3 lobes s'effilant en une pointe élancée, lobe central beaucoup plus grand, lobes latéraux courts, dentés, rouges au stade juvénile devenant vert vif dessus, plus pâles et lisses dessous, généralement rouges en automne, pétioles rouges. ***Écorce*** Verte et grise, bandes verticales blanches. ***Fleurs*** Petites, vertes, en grappes pendantes, fin du printemps à l'émergence des feuilles. ***Fruit*** Ailes étalées, 2 cm de long, vertes, rouges en mûrissant.

- **ORIGINE** Japon.
- **HABITAT** Bois près des torrents de montagne, sur sols humides.
- **REMARQUE** Cette espèce fait partie des érables jaspés, facilement reconnaissables à leur écorce rayée caractéristique.

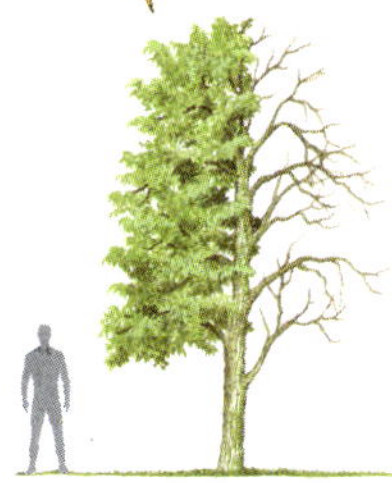

Hauteur 10 m	Port Colonne large	Feuilles Caduques	Type

Famille ACÉRACÉES	Espèce *Acer cappadocicum*	Auteur Gleditsch

ÉRABLE DE CAPPADOCE

Feuilles Palmatilobées, 10 cm de long et 15 cm de large, 5 à 7 lobes acuminés, non dentés, en coeur à la base, vert vif dessus, lisses des 2 côtés à l'exception de touffes de poils à l'aisselle des nervures dessous, jaune clair en automne ; jus laiteux quand on coupe le pétiole. ***Écorce*** Grise et lisse. ***Fleurs*** Petites, jaune-vert, en grappes dressées, fin du printemps, avec les feuilles. ***Fruit*** Ailes étalées, 4 cm de long.
• **ORIGINE** O. de l'Asie à la Chine.
• **HABITAT** Forêts.

△ **A. CAPPADOCICUM**

◁ **'AUREUM'**
Les feuilles jaunes de cette forme virent au vert à la fin de l'été.

Hauteur 20 m	Port Étalé	Feuilles Caduques	Type

Famille ACÉRACÉES	Espèce *Acer carpinifolium*	Auteur Siebold & Zuccarini

ÉRABLE À FEUILLES DE CHARME

Feuilles Oblongues, lancéolées, 15 cm de long et 5 cm de large, non lobées, dents aiguës, nombreuses nervures presque parallèles, vert foncé dessus, plus pâles et pubescentes sur les nervures dessous au stade juvénile, virant au jaune et brun en automne. ***Écorce*** Grise et lisse, lenticelles nettes. ***Fleurs*** Petites, jaune-vert, pédoncules élancés, en grappes pendantes, fin du printemps, avec les feuilles. ***Fruit*** Ailé, 2 cm de long.
• **ORIGINE** Japon.
• **HABITAT** Bois d'arbres à feuilles caduques près des torrents de montagne.
• **REMARQUE** Le nom de cette espèce inhabituelle est dû à la ressemblance de ses feuilles avec celles des charmes (*Carpinus*, pp.126-127), qui la distingue des autres érables.

Hauteur 10 m	Port Cône large	Feuilles Caduques	Type

Famille ACÉRACÉES	Espèce *Acer circinatum*	Auteur Pursch

ÉRABLE À FEUILLES DE VIGNE

Feuilles 12 cm de large, 7 à 9 lobes dentés, vert pâle dessus, pubescentes au stade juvénile dessus, devenant orange et rouges en automne. ***Écorce*** Gris-brun, lisse. ***Fleurs*** Petites, pétales blancs, sépales rougeâtres, en grappes pendantes, fin du printemps. ***Fruit*** Ailes étalées rougeâtres, 3 cm de long.
• **ORIGINE** O. de l'Amérique du Nord.
• **HABITAT** Forêts à feuillage persistant.

Hauteur 6 m	Port Largement étalé	Feuilles Caduques	Type

Famille ACÉRACÉES	Espèce *Acer cissifolium*	Auteur (Siebold & Zuccarini) K. Koch

ACER CISSIFOLIUM

Feuilles Trois folioles ovales à obovales, 10 cm de long, vert foncé dessus, lisses, jaunes ou rouges à l'automne. ***Écorce*** Jaune-gris, rugueuse, lenticelles en relief. ***Fleurs*** Mâles et femelles minuscules, jaunes, nombreuses, en grappes élancées de 10 cm de long, sur plantes séparées, printemps.
Fruit Ailes presque parallèles.
• **ORIGINE** Japon.
• **HABITAT** Près des rivières.

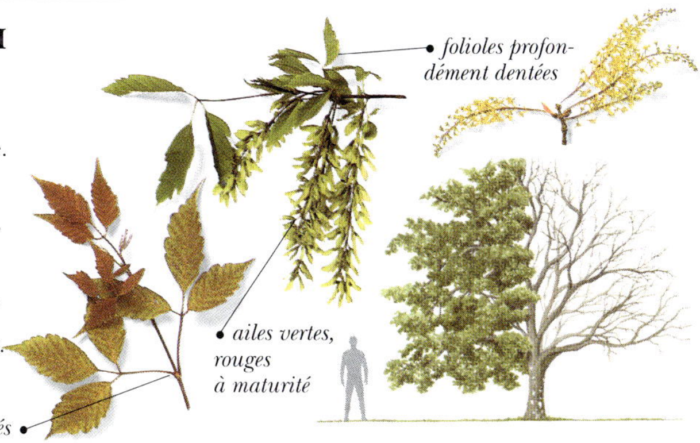

Hauteur 15 m	Port Très étalé	Feuilles Caduques	Type

Famille ACÉRACÉES	Espèce *Acer crataegifolium*	Auteur Siebold & Zuccarini

ÉRABLE À FEUILLES D'AUBÉPINE

Feuilles Ovales, 7,5 cm de long et 5 cm de large, 3 lobes dentés, lobe central long et acuminé, vert foncé dessus, plus pâles dessous, lisses. ***Écorce*** Verte, bandes verticales. ***Fleurs*** Petites, jaune-vert, en grappes dressées ou penchées, printemps, avec les feuilles. ***Fruit*** Ailes étalées nuancées de rouge, 3 cm de long.
• **ORIGINE** C. et S. du Japon.
• **HABITAT** Forêts et zones ensoleillées en basse montagne.

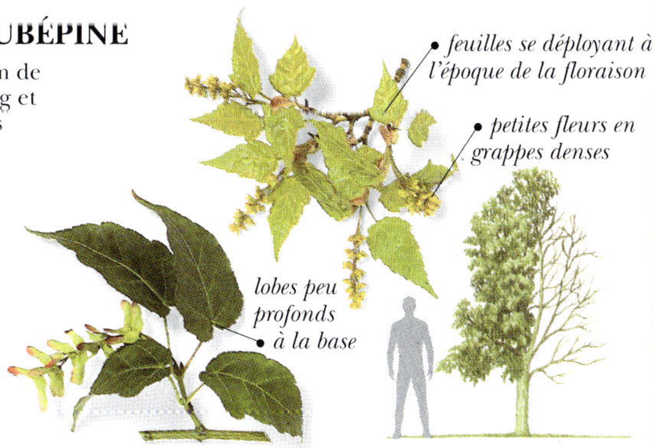

Hauteur 7 m	Port Cône large	Feuilles Caduques	Type

Famille ACÉRACÉES	Espèce *Acer davidii*	Auteur Franchet

ACER DAVIDII

Feuilles Ovales, 15 cm de long et 10 cm de large, avec ou sans petits lobes, en cœur à la base, dentées, vert foncé brillant dessus, pubescentes dessous au stade juvénile ; quelques formes deviennent orange en automne. ***Écorce*** Verte, bandes verticales blanches, grise et craquelée avec l'âge. ***Fleurs*** Petites, vertes, en grappes pendantes, fin du printemps, avec les feuilles. ***Fruit*** Ailes étalées, 3 cm de long.
• **ORIGINE** Chine.
• **HABITAT** Bois et taillis d'altitude.
• **REMARQUE** Espèce faisant partie des érables jaspés, forme et taille des feuilles variables. Plusieurs formes cultivées dans les jardins.

△ **ACER DAVIDII**

△ **‘ GEORGE FOREST ’** Forme à feuilles foncées se colorant à peine en automne.

△ **‘ ERNEST WILSON ’** Forme à grandes feuilles virant à l'orange en automne.

Hauteur 15 m	Port Cône large	Feuilles Caduques	Type

Famille ACÉRACÉES	Espèce *Acer ginnala*	Auteur Maximowicz

ÉRABLE DU FLEUVE AMOUR

Feuilles Ovales, 7,5 cm de long et 6 cm de large, 3 lobes profonds, lobe central plus grand, dentées, vert foncé brillant dessus, lisses, rouge vif au début de l'automne. ***Écorce*** Gris-brun foncé, lisse. ***Fleurs*** Blanc crème, odorantes, en grappes dressées, fin du printemps, après les feuilles. ***Fruit*** Ailes nuancées de rouge presque parallèles, 2,5 cm de long, en grappes pendantes.
• **ORIGINE** Chine, Japon.
• **HABITAT** Taillis près des rivières et zones exposées dans les vallées de montagne.

Hauteur 10 m	Port Largement étalé	Feuilles Caduques	Type

Famille ACÉRACÉES	Espèce *Acer griseum*	Auteur (Franchet) Pax

ACER GRISEUM

Feuilles Trois folioles elliptiques, à grandes dents émoussées de chaque côté, foliole centrale de 10 cm de long et 5 cm de large, dessus vert foncé, dessous bleu-blanc, couvertes de poils denses et doux, rouges en automne. ***Écorce*** Rougeâtre à brun cannelle pâle, se desquame en bandes fines, comme du papier. ***Fleurs*** Petites, jaune-vert, sur pédoncules velus, en grappes pendantes, fin du printemps, avec les feuilles. ***Fruit*** Larges ailes vert pâle, 3 cm de long.

• **ORIGINE**
C. de la Chine.

• **HABITAT**
Bois d'altitude.

• **REMARQUE**
Se reconnaît facilement à son écorce qui se desquame.

Hauteur 15 m	Port Colonne large	Feuilles Caduques	Type

Famille ACÉRACÉES	Espèce *Acer henryi*	Auteur Pax

ACER HENRYI

Feuilles Trois folioles elliptiques, pas ou peu dentées, acuminées, 10 cm de long et 4 cm de large, vert foncé dessus, généralement velues dessous, rouge vif en automne. ***Écorce*** Grise, lenticelles dressées, bien nettes. ***Fleurs*** Minuscules, jaunâtres, nombreuses, en grappes élancées de 20 cm de long, printemps, avant ou avec les feuilles. ***Fruit*** Ailes presque parallèles, 2,5 cm de long, vertes, rouges à maturité.

• **ORIGINE**
C. de la Chine.

• **HABITAT**
Bois d'altitude.

Hauteur 15 m	Port Largement étalé	Feuilles Caduques	Type

Famille ACÉRACÉES	Espèce *Acer japonicum*	Auteur Thunberg

ÉRABLE DU JAPON

Feuilles Forme générale arrondie, 7 à 11 lobes ovales à lancéolés, acuminés, à dents aiguës, de 13 cm de long et de large, poils soyeux des 2 côtés au stade juvénile, devenant vert foncé dessus, presque lisses des 2 côtés, rouges en automne, sur pétioles duveteux. ***Écorce*** Gris-brun, lisse. ***Fleurs*** Petites, rouge-violet, anthères jaunes, en grappes pendantes, longs pédoncules, printemps, à l'émergence des feuilles. ***Fruit*** Ailes étalées, vertes ou vert nuancé de rouge, 2,5 cm de long.

• **ORIGINE** Japon.

• **HABITAT** Bois d'altitude, généralement en zones sèches et ensoleillées.

• **REMARQUE** La forme présentée, ' Vitifolium ', a des feuilles un peu plus grandes, à 10-12 lobes, et un feuillage juvénile bronze.

◁ **' ACONITIFOLIUM '** Forme à feuilles profondément lobées et dentées.

Hauteur 10 m	Port Largement étalé	Feuilles Caduques	Type

Famille ACÉRACÉES	Espèce *Acer lobelii*	Auteur Tenore

ACER LOBELII

Feuilles Lobées en palme, 15 cm de long et un peu plus de large, 5 lobes pointus, non dentés, généralement à bord ondulé, vert foncé brillant et lisses dessus, touffes de poils à l'aisselle des nervures dessous, sur des rameaux bleu-blanc duveteux. ***Écorce*** Gris pâle, lisse, fissures verticales peu profondes. ***Fleurs*** Petites, jaune-vert, en corymbes dressés, fin du printemps, avec les feuilles. ***Fruit*** Ailes vertes étalées, 3 cm de long, en corymbes dressés.
- **ORIGINE** S. de l'Italie.
- **HABITAT** Bois d'altitude.

Hauteur 20 m	Port Colonne étroite	Feuilles Caduques	Type

Famille ACÉRACÉES	Espèce *Acer macrophyllum*	Auteur Pursh

ACER MACROPHYLLUM

Feuilles Lobées en palme, 25 cm de long et 30 cm de large, 3 à 5 lobes avec quelques grandes dents, vert foncé dessus, pubescentes dessous au stade juvénile, devenant jaune foncé, orange, puis brunes en automne, longs pétioles. ***Écorce*** Gris-brun, fissures peu profondes entre des crêtes verticales. ***Fleurs*** Jaunes, odorantes, en grappes pendantes de 25 cm de long, printemps, à l'émergence des feuilles. ***Fruit*** Hérissé, grandes ailes lisses divergentes, 5 cm de long, en grappes pendantes.
- **ORIGINE** O. de l'Amérique du Nord.
- **HABITAT** Bords de rivières, bois humides, gorges.
- **REMARQUE** Appelé aussi érable à grandes feuilles. Cet arbre élégant est caractérisé par la taille généreuse de ses feuilles, fleurs et fruits.

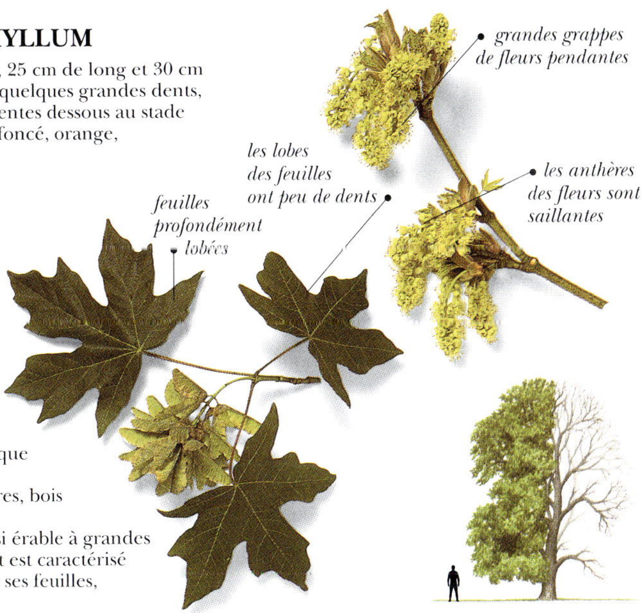

Hauteur 25 m	Port Colonne large	Feuilles Caduques	Type

Famille ACÉRACÉES	Espèce *Acer maximowiczianum*	Auteur Miquel

ACER MAXIMOWICZIANUM

Feuilles Trois folioles pas ou peu dentées, celle du milieu de 10 cm de long et 6 cm de large, les latérales plus petites avec des côtés inégaux à la base, vert foncé et lisses dessus, bleu-blanc avec des poils doux dessous, rouges en automne. ***Écorce*** Gris-brun, lisse. ***Fleurs*** Petites et jaunes, en groupes inclinés de 3, sur pédoncules pubescents, printemps, à l'émergence des feuilles. ***Fruit*** Large ailes vertes étalées, 5 cm de long.

• **ORIGINE** Japon.

• **HABITAT** Bords de rivières.

• **REMARQUE** Appelé aussi *Acer nikoense.* Le trait le plus notable de cette espèce est sa couleur d'automne. Les fruits, bien que décoratifs, contiennent rarement de bonnes graines.

Hauteur 20 m	Port Largement étalé	Feuilles Caduques	Type

Famille ACÉRACÉES	Espèce *Acer miyabei*	Auteur Maximowicz

ACER MIYABEI

Feuilles Lobées en palme, 13 cm de long, 3 à 5 lobes, les plus grands acuminés, avec quelques grandes dents émoussées au bord, cordées, vert vif dessus, plus pâles dessous, pubescentes des 2 côtés, plus densément dessous, jaunes en automne, sur de fins pétioles rouges ; jus laiteux quand on coupe le pétiole. ***Écorce*** Gris-brun, liégeuse, fissures peu profondes orange-brun, pelant en écailles fines sur les vieux arbres. ***Fleurs*** Soit mâles, soit mâle et femelle, petites et jaunes, en groupes inclinés vers le bas, à fins pédoncules, à l'extrémité de rameaux feuillus courts, printemps, à l'émergence des feuilles. ***Fruit*** Ailes étalées ou parfois légèrement incurvées, 2,5 cm de long.

• **ORIGINE** Japon.

• **HABITAT** Bois.

Hauteur 12 m	Port Colonne large	Feuilles Caduques	Type

Famille ACÉRACÉES	Espèce *Acer negundo*	Auteur Linnaeus

ÉRABLE NEGUNDO

Feuilles Pennées, 3 à 5 ou 7 folioles dentées parfois lobées, chacune sur un rachis élancé, longuement acuminées, la foliole terminale de 10 cm de long et 6 cm de large, vert foncé et lisses dessus, lisses ou pubescentes dessous. ***Écorce*** Gris-brun, lisse. ***Fleurs*** Mâles et femelles petites, jaune-vert ou roses chez certaines formes, sans pétales, les femelles évoluant en fruits ailés, en groupes de type aigrette, sur plantes séparées, printemps, avant ou avec les feuilles. ***Fruit*** Ailes incurvées vers le bas, 4 cm de long, persistant sur la plante l'hiver.

- **ORIGINE** Amérique du Nord.
- **HABITAT** Bords de rivières, sols humides.
- **REMARQUE** Espèce variable, plusieurs formes ornementales cultivées.

ACER NEGUNDO

'ELEGANS' ▷
Les folioles de cette forme portent une panachure jaune caractéristique.

'FLAMINGO' ▷
Les folioles roses de cette forme sont ensuite marginées de blanc.

△ **'VARIEGATUM'**
Forme panachée à folioles bordées de blanc.

◁ **VAR. VIOLACEUM**
Les rameaux duveteux décoratifs de cette variété deviennent ensuite pourpres. Ses fleurs sont roses.

Hauteur 20 m	Port Colonne large	Feuilles Caduques	Type

Famille ACÉRACÉES	Espèce *Acer opalus*	Auteur Miller

ÉRABLE D'ITALIE

Feuilles Lobées en palme, 10 cm de long et de large, à 5 lobes à dents émoussées, vert brillant et lisses dessus, duveteux dessous au stade juvénile, jaunes en automne. ***Écorce*** Gris nuancé de rose, pelant en larges plaques carrées. ***Fleurs*** Petites, jaune vif, s'ouvrant sur les rameaux glabres au début du printemps, avant l'émergence des feuilles. ***Fruit*** Ailés, 4 cm de long.
• **ORIGINE** S. et O. de l'Europe, de l'Italie à l'Espagne.
• **HABITAT** Collines et montagnes.
• **REMARQUE** C'est à la floraison que cette espèce est magnifique.

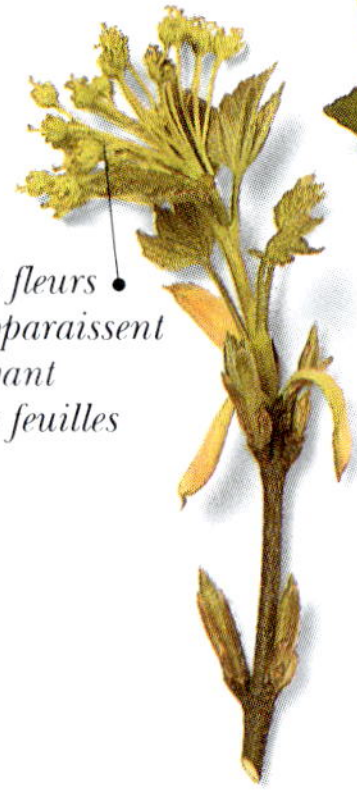

Hauteur 20 m	Port Largement étalé	Feuilles Caduques	Type

Famille ACÉRACÉES	Espèce *Acer palmatum*	Auteur Thunberg

ACER PALMATUM

Feuilles Forme générale arrondie, 5 à 7 lobes profonds, acuminés, à dents aiguës, 10 cm de long et de large, vert vif, lisses, touffes de poils à l'aisselle des nervures dessous, devenant rouges, orange ou jaunes en automne. ***Écorce*** Gris-brun, lisse. ***Fleurs*** Petites, rouge-pourpre, en groupes dressés ou inclinés, printemps, avec l'émergence des feuilles. ***Fruit*** Ailes vertes ou rouges, 1 cm de long.
• **ORIGINE** Chine, Japon, Corée.
• **HABITAT** Taillis.
• **REMARQUE** Nombreuses formes de jardin généralement buissonnantes, comprenant des formes naines, ou à feuilles découpées, colorées ou panachées.

Hauteur 10 m	Port Largement étalé	Feuilles Caduques	Type

Famille ACÉRACÉES	Espèce *Acer palmatum*	Auteur *Thunberg*

△ **‘ATROPURPUREUM’** Forme sélectionnée pour son feuillage rouge-pourpre foncé qui devient rouge flamboyant à l’automne. Cette variété est habituellement plus petite que le type.

△ **‘SENSAKI’**

◁ **‘SENSAKI’** Cette forme a de petites feuilles qui passent de l’orange-jaune au vert pâle à maturité, et virent au jaune bronze en automne.

△ **‘RIBESIFOLIUM’** Forme plus petite formant une plante compacte, atteignant environ 5 m.

▷ **‘LINEARILOBUM ATROPURPUREUM’** Des feuilles rouge-pourpre en araignée caractérisent cette forme. Ses fruits d’automne ailés sont teintés de rouge et pendent en petits groupes.

Hauteur 10 m	Port Largement étalé	Feuilles Caduques	Type

Famille ACÉRACÉES	Espèce *Acer pensylvanicum*	Auteur Linnaeus

ÉRABLE JASPÉ

Feuilles De 10 cm ou plus de long et presque autant de large, 3 lobes triangulaires, acuminés, dentés et pointant vers l'avant à l'extrémité, jaune-vert foncé et lisses dessus, poils rouge-brun au stade juvénile dessous, jaunes en automne. ***Écorce*** Verte, rayures verticales de rouge-brun et blanc, devient grise avec l'âge. ***Fleurs*** Petites, jaune-vert, en grappes pendantes, fin du printemps, à l'émergence des feuilles. ***Fruit*** Ailes vertes, incurvées vers le bas, 2,5 cm de long.

- **ORIGINE** E. de l'Amérique du Nord.
- **HABITAT** Bois humides.
- **REMARQUE** Seule espèce nord-américaine connue d'érable jaspé. Son nom commun anglais, moosewood, est dû au fait que l'élan (moose) mange son écorce l'hiver.

◁ **ACER PENSYLVANICUM**

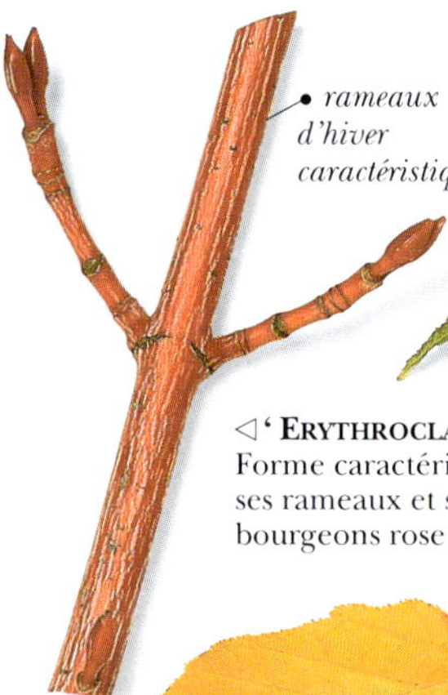

◁ **'ERYTHROCLADUM'**
Forme caractérisée par ses rameaux et ses bourgeons rose vif.

◁ **ACER PENSYLVANICUM**

Hauteur 8 m	Port Colonne large	Feuilles Caduques	Type

Famille ACÉRACÉES	Espèce *Acer platanoides*	Auteur Linnaeus

ÉRABLE PLANE

Feuilles Lobées en palme, environ 15 cm de long et 17,5 cm de large, 5 lobes terminés par plusieurs dents, longuement acuminées, vert vif, lisses sur les 2 faces au stade adulte, devenant jaunes ou parfois rouges en automne ; les longs pétioles grêles des feuilles exsudent un jus laiteux à l'excision. ***Écorce*** Grise, lisse. ***Fleurs*** Petites, jaune-vert vif, en corymbes bien visibles, printemps, avant et avec les feuilles. ***Fruit*** Grandes ailes divergentes, 5 cm de long.
- **ORIGINE** S.-O. de l'Asie, Europe.
- **HABITAT** Bois d'altitude.
- **REMARQUE** Espèce à croissance rapide qui atteint rapidement sa taille maximum. Beaucoup de formes ornementales cultivées, sélectionnées pour leurs feuillages et leurs ports.

les lobes se terminent par des dents pointues

les fruits ont de grandes ailes

△ **ACER PLATANOIDES**

les fleurs s'ouvrent avant les feuilles

◁ **ACER PLATANOIDES**

▽ **' CRIMSON KING '**
Forme à feuilles rouge-pourpre, à écailles de bourgeons et à pédoncules rouges

écailles de bourgeon rouges

pédoncules rouges

pétioles pourpre foncé

▽ **' CRIMSON SENTRY '**
Les feuilles rouge vif de cette forme deviennent pourpre-vert foncé à maturité. Arbre au port dressé.

feuilles adultes pourpre foncé

jeunes feuilles rougeâtres

Hauteur 25 m	Port Colonne large	Feuilles Caduques	Type

Famille ACÉRACÉES	Espèce *Acer platanoides*	Auteur Linnaeus

▽ **‘ CUCULLATUM ’**
Forme sélectionnée pour son feuillage inhabituel : feuilles en éventail terminées par des lobes incurvés vers le bas comme des griffes, leur donnant une apparence froissée.

△ **‘ DEBORAH ’**
Forme à feuilles rouges en émergeant et en se déployant, vert foncé à maturité.

▽ **‘ LORBERGII ’**
Forme plus petite atteignant 15 m. Feuilles vert pâle profondément découpées en 5 lobes à bord lisse et terminés par une longue pointe.

△ **‘ DRUMMONDII ’**
Forme remarquablement panachée, dont la large bordure de feuille jaune crème devient blanc crème à maturité. Produit parfois des rameaux portant des feuilles vertes, comme celles du type normal.

Hauteur 25 m	Port Colonne large	Feuilles Caduques	Type

Famille ACÉRACÉES	Espèce *Acer pseudoplatanus*	Auteur Linnaeus

ÉRABLE SYCOMORE

Feuilles Lobées en palme, 12 cm de long et 15 cm de large, 5 lobes grossièrement dentés, vert foncé et lisses dessus, plutôt bleu-gris dessous. ***Écorce*** Gris rosâtre à jaunâtre, pelant en plaques irrégulières. ***Fleurs*** Petites, jaune-vert, sans pétales, en grappe pendantes denses, printemps, avec les feuilles. ***Fruit*** Ailes pointant légèrement vers le bas, 2,5 cm de long.
• **ORIGINE** S.-O. de l'Asie, Europe.
• **HABITAT** Bois d'altitude à feuillage caduc.
• **REMARQUE**
Appelé aussi faux platane. Espèce largement acclimatée en Amérique du Nord et en Grande-Bretagne. En terrain découvert, port plus étalé.

△ **ACER PSEUDOPLATANUS**

△ **'ATROPURPUREUM'**
La couleur pourpre de la face inférieure de ses feuilles caractérise cette forme.

△ **VAR. ERYTHROCARPUM**
Les jeunes fruits de cette forme ont de remarquables ailes rouge vif.

'BRILLANTISSIMUM' △
Les jeunes feuilles de cette forme sont rose vif quand elles se déploient et deviennent blanchâtres avec des nervures vertes, puis jaune-vert à maturité.

'NIZETII' △
La face supérieure des feuilles de cette sélection est éclaboussée de blanc crème. La face inférieure est vert pourpré.

Hauteur 30 m	Port Colonne large	Feuilles Caduques	Type

Famille ACÉRACÉES	Espèce *Acer rubrum*	Auteur Linnaeus

ÉRABLE ROUGE

Feuilles De 10 cm ou plus de long et presque autant de large, 3 à 5 lobes dentés, vert foncé et lisses dessus, bleu-blanc à nervures velues dessous, devenant rouges ou jaunes en automne. ***Écorce*** Gris foncé, lisse. ***Fleurs*** Petites, rouges, pédoncules élancés, en groupes denses sur les rameaux, début du printemps. ***Fruit*** Ailes rouges, 2 cm de long.
• **ORIGINE** E. de l'Amérique du Nord.
• **HABITAT** Terrains humides et fertiles.

Hauteur 25 m	Port Colonne large	Feuilles Caduques	Type

Famille ACÉRACÉES	Espèce *Acer rufinerve*	Auteur Siebold & Zuccarini

ÉRABLE RUFINERVE

Feuilles De 13 cm de long et de large, avec généralement 3 lobes grossièrement dentés, vert foncé et lisses dessus, poils rouille sur les nervures dessous, rouges à l'automne. ***Écorce*** Vert foncé, rayée de blanc et de vert pâle, marquée de losanges, puis grise et fissurée avec l'âge. ***Fleurs*** Petites, jaune-vert, en grappes dressées, printemps. ***Fruit*** Ailes étalées, 2 cm de long.
• **ORIGINE** Japon.
• **HABITAT** Bois d'altitude.

Hauteur 10 m	Port Colonne large	Feuilles Caduques	Type

Famille ACÉRACÉES	Espèce *Acer saccharinum*	Auteur Linnaeus

ÉRABLE BLANC

Feuilles Lobées en palme, 15 cm de long et de large, 5 lobes à dents aiguës eux-mêmes lobés, vert clair et lisses dessus, blanchâtres et finement velues dessous, généralement jaunes à l'automne. ***Écorce*** Grise, lisse, se desquame en vieillissant. ***Fleurs*** Mâles et femelles petites et jaune verdâtre, sans pétales, en groupes sur les rameaux, début du printemps. ***Fruit*** Ailes étalées, 2 cm de long.
• **ORIGINE** E. de l'Amérique du Nord.
• **HABITAT** Sols humides et bords de rivière.

Hauteur 30 m	Port Colonne large	Feuilles Caduques	Type

Famille ACÉRACÉES	Espèce *Acer saccharum*	Auteur Marshall

ÉRABLE À SUCRE

Feuilles Lobées en palme, 13 cm de long et un peu plus de large, 5 lobes, les 3 plus grands avec quelques dents proéminentes, cordées à la base, vert foncé à moyen dessus, poils à l'aisselle des nervures dessous, jaunes, orange ou rouges à l'automne. ***Écorce*** Gris-brun, lisse, fissurée et squameuse avec l'âge. ***Fleurs*** Petites, jaune-vert, sans pétales, pendant à l'extrémité de pédoncules élancés, en groupes ouverts, printemps, avec les feuilles ***Fruit*** Ailes presque parallèles, 2,5 cm de long.
• **ORIGINE** E. de l'Amérique du Nord.
• **HABITAT** Bois.
• **REMARQUE** Sa sève transformée donne le sirop d'érable.

Hauteur 30 m	Port Colonne large	Feuilles Caduques	Type

Famille ACÉRACÉES	Espèce *Acer shirasawanum*	Auteur Koidzumi

ACER SHIRASAWANUM

Feuilles Forme générale arrondie, 12 cm de long et de large, environ 11 lobes dentés, vert vif dessus, lisses sur les 2 faces, orange et rouges à l'automne. ***Écorce*** Gris-brun, lisse. ***Fleurs*** Petites, calice rose, sépales crème, en groupes dressés ou un peu penchés, au printemps, avec les feuilles. ***Fruit*** Ailes largement étalées, en grappes dressées.

- **ORIGINE** Japon.
- **HABITAT** Pentes et vallées de montagne.
- **REMARQUE** Souvent confondu avec l'érable du Japon (*A. japonicum*, p. 90) auquel il est apparenté.

ACER ▷ SHIRASAWANUM

◁ 'AUREUM' Forme au feuillage jaune d'or.

Hauteur 20 m	Port Largement étalé	Feuilles Caduques	Type

Famille ACÉRACÉES	Espèce *Acer sieboldianum*	Auteur Miquel

ACER SIEBOLDIANUM

Feuilles Forme générale arrondie, 7,5 cm de long et de large, 7 à 9 et parfois 11 lobes acuminés à dents aiguës, découpés presque jusqu'au milieu, vert pâle, couvertes de poils blancs au stade juvénile, devenant vert foncé dessus, pubescentes dessous, virant au rouge à l'automne, sur des rameaux pubescents. ***Écorce*** Gris-brun foncé, lisse. ***Fleurs*** Petites, pétales jaunes, sépales pourprés, en groupes pubescents, pendants, à longs pédoncules, printemps, à l'émergence des feuilles. ***Fruit*** Ailes étalées, 2 cm de long.

- **ORIGINE** Japon.
- **HABITAT** Côtes ensoleillées, bords de torrents en montagne.

Hauteur 10 m	Port Largement étalé	Feuilles Caduques	Type

Famille ACÉRACÉES	Espèce *Acer spicatum*	Auteur Lamarck

ACER SPICATUM

Feuilles Lobées en palme, 12 cm de long et de large, 3 (ou parfois 5) lobes grossièrement dentés, acuminés, jaune-vert foncé, lisses avec nervures en creux dessus, pubescentes dessous, devenant jaunes, orange ou rouges à l'automne. ***Écorce*** Gris-brun, lisse. ***Fleurs*** Petites, blanc verdâtre, nombreuses, en panicules denses, élancées et dressées, de 15 cm de long, début d'été. ***Fruit*** Ailes étalées presque à angle droit, 2,5 cm de long, vertes, devenant souvent rouges.
• **ORIGINE** E. de l'Amérique du Nord.
• **HABITAT** Bois humides et frais, généralement en montagne.
• **REMARQUE** Sous forme de petit arbre ou de grand arbuste. Largement distribué dans son habitat. Certaines espèces proches sont originaires d'Asie de l'Est.

Hauteur 8 m	Port Largement étalé	Feuilles Caduques	Type

Famille ACÉRACÉES	Espèce *Acer trautvetteri*	Auteur Medwedew

ACER TRAUTVETTERI

Feuilles Lobées en palme, 15 cm de long et 20 cm de large, 5 lobes grossièrement dentés, entaillant la feuille à plus de la moitié, vert brillant foncé et lisses dessus, bleu-vert, avec des touffes de poils à l'aisselle des nervures dessous, devenant jaune d'or foncé à l'automne, longs pétioles rouges. ***Écorce*** Gris pâle, lisse. ***Fleurs*** Petites, jaunes, en grappes dressées, au printemps quand les feuilles émergent des écailles de bourgeons rouge vif. ***Fruit*** Ailes larges, rouge vif, presque parallèles, 5 cm de long.
• **ORIGINE** S.-O. de l'Asie, Caucase.
• **HABITAT** Forêts mixtes.
• **REMARQUE** Fruits décoratifs.

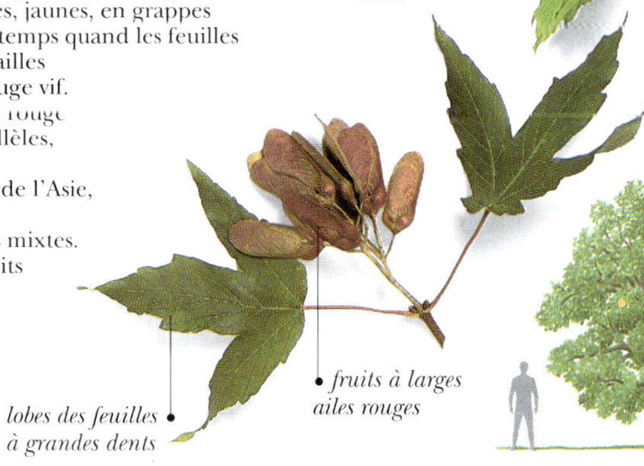

Hauteur 15 m	Port Largement étalé	Feuilles Caduques	Type

Famille ACÉRACÉES	Espèce *Acer triflorum*	Auteur Komarov

ACER TRIFLORUM

Feuilles Trois folioles peu dentées, foliole centrale de 10 cm de long et 4 cm de large, vert assez pâle dessus, poils hérissés des 2 côtés, devenant orange vif ou rouges à l'automne. ***Écorce*** Brun pâle à gris-brun, pelant verticalement. ***Fleurs*** Petites, jaunes, en groupes pendants de 3, au printemps, avec les feuilles. ***Fruit*** Ailes presque parallèles, 3 cm de long.

- **ORIGINE** Corée, Mandchourie.
- **HABITAT** Bois et gorges de montagne.

Hauteur 12 m	Port Largement étalé	Feuilles Caduques	Type

Famille ACÉRACÉES	Espèce *Acer velutinum*	Auteur Boissier

ACER VELUTINUM

Feuilles Lobées en palme, 15 cm de long et de large, en général 5 lobes grossièrement dentés, jaune-vert dessus, très pubescentes dessous, longs pétioles. ***Écorce*** Gris-brun, lisse. ***Fleurs*** Petites, vertes, en grandes grappes dressées, fin du printemps, juste après l'émergence des feuilles. ***Fruit*** Grandes ailes à angle droit, 4 cm de long.

- **ORIGINE** Caucase N. de l'Iran.
- **HABITAT** Bois d'altitude.
- **REMARQUE** Feuilles semblables à celles du sycomore (*Acer pseudoplatanus*, p. 99), mais plus grandes.

Hauteur 15 m	Port Largement étalé	Feuilles Caduques	Type

LES ANACARDIACÉES

CETTE FAMILLE COMPREND 80 genres et 800 espèces d'arbres, d'arbustes et de plantes grimpantes à feuilles persistantes ou caduques, largement réparties dans les régions chaudes de la planète. Feuilles presque toujours alternes, pennées ou simples. Fleurs mâles et femelles petites, parfois sur plantes séparées. Feuillage contenant souvent une résine irritant la peau.

Le pommier de cajou (*Anacardium occidentale*), le manguier (*Mangifera indica*), et le sumac vénéneux (*Rhus radicans*) font également partie de cette famille.

Famille ANACARDIACÉES	Espèce *Cotinus obovatus*	Auteur Rafinesque

COTINUS OBOVATUS

Feuilles Obovales, 15 cm de long et 7,5 cm de large, assez fines, non dentées, bronze au stade juvénile, devenant bleu-vert, lisses dessus, velues dessous, jaune vif à orange et rouges à l'automne. ***Écorce*** Gris-brun, squameuse avec l'âge. ***Fleurs*** Mâles et femelles petites, jaunes, en longs groupes coniques à l'extrémité des rameaux, en général sur plantes séparées, début d'été. ***Fruit*** Petits, rassemblés en groupes, nombreux pédoncules élancés et plumeux.

• **ORIGINE** C. et S. des États-Unis.

• **HABITAT** Collines rocheuses.

Hauteur 10 m	Port Cône large	Feuilles Caduques	Type

Famille ANACARDIACÉES	Espèce *Rhus copallina*	Auteur Linnaeus

SUMAC COPAL

Feuilles Pennées, 35 cm de long, comptant jusqu'à 23 folioles oblongues, étroites, en général non dentées, de 10 cm de long et 2 cm de large, pubescentes devenant vert foncé brillant dessus, plus pâles et velues dessous, rouge vif à l'automne. ***Écorce*** Gris foncé, écailles fines. ***Fleurs*** Petites, jaunâtres, en groupes coniques denses à l'extrémité des rameaux, été. ***Fruit*** Petit, formant des groupes denses rouge vif, 20 cm de long.

• **ORIGINE** E. de l'Amérique du Nord.

• **HABITAT** Montagnes, bois et broussailles, sur sols secs.

Hauteur 5 m	Port Largement étalé	Feuilles Caduques	Type

Famille ANACARDIACÉES	Espèce *Rhus trichocarpa*	Auteur Miquel

RHUS TRICHOCARPA

Feuilles De 50 cm de long, comptant jusqu'à 17 folioles ovales, acuminées, de 10 cm de long et 4 cm de large, rougeâtres au début, devenant vert foncé mat, pubescentes, puis orange-rouge en automne. ***Écorce*** Gris-brun, pâle, nettes lenticelles. ***Fleurs*** Très petites, jaunâtres, en panicules coniques à l'aisselle des feuilles, été. ***Fruit*** Petit, jaune brunâtre.

• **ORIGINE** Chine, Japon, Corée.

• **HABITAT** Montagnes et taillis au bord des routes.

Hauteur 8 m	Port Largement étalé	Feuilles Caduques	Type

Famille ANACARDIACÉES	Espèce *Rhus typhina*	Auteur Linnaeus

SUMAC DE VIRGINIE

Feuilles De 60 cm de long, comptant jusqu'à 21 folioles lancéolées à oblongues, à dents aiguës, de 12 cm de long et 5 cm de large, vert foncé dessus, bleu-vert dessous, pubescentes des 2 côtés au stade juvénile, devenant presque lisses, virant à l'orange vif et au rouge à l'automne, sur des rameaux robustes veloutés. ***Écorce*** Brun foncé, lisse. ***Fleurs*** Mâles et femelles petites, vertes, en groupes coniques denses à l'extrémité des rameaux, sur la même plante ou non, été. ***Fruit*** Petit, rouge vif, en groupes coniques denses, 20 cm de long.

• **ORIGINE** E. de l'Amérique du Nord.

• **HABITAT** Prairies, broussailles et lisières de forêt, souvent sur sols secs, rocheux.

◁ **RHUS TYPHINA**

RHUS ▷ **TYPHINA**

'DISSECTA'
Forme ornementale à folioles finement découpées.

Hauteur 10 m	Port Largement étalé	Feuilles Caduques	Type

LES ANNONACÉES

FAMILLE ESSENTIELLEMENT TROPICALE, comptant plus de 2 000 espèces, apparentée aux magnolias (*Magnolia*, pp. 202-215). Arbres caractérisés par des feuilles alternes simples et des fleurs aux pétales en verticilles de trois. Les annones (*Annona*) sont des membres bien connus de cette famille.

Famille ANNONACÉES	Espèce *Asimina triloba*	Auteur (Linnaeus) Duval

ASIMINA TRILOBA

Feuilles Oblongues à obovales, 25 cm de long, acuminées, non dentées, vert assez pâle, pubescentes au stade juvénile devenant lisses dessous, jaunes à l'automne. ***Écorce*** Gris-brun, légèrement rugueuse et squameuse avec l'âge. ***Fleurs*** De 4 cm de large, vertes devenant pourpre-brun, 6 pétales, les 3 internes dressés, les 3 externes plus grands et étalés, isolées à l'extrémité de courts pédoncules robustes sur les vieux rameaux, fin du printemps, à l'émergence des feuilles. ***Fruit*** Charnu, comestible, 15 cm de long, vert, jaune-brun à maturité.

• **ORIGINE** E. de l'Amérique du Nord.

• **HABITAT** Bois humides.

• **REMARQUE** La saveur de ses fruits inhabituels se rapproche de celle de la banane. Espèce souvent confondue avec *Carica papaya*, arbre tropical cultivé pour ses fruits comestibles, qui porte le nom commun de papayer.

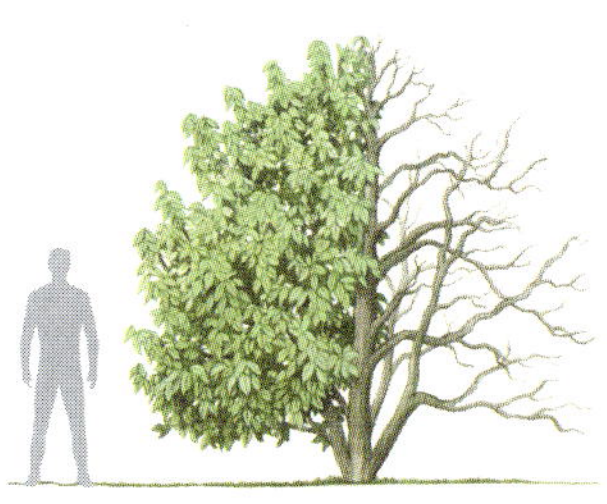

Hauteur 12 m (4 m)	Port Largement étalé	Feuilles Caduques	Type

LES AQUIFOLIACÉES

FAMILLE DISTRIBUÉE dans toutes les régions tempérées et tropicales, comptant plus de 400 espèces à feuilles persistantes ou non, surtout des houx (*Ilex*). Arbres et arbustes à feuilles en général alternes. Fleurs unisexuées petites, blanches ou roses, sur plantes séparées ; femelles évoluant à l'automne en baies jaunes, rouges, orange ou noires. Les feuilles d'*Ilex paraguariensis* servent à faire le maté.

Famille AQUIFOLIACÉES	Espèce *Ilex x altaclarensis*	Auteur (hort. ex Loudon) Dallimore

ILEX × ALTACLARENSIS

Feuilles Taille et forme variables, oblongues, ovales ou arrondies, 13 cm de long ou plus et 7,5 cm de large, pointe épineuse, bords souvent épineux, vert brillant dessus. ***Écorce*** Grise et lisse. ***Fleurs*** Mâles et femelles petites, blanches, en général nuancées de pourpre, odorantes, en groupes à l'aisselle des feuilles, sur plantes séparées, printemps. ***Fruit*** Grosse baie rouge charnue.

• **ORIGINE** Horticole.

• **REMARQUE** Hybride du houx commun (*Ilex aquifolium*, p.109) et d'*Ilex perado*, originaire des îles Canaries, de Madère et des Açores. Hybride généralement identifié par ses cultivars portant un nom, et représenté dans les jardins par de nombreuses formes ornementales.

◁ **'BELGICA AUREA'**
Clone femelle à longues feuilles peu épineuses.

△ **'CAMELLIIFOLIA'**
Clone femelle, à feuilles presque sans épines, pourpres au stade juvénile.

'GOLDEN KING' △
Clone femelle à feuilles bordées de jaune, larges et épaisses.

△ **'HODGINSII'**
Clone mâle à grandes feuilles vert foncé peu épineuses et à rameaux pourpres.

'LAWSONIANA' ▷
Clone femelle dont le bord des feuilles tachées de jaune est presque sans épines.

△ **'WILSONII'**
Clone femelle à grandes feuilles.

Hauteur 15 m	Port Colonne large	Feuilles Persistantes	Type

Famille AQUIFOLIACÉES	Espèce *Ilex aquifolium*	Auteur Linnaeus

HOUX COMMUN

Feuilles Variables, elliptiques à ovales, jusqu'à 10 cm de long et 5 cm de large, pointe épineuse ; juvéniles : en bas de la plante, bords très épineux ; adultes : bord peu ou pas épineux, vert foncé brillant dessus. ***Écorce*** Gris pâle et lisse. ***Fleurs*** Mâles et femelles petites, blanches, ou nuancées de pourpre, odorantes, en groupes à l'aisselle des feuilles, sur plantes séparées, fin du printemps. ***Fruit*** Baie généralement rouge, 1 cm de diamètre.

- **ORIGINE** O. de l'Asie, Europe.
- **HABITAT** Bois, surtout hêtraies et chênaies.
- **REMARQUE** Espèce ayant donné naissance à de nombreuses formes, différant par les feuilles et les fruits.

▽ **ILEX AQUIFOLIUM**

◁ **ILEX AQUIFOLIUM**

' CRISPA AUREA PICTA ' ▷
Les feuilles épaisses souvent tordues de cette forme mâle n'ont pas d'épines sauf au bout et sont tachées de jaune et de vert pâle au centre.

◁ **ILEX AQUIFOLIUM**

▽ **' ARGENTEA MARGINATA '**
Clone femelle à jeunes feuilles roses, à rameaux verts et à baies rouges.

' BACCIFLAVA ' △
Cultivar élégant, à baies jaunes et à feuills épineuses.

◁ **' FEROX '**
Le nom de ce clone mâle est dû aux épines sur la face supérieure des feuilles.

Hauteur 15 m	Port Colonne large	Feuilles Persistantes	Type

Famille AQUIFOLIACÉES	Espèce *Ilex aquifolium*	Auteur Linnaeus

▽ **‘ FLAVESCENS ’**
Clone femelle à feuilles jaunes. Pétiole et nervure centrale de la feuille également jaunes.

△ **‘ FEROX ARGENTEA ’**
Clone mâle à feuilles bordées de jaune crème à blanc.

◁ **‘ J.C. VAN TOL ’**
Cultivar comprenant plantes mâles et femelles. Feuilles épaisses vert foncé brillant et lisses dessus, peu ou pas d’épines.

△ **‘ HANDSWORTH NEW SILVER ’**
Clone femelle caractérisé par ses tiges pourpres, ses feuilles bordées de blanc, ses petites baies rouges.

Hauteur 15 m	Port Colonne large	Feuilles Persistantes	Type

Famille AQUIFOLIACÉES	Espèce *Ilex aquifolium*	Auteur Linnaeus

‘ MADAME BRIOT ’ ▷
Les feuilles de ce clone femelle buissonnant sont larges et bordées de jaune foncé. Cet arbre porte des baies écarlates en automne.

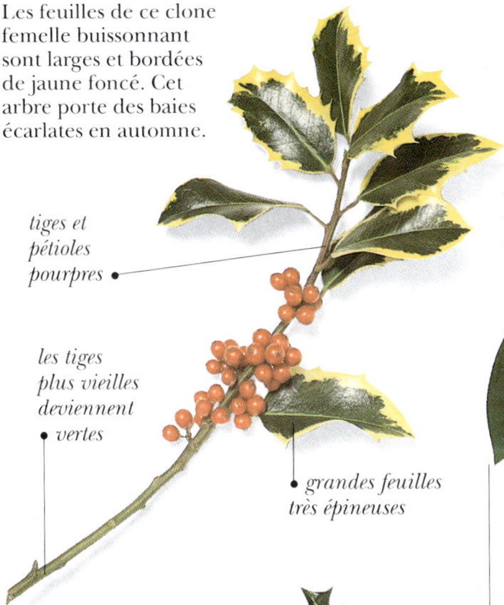

△ **‘ PYRAMIDALIS FRUCTU LUTEO ’**
Les feuilles ovales, vert luisant, souvent sans épine, de ce clone femelle contrastent avec les nombreuses baies jaunes.

△ **‘ SILVER MILKMAID ’**
Cultivar ancien à feuilles vert foncé tachées de blanc crème au centre. Baies rouges. Bien que ce nom soit inapproprié, les plantes appelées ‘ Silver Milkboy ’ sont aussi femelles.

△ **‘ SILVER QUEEN ’**
Clone mâle à feuilles larges bordées de blanc, orange-rose pâle au stade juvénile. Rameaux pourpre foncé.

Hauteur 15 m	Port Colonne large	Feuilles Persistantes	Type

Famille AQUIFOLIACÉES	Espèce *Ilex × koehneana*	Auteur Loesener

ILEX × KOEHNEANA

Feuilles Elliptiques à oblongues, 15 cm de long, bords très épineux, souvent bronze au stade juvénile, devenant vert foncé luisant, jeunes rameaux teintés par endroits de pourpre. ***Écorce*** Grise et lisse. ***Fleurs*** Mâles et femelles petites, blanc verdâtre, en groupes à l'aisselle des feuilles, sur plantes séparées, printemps. ***Fruit*** Baie rouge, 8 mm de diamètre.
• **ORIGINE** Horticole.
• **REMARQUE** Hybride, décrit pour la première fois à Florence, Italie, du houx commun (*I. aquifolium*, p.109) et d'*I. latifolia* (ci-dessous). Ses grandes feuilles montrent l'influence de ce dernier parent.

△ **ILEX KOEHNEANA**

'CHESTNUT LEAF' ▷ Forme d'origine française, à feuilles épaisses, à épines robustes, et à baies rouge vif.

Hauteur 6 m	Port Cône large	Feuilles Persistantes	Type

Famille AQUIFOLIACÉES	Espèce *Ilex latifolia*	Auteur Thunberg

ILEX LATIFOLIA

Feuilles Oblongues, 20 cm de long et 7,5 cm de large, très épaisses, dents grossières mais non épineuses, vert foncé brillant dessus, jaune-vert dessous, sur des rameaux robustes ; jeunes branches vert olive. ***Écorce*** Grise, se fissure avec l'âge. ***Fleurs*** Mâles et femelles petites, jaune-vert odorantes, en groupes à l'aisselle des feuilles, sur plantes séparées, fin du printemps. ***Fruit*** Baie rouge-orangé, 8 mm de diamètre, en groupes abondants, mûre en fin d'automne.
• **ORIGINE** E. de la Chine, Japon.
• **HABITAT** Régions chaudes.
• **REMARQUE** Ses feuilles très grandes rendent cette espèce unique parmi les houx des régions tempérées. Souvent plantée près des temples au Japon.

Hauteur 20 m (6 m)	Port Cône large	Feuilles Persistantes	Type

Famille AQUIFOLIACÉES	Espèce *Ilex opaca*	Auteur Aiton

ILEX OPACA

Feuilles Elliptiques, 10 cm de long et 5 cm de large, pointe et bords épineux, vert foncé mat ou jaune-vert dessus, jaune-vert dessous. ***Écorce*** Grise et lisse. ***Fleurs*** Mâles et femelles petites, blanc terne, en groupes à l'aisselle des feuilles, sur plantes séparées, fin du printemps. ***Fruit*** Baie généralement rouge, 1 cm de diamètre.

- **ORIGINE** E. des États-Unis.
- **HABITAT** Sols sablonneux près des côtes et bois humides.

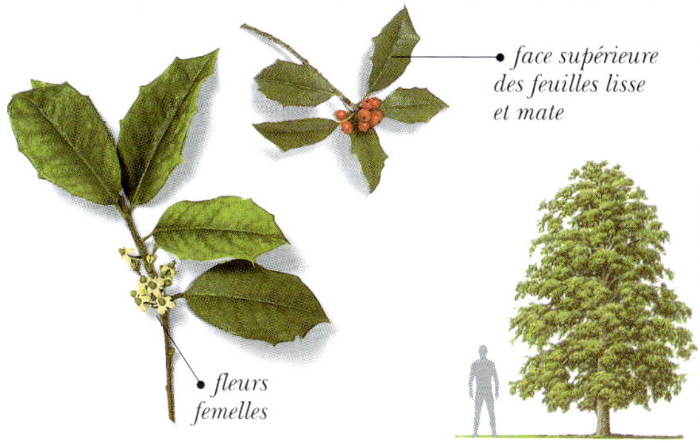

Hauteur 15 m	Port Cône large	Feuilles Persistantes	Type

Famille AQUIFOLIACÉES	Espèce *Ilex pedunculosa*	Auteur Miquel

ILEX PEDUNCULOSA

Feuilles Ovales à elliptiques, 7,5 cm de long et 3 cm de large, acuminées, non dentées, vert foncé luisant dessus. ***Écorce*** Gris-vert, lisse. ***Fleurs*** Mâles et femelles petites, blanches, à l'aisselle des feuilles et sur les rameaux, sur plantes séparées, été. ***Fruit*** Baie rouge vif, 8 mm de diamètre.

- **ORIGINE** Chine, Japon, Taiwan.
- **HABITAT** Bois et taillis.

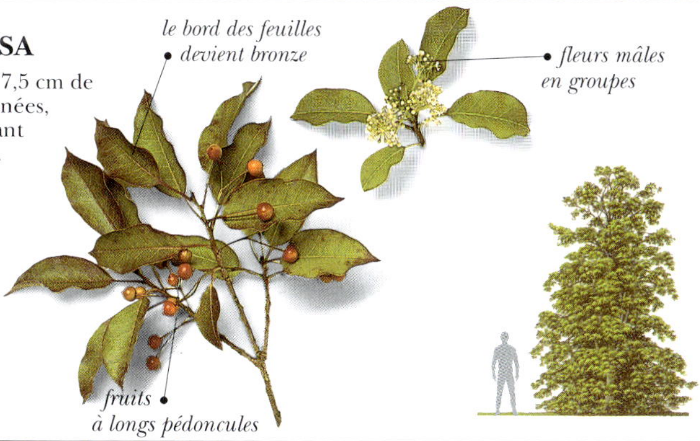

Hauteur 10 m	Port Cône large	Feuilles Persistantes	Type

Famille AQUIFOLIACÉES	Espèce *Ilex pedunculosa*	Auteur Miquel

ILEX PURPUREA

Feuilles Elliptiques-lancéolées, 12 cm de long et 4 cm de large, acuminées, dentées, vert foncé brillant dessus, plus pâles dessous, lisses. ***Écorce*** Grise et lisse. ***Fleurs*** Mâles et femelles lilas rougeâtre foncé, à l'aisselle des feuilles et sur les rameaux début à mi- été. ***Fruit*** Baie rouge, 8 mm de diamètre.

- **ORIGINE** Chine, Japon,
- **HABITAT** Bois d'altitude.

Hauteur 13 m	Port Cône large	Feuilles Persistantes	Type

Les Araliacées

Famille comprenant 50 genres et quelque 800 espèces de plantes herbacées, d'arbres et d'arbustes à feuilles persistantes ou caduques, répandues dans le monde entier, surtout sous les tropiques. Feuilles en général composées ou lobées ; petites fleurs blanc verdâtre ou blanches en groupes.

Famille ARALIACÉES	Espèce *Aralia spinosa*	Auteur Linnaeus

Angélique épineuse

Feuilles Bipennées, très grandes, 1 m ou plus de long, nombreuses folioles ovales acuminées, dentées, de 7,5 cm de long et 4 cm de large, bronze au stade juvénile, devenant vert foncé dessus, plus pâles dessous, velues des 2 côtés, jaunes à pourpres en automne, pétiole piquant, sur des rameaux épineux très robustes. ***Écorce*** Grise, épines robustes. ***Fleurs*** Petites, blanches, en petits groupes arrondis formant de grands bouquets d'ombelles, portées par un seul axe principal, fin d'été. ***Fruit*** Baie en général rouge, 6 mm de long.

- **Origine** E. des États-Unis.
- **Habitat** Bords de rivière, bois humides.
- **Remarque** Appelé également bâton du diable, massue d'Hercule.

Aralia spinosa △ ▽

▽ **Aralia elata**
Espèce proche, venant du nord-est de l'Asie et du Japon, fleurit à l'automne, quand *Aralia spinosa* porte ses fruits.

Hauteur 10 m	Port Largement étalé	Feuilles Caduques	Type

Famille ARALIACÉES	Espèce *Kalopanax pictus*	Auteur (Thunberg) Nakai

KALOPANAX PICTUS

Feuilles Palmées, 5 à 7 lobes dentés, 25 cm ou plus de long et de large, vert foncé brillant et lisse dessus, pubescentes au stade juvénile dessous, longs pétioles. ***Écorce*** Noir-brun, épineuse, profondes fissures. ***Fleurs*** Petites, blanches, nombreuses, pédoncules élancés, en gros groupes arrondis, fin d'été. ***Fruit*** Globuleux, bleu-noir, environ 5 mm de long.

• **ORIGINE** Chine, E. de la C.E.I., Japon, Corée.

• **HABITAT** Bords de rivière et autres zones humides en forêts.

• **REMARQUE** Les jeunes feuilles de cette espèce sont comestibles après cuisson. *K. pictus* var. *maximowiczii* est proche, avec des lobes profondément découpés jusqu'à plus de la moitié de la feuille.

Hauteur 15 m	Port Colonne large	Feuilles Caduques	Type

Famille ARALIACÉES	Espèce *Pseudopanax ferox*	Auteur (Kirk) Kirk

PSEUDOPANAX FEROX

Feuilles Jeunes plantes : étroites et rigides, 45 cm de long, bordées de dents crochues, aiguës, pourpre-vert foncé, nervure centrale orange, pointée vers le bas ; plantes adultes : 15 cm de long, dents émoussées ou sans dents, dressées à étalées. ***Écorce*** Grise, lisse. ***Fleurs*** Sur plantes adultes seulement, petites, verdâtres, en inflorescences arrondies, à l'extrémité des rameaux, été. ***Fruit*** Oblong, noir, 8 mm de diamètre.

• **ORIGINE** Nouvelle-Zélande.

• **HABITAT** Forêts et broussailles.

• **REMARQUE** Cet arbre ne se ramifie pas pendant de nombreuses années et passe par plusieurs stades de croissance, développant lentement sa couronne arrondie de plante adulte. L'espèce néo-zélandaise apparentée, *P. crassifolius*, est plus répandue à l'état sauvage ; ses feuilles juvéniles sont encore plus longues, pouvant atteindre 1 m ou plus.

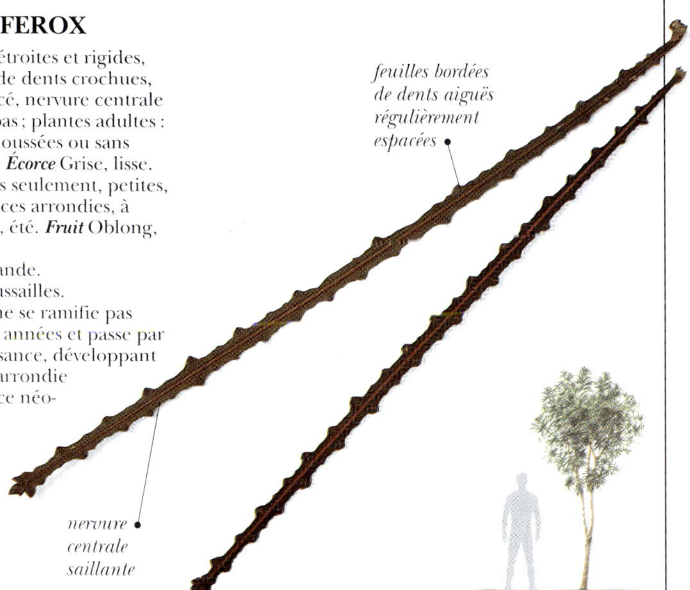

Hauteur 5 m	Port Original	Feuilles Persistantes	Type

LES BÉTULACÉES

DE NOMBREUSES PLANTES à chaton, dont les noisetiers (*Corylus*, p. 127), appartiennent à la famille des bouleaux. Six genres et plus de 150 espèces d'arbres et d'arbustes à feuilles caduques poussent à l'état sauvage, surtout dans le nord des régions tempérées ; les aulnes (*Alnus*, pp. 116-117) vont jusqu'aux Andes. Feuilles alternes. Chatons mâles et femelles sur la même plante, seuls les mâles sont bien visibles.

Famille BÉTULACÉES	Espèce *Alnus cordata*	Auteur Desfontaines

AULNE À FEUILLES EN CŒUR

Feuilles Arrondies, 10 cm de long et de large, vert foncé luisant et lisses dessus, plus pâles avec des poils à l'aisselle des nervures dessous. ***Écorce*** Grise, lisse, fissures peu profondes. ***Fleurs*** En chatons, mâles de 7,5 cm de long, jaunes, femelles petits, rouges, dressés, sur la même plante, début du printemps. ***Fruit*** Ligneux, 3 cm de long, vert, brun à maturité.

• **ORIGINE** Corse, C. et S. de l'Italie.

• **HABITAT** Forêts à feuillage caduc en altitude.

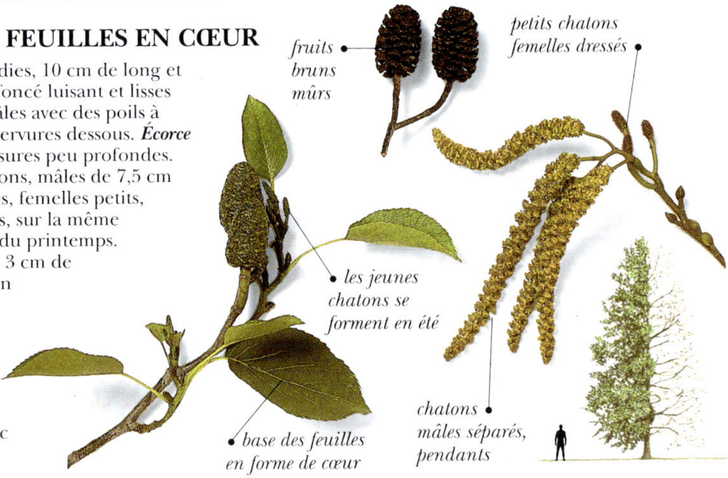

Hauteur 15 m	Port Cône large	Feuilles Caduques	Type

Famille BÉTULACÉES	Espèce *Alnus glutinosa*	Auteur (Linnaeus) Gaertner

AULNE GLUTINEUX

Feuilles Obovales, 10 cm de long et environ 7,5 cm de large, dentées, vert foncé et lisses dessus, touffes de poils à l'aisselle des nervures dessous. ***Écorce*** Gris foncé, fissurée. ***Fleurs*** En chatons, mâles de 10 cm de long, jaune-vert, pendants, femelles petits, rouges, dressés, séparément sur la même plante, début du printemps. ***Fruit*** Ligneux, brun foncé, 2 cm de long.

• **ORIGINE** N. de l'Afrique, O. de l'Asie, Europe.

• **HABITAT** Près des rivières.

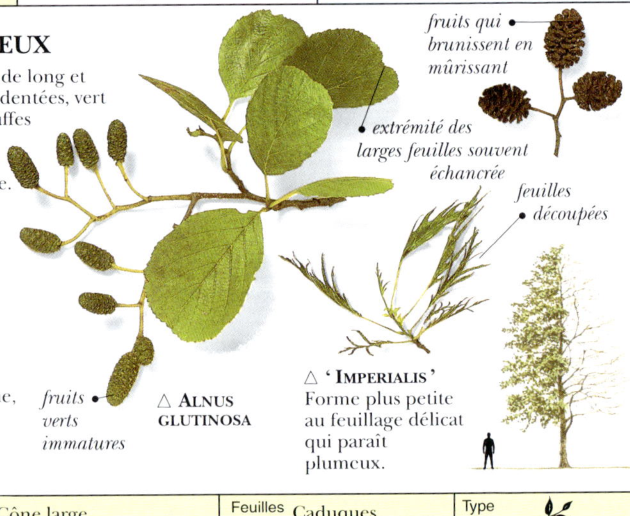

△ **ALNUS GLUTINOSA**

△ **'IMPERIALIS'** Forme plus petite au feuillage délicat qui paraît plumeux.

Hauteur 25 m	Port Cône large	Feuilles Caduques	Type

Famille BÉTULACÉES	Espèce *Alnus incana*	Auteur (Linnaeus) Moench

AULNE BLANC

Feuilles Ovales, 10 cm de long et 5 cm de large, acuminées, doublement dentées, bord parfois légèrement lobé, vert foncé terne dessus, velues au début, grises et pubescentes dessous. ***Écorce*** Gris foncé, lisse. ***Fleurs*** En chatons, mâles de 10 cm de long, rougeâtres, pendants, femelles petits, rouges, dressés, séparément sur la même plante, fin d'hiver à début printemps. ***Fruit*** En forme de cône, ligneux, 2 cm de long, vert, brun à maturité.
• **ORIGINE** Caucase, Europe.
• **HABITAT** Montagne.

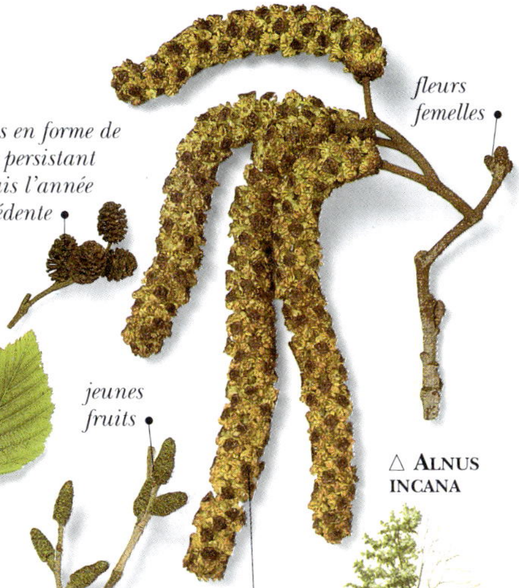

△ ALNUS INCANA

'AUREA' Forme à feuillage jaune et à rameaux orange.

△ ALNUS INCANA

Hauteur 20 m	Port Cône large	Feuilles Caduques	Type

Famille BÉTULACÉES	Espèce *Alnus rubra*	Auteur Bongard

ALNUS RUBRA

Feuilles Ovales à elliptiques, 10 cm ou plus de long et 7,5 cm de large, étroites à la base, pointues au bout, vert foncé et lisses dessus, ou presque, pubescentes dessous, devenant bleu-vert et presque lisses sauf pour quelques poils le long des nervures. ***Ecorce*** Gris pâle, rugueuse et verruqueuse. ***Fleurs*** En chatons, mâles de 15 cm de long, jaune-orangé, pendants, femelles petits, rouges, dressés, séparément sur la même plante, début du printemps. ***Fruit*** En forme de cône, ligneux, 2,5 cm de long.
• **ORIGINE** O. de l'Amérique du Nord.
• **HABITAT** Bords de rivières et gorges en montagne et le long des côtes.
• **REMARQUE** À distance, ressemble à un bouleau à l'écorce pâle.

Hauteur 15 m	Port Cône large	Feuilles Caduques	Type

Famille BÉTULACÉES	Espèce *Betula albo-sinensis*	Auteur Burkill

BETULA ALBO-SINENSIS

Feuilles Ovales, 7 cm de long et 4 cm de large, acuminées, dentées, pubescentes au stade juvénile, devenant lisses et vert brillant, jaunes à l'automne, sur des rameaux légèrement rugueux ; jeunes rameaux gluants. ***Écorce*** Orange-rouge à rouge cuivrée, se desquame en lambeaux horizontaux, fins comme du papier, nouvelle écorce crème. ***Fleurs*** En chatons, mâles de 6 cm, jaunes, pendants, femelles verts, dressés, séparément sur la même plante, printemps. ***Fruit*** Chaton, se désintégrant à maturité.

- **ORIGINE** O. de la Chine.
- **HABITAT** Bois d'altitude.
- **REMARQUE** Une des espèces de bouleaux les plus étonnantes en raison de son écorce colorée qui se desquame.

△ **BETULA ALBO-SINENSIS**

▽ **VAR. SEPTENTRIONALIS**
Cette variété se caractérise par ses feuilles vert mat, et son écorce cuivre à gris-rose.

Hauteur 25 m (15 m)	Port Cône large	Feuilles Caduques	Type

Famille BÉTULACÉES	Espèce *Betula alleghaniensis*	Auteur Britton

BETULA ALLEGHANIENSIS

Feuilles Obovales, 10 cm ou plus de long et 5 cm de large, pointues, dentées, devenant vert foncé mat dessus, plus pâles dessous, jaunes à l'automne, sur des rameaux aromatiques. ***Écorce*** Jaune-brun, pelant horizontalement. ***Fleurs*** En chatons, mâles de 10 cm, jaunes, pendants, femelles vert rougeâtre, sur la même plante, printemps. ***Fruit*** Chaton érigé robuste, se désintégrant à maturité.
• **ORIGINE** E. de l'Amérique du Nord.
• **HABITAT** Bois humides.

Hauteur 30 m (20 m)	Port Colonne large	Feuilles Caduques	Type

Famille BÉTULACÉES	Espèce *Betula ermanii*	Auteur Chamisso

BETULA ERMANII

Feuilles Ovales, 7,5 cm de long et 5 cm de large, pointues, dentées, vert brillant et lisses dessus, nervures velues dessous, jaunes à l'automne. ***Écorce*** Blanc crème, lenticelles horizontales, pelant en bandes fines comme du papier. ***Fleurs*** En chatons, mâles de 10 cm, jaunâtres, pendants, femelles verts, dressés, séparément sur la même plante, printemps. ***Fruit*** Chaton, se désintégrant à maturité.
• **ORIGINE** N.-E. de l'Asie, Japon.
• **HABITAT** Forets jusqu'en altitude.

Hauteur 25 m	Port Cône large	Feuilles Caduques	Type

Famille BÉTULACÉES	Espèce *Betula grossa*	Auteur Siebold & Zuccarini

BETULA GROSSA

Feuilles Ovales, 10 cm de long et 5 cm de large, acuminées, généralement cordées, grossièrement dentées, vert foncé dessus, poils soyeux sur les nervures dessous, jaunes en automne, sur des rameaux aromatiques. ***Écorce*** Rougeâtre, à bandes horizontales, devenant gris foncé avec l'âge. ***Fleurs*** En chatons, mâles de 2,5 cm de long, jaunes, pendants, femelles verts, dressés, séparément sur la même plante, printemps. ***Fruit*** Chaton érigé, se désarticulant à maturité.

- **ORIGINE** Japon.
- **HABITAT** Forêts de montagne.
- **REMARQUE** Espèce très proche du bouleau merisier (*B. lenta*, ci-dessous), dont l'écorce et les rameaux aromatiques sont similaires.

Hauteur 20 m	Port Cône large	Feuilles Caduques	Type

Famille BÉTULACÉES	Espèce *Betula lenta*	Auteur Linnaeus

BOULEAU MERISIER

Feuilles Ovales, 12 cm de long et 6 cm de large, acuminées, dents aiguës, vert foncé luisant dessus, plus pâle dessous, avec des poils soyeux au moins au stade juvénile, jaunes en automne, sur des rameaux aromatiques. ***Écorce*** Rouge-brun, lenticelles horizontales plus pâles, devenant foncée et fissurée. ***Fleurs*** En chatons, mâles de 7,5 cm de long, jaunes, pendants, femelles verts, dressés, séparément sur la même plante, printemps. ***Fruit*** Chaton érigé, se désarticulant à maturité.

- **ORIGINE** E. de l'Amérique du Nord.
- **HABITAT** Bois humides de basse altitude au nord et montagnes au sud de son habitat d'origine.

Hauteur 25 m	Port Largement étalé	Feuilles Caduques	Type

Famille BÉTULACÉES	Espèce *Betula maximowicziana*	Auteur Regel

BETULA MAXIMOWICZIANA

Feuilles Ovales larges, 15 cm de long et 12 cm de large, profondément cordées, acuminées, doublement et grossièrement dentées, vert foncé et lisses dessus, jaunes en automne, sur des rameaux verruqueux. ***Écorce*** Brun rougeâtre au début, devenant blanc grisâtre teinté de jaune-orangé et rose, lenticelles horizontales, s'exfoliant en lambeaux. ***Fleurs*** En chatons, mâles de 10 cm de long, jaune-brun, pendants, femelles verts, rassemblés en groupes, pendants à étalés, séparément sur la même plante, fin de l'hiver. ***Fruit*** Chaton pendant, se désarticulant à maturité.

• **ORIGINE** C. et N. du Japon.
• **HABITAT** Bois.
• **REMARQUE** Feuilles plus grandes que celles de tous les autres bouleaux.

Hauteur 25 m	Port Cône large	Feuilles Caduques	Type

Famille BÉTULACÉES	Espèce *Betula nigra*	Auteur Linnaeus

BOULEAU NOIR

Feuilles De 10 cm de long, étroites à la base, pointues au bout, doublement dentées, bleu-vert foncé et lisses dessus, bleu-vert, nervures velues dessous. ***Écorce*** Rose-gris, pelant, devenant brun foncé avec des crêtes écailleuses en vieillissant. ***Fleurs*** En chatons, mâles de 7,5 cm, jaune-brun, femelles verts, sur la même plante, printemps. ***Fruit*** Chaton se désarticulant à maturité.

• **ORIGINE** E. des États-Unis.
• **HABITAT** Bois humides et bords de rivière.

Hauteur 30 m	Port Largement étalé	Feuilles Caduques	Type

Famille BÉTULACÉES	Espèce *Betula papyrifera*	Auteur Marshall

BOULEAU À PAPIER

Feuilles Ovales, 10 cm de long et 7,5 cm de large, acuminées, dentées, vert foncé dessus, plus pâles dessous, nervures velues au moins au stade juvénile, orange à jaunes en automne. ***Écorce*** Blanche, nettes lenticelles foncées, s'exfoliant en fines bandes ; nouvelle écorce orange rosâtre pâle. ***Fleurs*** En chatons, mâles de 10 cm, jaunes, pendants, femelles grêles, verts, étalés ou pendants, séparément sur la même plante, printemps. ***Fruit*** Chaton, se désarticulant à maturité.

- **ORIGINE** Amérique du Nord.
- **HABITAT** Bois dans les latitudes nord et montagnes.
- **REMARQUE** Appelé aussi bouleau à canots, du fait que son écorce était utilisée par les indigènes d'Amérique du Nord pour fabriquer des canots. Le plus répandu des bouleaux américains, du Labrador à l'Alaska et dans le nord des États-Unis.

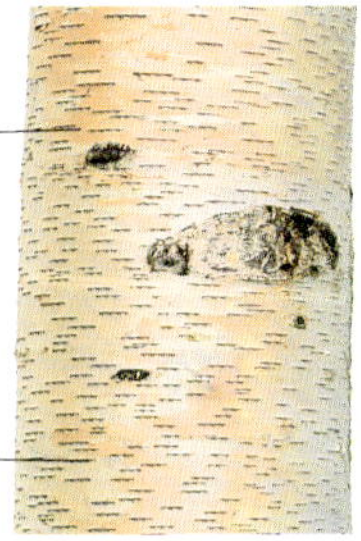

Hauteur 30 m	Port Cône large	Feuilles Caduques	Type

Famille BÉTULACÉES	Espèce *Betula pendula*	Auteur Roth

BOULEAU VERRUQUEUX

Feuilles Ovales à triangulaires, 6 cm de long et 4 cm de large, acuminées, grossièrement et doublement dentées, vert foncé brillant dessus, jaunes en automne, sur des rameaux glabres, verruqueux et pendants. ***Écorce*** Blanche, développe avec l'âge des craquelures foncées, rugueuses, en losange à la base. ***Fleurs*** En chatons, mâles de 6 cm, jaunes, pendants, femelles verts, dressés ou pendants, séparément sur la même plante, début du printemps. ***Fruit*** Chaton, se désarticulant à maturité.

• **ORIGINE** N. de l'Asie, Europe.

• **HABITAT** Sols légers, surtout sablonneux.

• **REMARQUE** Appelé aussi bouleau blanc. Forme des bois étendus dans son habitat.

△ **BETULA PENDULA**

▽ **BETULA PENDULA**

BETULA ▷ **PENDULA**

'DALECARLICA' ▷ Les petites feuilles élancées du bouleau lacinié sont découpées en lobes acuminés finement dentés.

'PURPUREA' △ Forme ornementale sélectionnée pour son feuillage pourpre intense et ses pétioles rouges. Écorce nuancée de pourpre.

Hauteur 30 m	Port Étroit, pleureur	Feuilles Caduques	Type

Famille BÉTULACÉES	Espèce *Betula populifolia*	Auteur Marshall

BOULEAU GRIS

Feuilles Ovales à triangulaires, 7,5 cm de long, longuement acuminées, dents aiguës, vert foncé brillant, légèrement rugueuses dessus, jaunes en automne. ***Écorce*** Blanche, marques noires sous les branches, ne s'exfolie pas, devient noire à la base en vieillissant. ***Fleurs*** En chatons, mâles de 7,5 cm, jaune-brun, pendants, femelles verts, dressés, séparément sur la même plante, printemps. ***Fruit*** Chaton, se désarticulant à maturité.

• **ORIGINE** E. de l'Amérique du Nord.

• **HABITAT** Bois de montagne.

• **REMARQUE** Pousse à l'état sauvage de la Nouvelle-Écosse (Canada) à la Caroline du N. (États-Unis). Arbres souvent ramifiés à la base, à croissance généralement rapide, petits, à durée de vie courte.

Hauteur 10 m	Port Cône étroit	Feuilles Caduques	Type

Famille BÉTULACÉES	Espèce *Betula pubescens*	Auteur Ehrhart

BOULEAU PUBESCENT

Feuilles Arrondies à ovales, 6 cm de long et 5 cm de large, pointues, dents régulières, simples, vert foncé et pubescentes dessus, au moins au stade juvénile, nervures velues dessous, jaunes en automne, sur des rameaux pubescents. ***Écorce*** Blanche jusqu'à la base. ***Fleurs*** En chatons, mâles de 6 cm de long, jaunes, pendants, femelles verts, dressés, séparément sur la même plante, printemps. ***Fruit*** Chaton, se désarticulant à maturité.

• **ORIGINE** N. de l'Asie, Europe.

• **HABITAT** Bois.

• **REMARQUE** Apparenté au bouleau verruqueux (*Betula pendula*, p. 123), mais facilement reconnaissable à ses rameaux pubescents et non pendants. Dans son habitat il préfère les sols pauvres et les terrains humides.

Hauteur 25 m	Port Cône large	Feuilles Caduques	Type

Famille BÉTULACÉES	Espèce *Betula utilis*	Auteur D. Don

BETULA UTILIS

Feuilles Ovales, 10 cm de long et 6 cm de large, acuminées, dentées, vert foncé parfois brillant dessus, nervures duveteuses dessous, virant au jaune d'or chaud en automne, sur des rameaux pubescents. ***Écorce*** Très variable, orange-brun luisant ou brun cuivre foncé à blanc pur ou rosâtre, fine comme du papier et exfoliée. ***Fleurs*** En chatons, mâles jaunes de 12 cm ou plus de long et pendants, femelles verts et dressés, printemps. ***Fruit*** Chaton, vert, brun et se désarticulant à maturité.

- **ORIGINE** Chine, Himalaya.
- **HABITAT** Forêts d'altitude.
- **REMARQUE** Espèce largement distribuée comprenant quelques beaux bouleaux à écorce blanche. Dans l'Himalaya, l'écorce sert à faire du papier et des toits.

△ **BETULA UTILIS**

▽ **BETULA UTILIS**

△ **VAR. JACQUEMONTII**
Variété caractérisée par son écorce blanche, à feuilles variables. Trois formes différentes sont présentées.

VAR. JACQUEMONTII ▽
'SILVER SHADOW'
Forme à grandes feuilles tombantes, vert foncé.

VAR. JACQUEMONTII △
'GRAYSWOOD GHOST'
Forme décorative caractérisée par ses feuilles très brillantes.

◁ **VAR. JACQUEMONTII**
'JERMYNS'
Variété vigoureuse à feuilles larges.

Hauteur 25 m	Port Cône large	Feuilles Caduques	Type

Famille BÉTULACÉES	Espèce *Carpinus betulus*	Auteur Linnaeus

CHARME COMMUN

Feuilles Ovales-oblongues, 10 cm de long et 6 cm de large, pointues, doublement dentées, nervures marquées, vert foncé et lisses dessus, nervures duveteuses dessous, jaunes en automne. ***Écorce*** Gris pâle, lisse devenant cannelée en vieillissant. ***Fleurs*** En chatons, mâles de 5 cm de long, jaunâtres, pendants, femelles petits, verts, à l'extrémité des rameaux, séparément sur la même plante, printemps. ***Fruit*** Akène à involucre trilobé vert devenant brun jaunâtre, groupés en grappes pendantes, 7,5 cm de long.
- **ORIGINE** S.-O. de l'Asie, Europe.
- **HABITAT** Haie et forêts caducifoliées.
- **REMARQUE** Plante courante dans les haies.

Hauteur 30 m	Port Largement étalé	Feuilles Caduques	Type

Famille BÉTULACÉES	Espèce *Carpinus caroliniana*	Auteur Walter

CHARME D'AMÉRIQUE

Feuilles Ovales, 10 cm de long, acuminées, doublement dentées, vert foncé, orange à rouges en automne, sur des rameaux grêles. ***Écorce*** Grise, lisse, cannelée. ***Fleurs*** En chatons, mâles de 4 cm de long, jaunâtres, pendants, femelles petits, verts, à l'extrémité des rameaux, séparément sur la même plante, printemps. ***Fruit*** Akène à involucre bilobé ou trilobé, vert, groupés en grappes pendantes, 7,5 cm de long.
- **ORIGINE** Mexique, E. de l'Amérique du Nord.
- **HABITAT** Bois humides, bords de rivière et marais.
- **REMARQUE** Ressemble au hêtre (*Fagus*, pp. 151-153), mais en diffère par son fruit.

Hauteur 10 m	Port Largement étalé	Feuilles Caduques	Type

Famille BÉTULACÉES	Espèce *Carpinus cordata*	Auteur Blume

CARPINUS CORDATA

Feuilles Obovales, 12 cm de long et 7,5 cm de large, cordées, pointues, dentées, vert foncé dessus et lisses. ***Écorce*** Gris-brun, lisse, cannelée et squameuse en vieillissant. ***Fleurs*** En chatons, mâles de 5 cm de long, jaunâtres, femelles petits, verts, à l'extrémité des rameaux, séparément sur la même plante, printemps. ***Fruit*** Akène à involucre vert, en grappes pendantes, 10 cm de long.
- **ORIGINE** Japon.
- **HABITAT** Bois d'altitude.

Hauteur 15 m	Port Colonne large	Feuilles Caduques	Type

Famille BÉTULACÉES	Espèce *Carpinus japonica*	Auteur Blume

CHARME DU JAPON

Feuilles Obovales, 10 cm de long et 4 cm de large, pointues, dentées, vert foncé et lisses dessus, nervures duveteuses dessous, jaunes en automne. ***Écorce*** Grise, lisse, marquée de raies ondulées rose-orangé. ***Fleurs*** En chatons mâles de 5 cm de long, jaunâtres, pendants, femelles petits, verts, à l'extrémité des rameaux, sur la même plante, printemps. ***Fruit*** Akène à involucre foliacé denté, en grappes, 6 cm de long.
- **ORIGINE** Japon.
- **HABITAT** Bois et taillis.

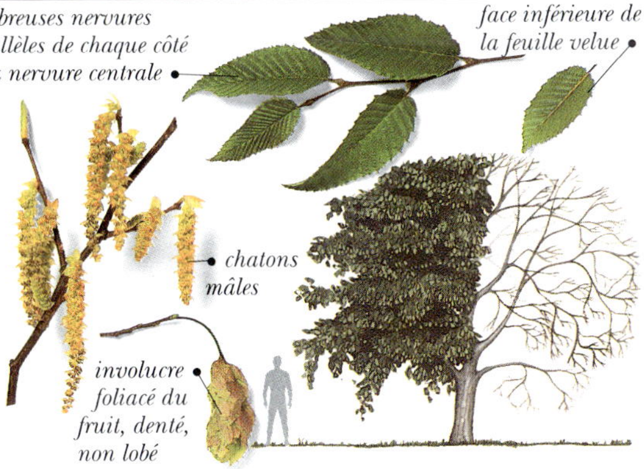

Hauteur 15 m	Port Largement étalé	Feuilles Caduques	Type

Famille BÉTULACÉES	Espèce *Corylus colurna*	Auteur Linnaeus

NOISETIER DE BYZANCE

Feuilles Largement ovales, 15 cm de long et 10 cm de large, cordees, grossièrement et doublement dentées, vert foncé et presque lisses dessus, nervures duveteuses dessous, jaunes en automne. ***Écorce*** Grise et liégeuse. ***Fleurs*** En chatons, mâles de 7,5 cm de long, jaunes, pendants, femelles très petits, rouges, séparément sur la même plante, fin de l'hiver, début du printemps. ***Fruit*** Noisette comestible, enveloppée dans un involucre profondément lobé.
- **ORIGINE** S.-E. de l'Europe, S.-O. de l'Asie.
- **HABITAT** Forêts de montagne ombragées.

Hauteur 25 m	Port Cône large	Feuilles Caduques	Type

Famille BÉTULACÉES	Espèce *Ostrya carpinifolia*	Auteur Scopoli

CHARME HOUBLON

Feuilles Ovales, 10 cm de long et 5 cm de large, pointues, doublement dentées, vert foncé dessus, poils épars des 2 côtés. ***Écorce*** Grise, lisse, brunit et s'écaille en vieillissant. ***Fleurs*** En chatons, mâles de 7,5 cm de long, jaunes, pendants, femelles petits, verts, séparément sur la même plante, printemps. ***Fruit*** Akène enclos dans un involucre en forme de vésicule, crème, associés en grappes pendantes, 5 cm de long.
• **ORIGINE** O. de l'Asie, S. de l'Europe.
• **HABITAT** Forêts de basse altitude.

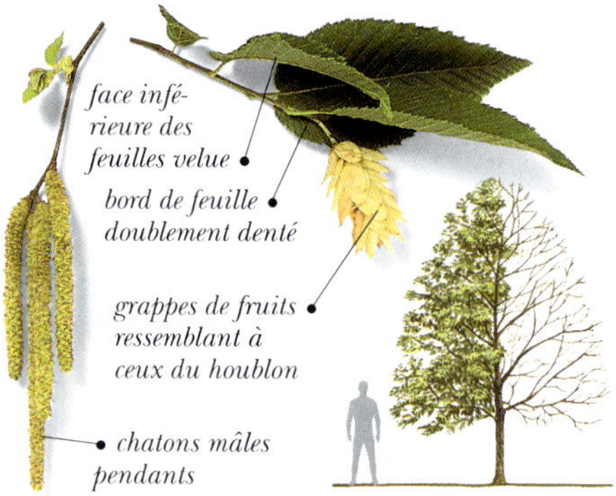

Hauteur 20 m	Port Cône large	Feuilles Caduques	Type

Famille BÉTULACÉES	Espèce *Ostrya japonica*	Auteur Sargent

OSTRYA JAPONICA

Feuilles Ovales, 12 cm de long et 5 cm de large, acuminées, dents aiguës, vert foncé dessus, touffes de poils doux des 2 côtés. ***Écorce*** Gris-brun, squameuse. ***Fleurs*** En chatons, mâles de 7,5 cm de long, jaunes, pendants, femelles très petits, verts, séparément sur la même plante, printemps. ***Fruit*** Akène enclos dans un involucre en forme de vésicule, crème, en grappes pendantes, 5 cm de long.
• **ORIGINE** Chine, Japon, Corée.
• **HABITAT** Bois d'altitude.

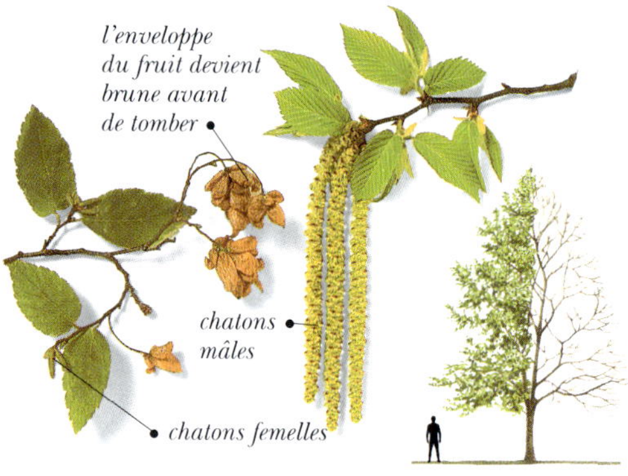

Hauteur 25 m	Port Cône large	Feuilles Caduques	Type

Famille BÉTULACÉES	Espèce *Ostrya virginiana*	Auteur (Miller) K. Koch

OSTRYA VIRGINIANA

Feuilles Ovales, 12 cm de long et 5 cm de large, pointues, dentées, vert foncé et lisses dessus, touffes de poils à l'aisselle des nervures dessous. ***Écorce*** Gris-brun, squameuse. ***Fleurs*** En chatons, mâles de 5 cm de long, jaunes, pendants, femelles petits, verts, séparément sur la même plante, printemps. ***Fruit*** Akène enclos dans un involucre en forme de vésicule, crème, en grappes pendantes, 6 cm de long.
• **ORIGINE** E. de l'Amérique du Nord.
• **HABITAT** Bois.
• **REMARQUE** Appelé aussi charme noir de Virginie.

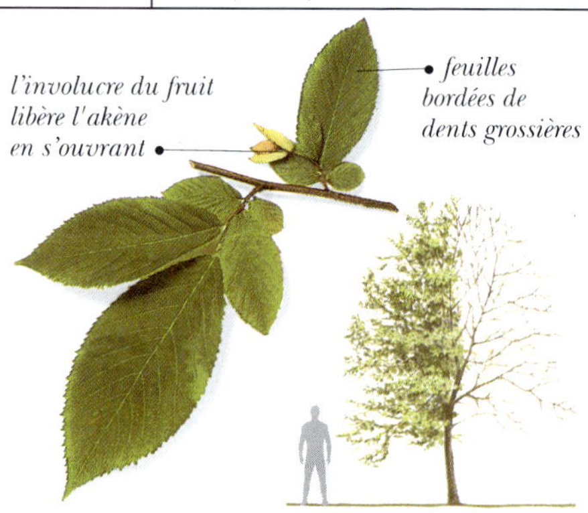

Hauteur 20 m	Port Cône large	Feuilles Caduques	Type

LES BIGNONIACÉES

FAMILLE SURTOUT TROPICALE, comprenant de nombreuses plantes grimpantes, quelques herbacées, des arbres et des arbustes à feuilles persistantes ou non. Plus de 100 genres et 700 espèces largement distribuées, surtout en Amérique du Sud. Feuilles souvent composées, en verticilles ou opposées.

Fleurs tubulaires, souvent terminées en cloche évasée, à bord ondulé.

Famille BIGNONIACÉES	Espèce *Catalpa bignonioides*	Auteur Walter

CATALPA COMMUN

Feuilles Ovales larges, 25 cm de long et 20 cm de large, cordées, brusquement acuminées, parfois lobées, non dentées, nuancées de pourpre et pubescentes au stade juvénile, devenant vert clair et lisses dessus, plus pâles et pubescentes dessous, longs pétioles. ***Écorce*** Gris-brun, squameuse. ***Fleurs*** Campanulées, 2 lèvres, blanc taché de jaune et de pourpre, en grandes panicules, milieu à fin de l'été. ***Fruit*** Fausse gousse pendante, élancée, en forme de haricot, 40 cm de long, graines non comestibles, persiste longtemps.

- **ORIGINE** S.-E. des États-Unis.
- **HABITAT** Bords de rivière, bois de basse altitude.

◁ **CATALPA BIGNONIOIDES**

▽ **CATALPA BIGNONIOIDES**

◁ **CATALPA BIGNONIOIDES**

△ **'AUREA'**
Le jaune vif des jeunes feuilles se transforme en vert après la mi-été.

Hauteur 15 m	Port Largement étalé	Feuilles Caduques	Type

Famille BIGNONIACÉES	Espèce *Catalpa × erubescens*	Auteur Carrière

CATALPA × ERUBESCENS

Feuilles Largement ovales ou trilobées, 30 cm de long et 25 cm ou plus de large, non dentées, pourpre devenant vert pâle. ***Écorce*** Gris-brun, stries squameuses. ***Fleurs*** Campanulées, 4 cm de long, blanc taché de jaune et de pourpre, odorantes, en grandes panicules, fin d'été. ***Fruit*** Fausse gousse pendante en forme de haricot, 40 cm de long.

• **ORIGINE** Horticole.

• **REMARQUE** Hybride du catalpa commun (*C. bignonioides*, p. 129) et de *C. ovata* chinois. 'Purpurea', présenté ici, porte un feuillage juvénile pourpre noir.

◁ △ '**PURPUREA**'

Hauteur 15 m	Port Largement étalé	Feuilles Caduques	Type

Famille BIGNONIACÉES	Espèce *Catalpa fargesii*	Auteur Bureau

CATALPA FARGESII

Feuilles Ovales larges, 15 cm de long et 12 cm de large, parfois 1 ou 2 lobes latéraux acuminés, bronze au stade juvénile devenant vert, assez brillant, généralement pubescentes dessous. ***Écorce*** Gris foncé, s'exfolie par plaques rectangulaires, nouvelle écorce gris-rose pâle. ***Fleurs*** Campanulées, 5 cm de long, rose piqueté de pourpre avec une tache jaune, en groupes, mi-été. ***Fruit*** Fausse gousse pendante en forme de haricot, 45 cm de long.

• **ORIGINE** O. de la Chine.

• **HABITAT** Terrains découverts en montagne.

• **REMARQUE** Fleurit en général un peu plus tôt que les autres espèces du genre. La forme *duclouxii* est la plus courante en culture.

Hauteur 20 m	Port Colonne large	Feuilles Caduques	Type

Famille BIGNONIACÉES	Espèce *Catalpa speciosa*	Auteur (Warder ex Barney) Engelmann

CATALPA SPECIOSA

Feuilles Ovales larges, 30 cm de long et 20 cm de large, longuement acuminées, dessus vert foncé luisant, pubescentes au stade juvénile, devenant lisses, pubescentes dessous, longs pétioles. ***Écorce*** Grise, squameuse et fissurée. ***Fleurs*** Campanulées, 5 cm de long, blanc taché de jaune et d'un peu de pourpre, en grandes panicules, été. ***Fruit*** Elancé, en forme de haricot, pendant, 45 cm de long, persistant, sur la plante jusqu'à l'année suivante.
• **ORIGINE** États-Unis.
• **HABITAT** Bords de rivière, bois humides, marais.

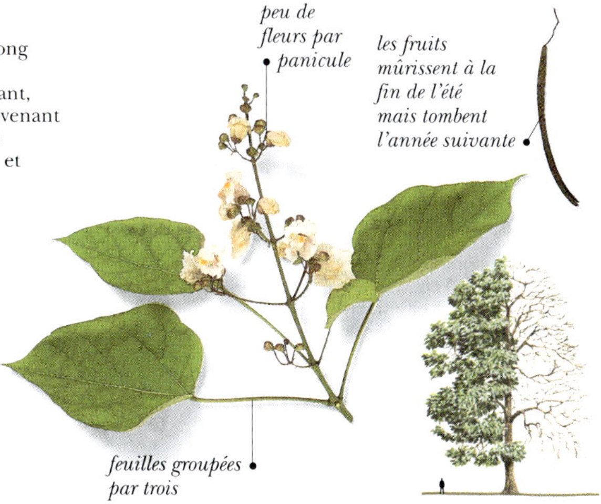

Hauteur 30 m	Port Cône large	Feuilles Caduques	Type

LES BUXACÉES

LE BUIS COMMUN (*Buxus sempervirens*) est le plus familier des arbres de cette famille qui contient 4 ou 5 genres, et environ 60 espèces d'arbres et d'arbustes à feuilles persistantes et quelques plantes herbacées.
Feuilles généralement opposées et petites fleurs en groupes.

Famille BUXACÉES	Espèce *Buxus sempervirens*	Auteur Linnaeus

BUIS COMMUN

Feuilles Ovales à oblongues, 2,5 cm de long et 1 cm de large, extrémité échancrée, vert foncé brillant dessus, plus pâles dessous, sur des rameaux de section carrée. ***Écorce*** Grise, lisse, se craquelle en petits carrés en vieillissant. ***Fleurs*** Mâles et femelles petites et vertes, mâles avec des anthères jaunes bien visibles, groupées autour des femelles, à l'aisselle des feuilles, début du printemps. ***Fruit*** Capsule petite, coriace, 8 mm de long.
• **ORIGINE** S.-O. de l'Asie, Europe, Afrique du Nord.
• **HABITAT** Généralement sols alcalins.
• **REMARQUE** Petit arbre ou gros arbuste produisant un bois jaune très dur au grain serré. En culture, il est traditionnellement destiné à l'art topiaire et aux haies.

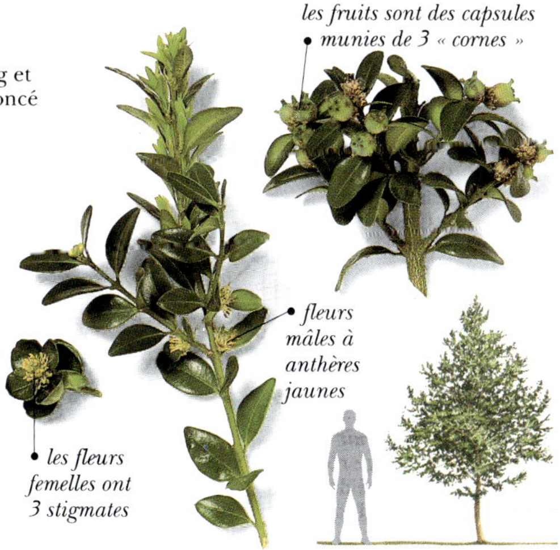

Hauteur 6 m	Port Cône large	Feuilles Persistantes	Type

LES CÉLASTRACÉES

FAMILLE RÉPANDUE comptant environ 60 genres et plus de 1000 espèces de plantes grimpantes, d'arbres et d'arbustes à feuilles persistantes ou non. Feuilles opposées ou alternes, fleurs en général petites et verdâtres.

Famille CÉLASTRACÉES	Espèce *Euonymus europaeus*	Auteur Linnaeus

FUSAIN D'EUROPE

Feuilles Elliptiques à ovales ou lancéolées, 8 cm de long et 3 cm de large, acuminées, finement dentées, généralement rouges en automne. ***Écorce*** Grise et lisse. ***Fleurs*** Mâles et femelles petites, blanc verdâtre, 4 pétales, en groupes de plus de 10 à l'aisselle des feuilles, parfois sur plantes séparées, fin du printemps, début de l'été. ***Fruit*** Rose vif, environ 1,2 cm de large, à 4 lobes s'ouvrant pour montrer des graines entourées d'un arille orange vif.
- **ORIGINE** O. de l'Asie, Europe.
- **HABITAT** Bois, taillis, haies.

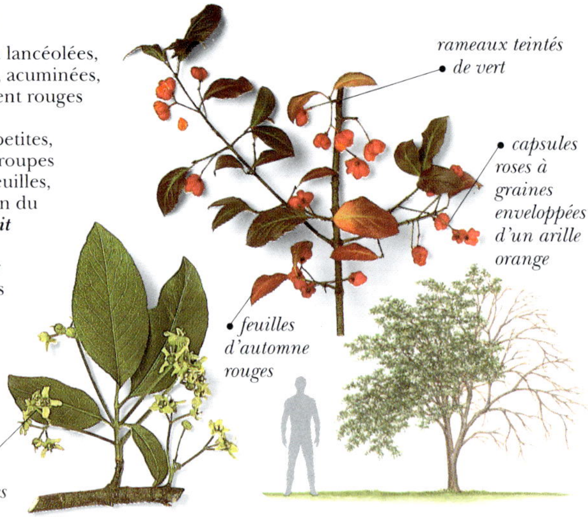

Hauteur 6 m	Port Largement étalé	Feuilles Caduques	Type

Famille CÉLASTRACÉES	Espèce *Maytenus boaria*	Auteur Molina

MAYTENUS BOARIA

Feuilles Étroites, elliptiques à lancéolées, 5 cm de long et 2 cm de large, pointues, finement dentées, vert pâle devenant vert foncé lustré dessus, plus pâles dessous, sur des rameaux pendants. ***Écorce*** Grise, lisse, fissures verticales étroites, pelant à la base ; nouvelle écorce orange. ***Fleurs*** Très petites, vert pâle, anthères jaunes, en groupes à l'aisselle des feuilles, milieu à fin du printemps. ***Fruit*** Petite capsule orange rouge.
- **ORIGINE** Amérique du Sud.
- **HABITAT** Terrains découverts en montagne.

Hauteur 20 m	Port Large, pleureur	Feuilles Persistantes	Type

LES CERCIDIPHYLLACÉES

L'ESPÈCE DÉCRITE ICI est le seul membre de cette famille.
On pensait autrefois qu'elle était apparentée aux magnolias (*Magnolia*, pp. 202-215), et elle était classée avec eux ; on la considère à présent comme une plante primitive, plus proche des platanes (*Platanus*, pp. 234-235).

Famille CERCIDIPHYLLACÉES	Espèce *Cercidiphyllum japonicum*	Auteur Siebold & Zuccarini

CERCIDIPHYLLUM JAPONICUM

Feuilles Arrondies, 7,5 cm de long et de large, cordées, crénelées, lisses, bronze devenant bleu-vert, virant au rose, au jaune ou pourpre en automne. ***Écorce*** Gris-brun, cannelée, s'exfoliant. ***Fleurs*** Petites, sans pétales, mâles à nombreuses étamines rouges, femelles à 4 ou 6 styles rouges, à l'aisselle des feuilles sur plantes séparées, début du printemps. ***Fruit*** Follicule vert, petit, incurvé.
• **ORIGINE** De l'Himalaya au Japon.
• **HABITAT** Forêts d'altitude.

Hauteur 30 m (15 m)	Port Largement étalé	Feuilles Caduques	Type

LES CORNACÉES

FAMILLE COMPRENANT environ 12 genres et 100 espèces d'arbres et d'arbustes à feuilles persistantes ou non, dont les cornouillers (*Cornus*, pp. 133-137) ; la plupart poussent dans les régions tempérées du Nord. Feuilles en général opposées. Petites fleurs qui peuvent être entourées de bractées voyantes.

Famille CORNACÉES	Espèce *Cornus alternifolia*	Auteur Linnaeus f.

CORNUS ALTERNIFOLIA

Feuilles Elliptiques à ovales, 12 cm de long et 6 cm de large, vert vif et lisses dessus, bleuâtres et velues dessous. ***Écorce*** Grise à brune, striée avec l'âge. ***Fleurs*** Crème, en cymes aplaties de 6 cm de large, début de l'été. ***Fruit*** Drupes ressemblant à des baies, bleu-noir, 6 mm de diamètre.
• **ORIGINE** E. de l'Amérique du Nord.
• **HABITAT** Bois, taillis, bords de l'eau.

▽ CORNUS ALTERNIFOLIA

'ARGENTEA' ▷

Hauteur 6 m	Port Largement étalé	Feuilles Caduques	Type

Famille CORNACÉES	Espèce *Cornus controversa*	Auteur Hemsley

CORNUS CONTROVERSA

Feuilles Ovales à elliptiques, 15 cm de long et 7,5 cm de large, acuminées, non dentées, vert foncé brillant et lisses dessus, bleu-vert dessous, pourpres à l'automne, longs pétioles grêles, groupées à l'extrémité des rameaux. ***Écorce*** Lisse, grise, se fissurant avec l'âge. ***Fleurs*** Petites, crème, 4 pétales, en cymes aplaties de 15 cm de diamètre, le long de branches étagées, début à mi-été. ***Fruit*** Drupe globuleuse, bleu-noir.
- **ORIGINE** E. de l'Asie.
- **HABITAT** Bois et taillis.
- **REMARQUE** Les deux seuls cornouillers portant des feuilles alternées plutôt qu'opposées sont celui-ci et *C. alternifolia* (p. 133), qui est beaucoup plus petit. Au Japon, les poupées sont souvent taillées dans le bois de cet arbre.

△ **C. CONTROVERSA**

'VARIEGATA' △ Les feuilles de cette forme à croissance plus lente portent une panachure spectaculaire.

Hauteur 20 m	Port Largement étalé	Feuilles Caduques	Type

Famille CORNACÉES	Espèce *C. 'Eddie's White Wonder'*	Auteur Sans

CORNUS 'EDDIE'S WHITE WONDER'

Feuilles Largement elliptiques, 12 cm de long, brusquement acuminées, légèrement brillantes dessus, grises et velues dessous, orange, rouges et pourpres en automne. ***Écorce*** Grise, lisse, quelques fines rayures pâles. ***Fleurs*** Petites, verdâtres, nombreuses, en glomérules denses, chacun entouré de 4 bractées blanches ou légèrement teintées de rose, émergeant à la fin du printemps avec les feuilles. ***Fruit*** Petit et rouge, en groupes serrés, se séparant à maturité.
- **ORIGINE** Horticole.
- **REMARQUE** Hybride du cornouiller à fleurs (*C. florida*, p. 135) et du cornouiller de Nutall (*C. nutallii*, p. 137). Il y a des arbres qui ne produisent pas de fruits.

Hauteur 12 m	Port Largement étalé	Feuilles Caduques	Type

Famille CORNACÉES	Espèce *Cornus florida*	Auteur Linnaeus

CORNOUILLER À FLEURS

Feuilles Ovales à elliptiques, 10 cm de long et 6 cm de large, acuminées, non dentées, vert foncé et lisses dessus, à revers glauque, rouges en automne, sur des rameaux duveteux. ***Écorce*** Rouge-brun à noirâtre, profondément craquelée en petites plaques carrées. ***Fleurs*** Petites, verdâtres, nombreuses, en glomérules denses, chacun entouré de 4 bractées blanches à rose foncé échancrées au bout et visibles sur les bourgeons l'hiver, s'ouvrant à la fin du printemps, avant ou avec les feuilles. ***Fruit*** Petit, rouge, en groupe, se séparant à maturité.

- **ORIGINE** E. de l'Amérique du Nord.
- **HABITAT** Bois, en sols acides.

CORNUS FLORIDA

△ **'WHITE CLOUD'** Forme sélectionnée caractérisée par les larges bractées blanches qui entourent ses fleurs vertes.

'CHEROKEE CHIEF' △ Le rose intense des bractées de cette forme s'atténue en blanc rosâtre à la base.

Hauteur 12 m (6 m)	Port Largement étalé	Feuilles Caduques	Type

Famille CORNACÉES	Espèce *Cornus kousa*	Auteur Hance

CORNUS KOUSA

Feuilles Ovales, 7,5 cm de long et 5 cm de large, acuminées, vert foncé et lisses dessus, lisses avec des touffes de poils bruns à l'aisselle des nervures dessous. ***Écorce*** Rouge-brun, pelant par plaques irrégulières en vieillissant. ***Fleurs*** Minuscules, jaune-blanc ou verdâtres, nombreuses, en glomérules dressés, denses, à longs pédoncules, chaque groupe entouré de 4 bractées acuminées blanc crème ou nuancées de rose, début de l'été. ***Fruit*** Petit, groupés en glomérule charnu, comestible, rouge, pendant, ressemblant à une fraise.

- **ORIGINE** Japon, Corée.
- **HABITAT** Bois d'altitude.

VAR. CHINENSIS △

CORNUS KOUSA ▷

Hauteur 15 m (7 m)	Port Colonne large	Feuilles Caduques	Type

Famille CORNACÉES	Espèce *Cornus macrophylla*	Auteur Wallich

CORNUS MACROPHYLLA

Feuilles Ovales, 15 cm de long et 7,5 cm de large, acuminées, crénelées, non dentées, vert foncé luisant et lisses dessus, avec jusqu'à 8 paires de nervures de chaque côté de la nervure centrale, vert bleuâtre et finement velues dessous. ***Écorce*** Gris foncé, se fissurant avec l'âge. ***Fleurs*** Petites, blanc crème, 4 pétales, en cymes lâches et aplaties de 15 cm de diamètre, milieu à fin de l'été. ***Fruit*** Petit, globuleux, ressemblant à une baie, passe du vert au violet rougeâtre et enfin au bleu-noir en mûrissant, 6 mm de diamètre.

- **ORIGINE** Chine, Himalaya, Japon.
- **HABITAT** Forêts et taillis.
- **REMARQUE** Arbre élégant, peu connu, même en culture.

Hauteur 10 m	Port Largement étalé	Feuilles Caduques	Type

Famille CORNACÉES	Espèce *Cornus nuttallii*	Auteur Audubon

CORNUS NUTTALLII

Feuilles Elliptiques à obovales, 15 cm de long et 7,5 cm de large, pointues, non dentées, vert foncé et presque lisses dessus, velues dessous au stade juvénile, souvent jaunes et parfois rouges en automne. ***Écorce*** Grise, lisse, quelques fines bandes pâles, légèrement crevassée à la base. ***Fleurs*** Minuscules, verdâtres, nombreuses, en glomérules dressés, chacun entouré de 4 à 7 grandes bractées souvent acuminées, blanc crème devenant blanches ou blanches teintées de rose, fin du printemps. ***Fruit*** Petit, rouge, en groupe hémisphérique, se séparant à maturité.

• **ORIGINE** O. de l'Amérique du Nord.

• **HABITAT** Forêts de basse altitude, et montagnes dans le sud de sa région d'origine.

Hauteur 25 m (12 m)	Port Cône large	Feuilles Caduques	Type

Famille CORNACÉES	Espèce *Cornus* 'Porlock'	Auteur Sans

CORNUS 'PORLOCK'

Feuilles Elliptiques, 7,5 cm de long, bronze vert devenant vert pâle dessus, gris-vert dessous, certaines deviennent rosâtres à l'automne, d'autres persistent durant l'hiver. ***Écorce*** Grise, lisse, fissures orange peu profondes, s'exfoliant à la base en laissant apparaître des taches gris pâle et marron pâle. ***Fleurs*** Minuscules, jaune-blanc, nombreuses, en glomérules dressés, denses, à longs pédoncules, chacun entouré de 4 bractées acuminées blanc crème devenant rose foncé, début d'été. ***Fruit*** Petit, groupé en glomérule charnu, comestible, rouge, pendant, ressemblant à une fraise.

• **ORIGINE** Horticole.

• **REMARQUE** Hybride de *C. capitata* et de *C. kousa* (p. 136).

Hauteur 8 m	Port Largement étalé	Feuilles Caduques	Type

Famille CORNACÉES	Espèce *Cornus walteri*	Auteur Wangerin

CORNUS WALTERI

Feuilles Elliptiques, 10 cm de long et 5 cm de large, extrémité effilée, non dentées, vert foncé légèrement brillant dessus, finement velues dessous. ***Écorce*** Gris-brun pâle, fissures profondes, stries étroites, assez liégeuses. ***Fleurs*** Petites, blanc crème, 4 pétales, en cymes aplaties de 7,5 cm de diamètre, mi-été. ***Fruit*** Petit, globuleux, noir.

- **ORIGINE** Chine.
- **HABITAT** Bois d'altitude.
- **REMARQUE** Existe sous forme d'arbuste ou de petit arbre. Rare à l'état sauvage, et peu connu en culture. En hiver, la face supérieure de ses rameaux exposée au soleil est rose violacé.

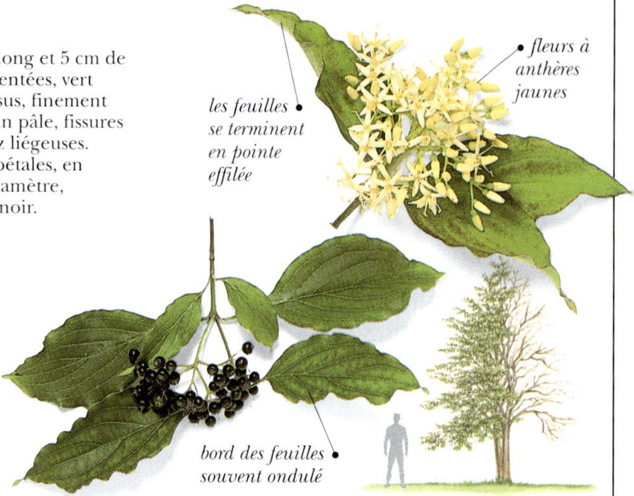

Hauteur 12 m	Port Cône large	Feuilles Caduques	Type

LES ÉBÉNACÉES

ENVIRON 300 ESPÈCES sont réunies dans les 2 genres de cette famille, presque toutes dans le genre *Diospyros*. Arbres et arbustes surtout d'origine tropicale, à feuilles persistantes ou non, d'habitude alternes et non dentées. Fleurs mâles et femelles petites, en général sur plantes séparées.

Famille ÉBÉNACÉES	Espèce *Diospyros kaki*	Auteur Linnaeus f.

KAKI

Feuilles Ovales à obovales, 15 cm ou plus de long et 7,5 cm de large, pointues, non dentées, crénelées, vert foncé lustré, à dessus lisse ou presque, plus pâles et en général velues dessous, devenant rouges ou orange en automne. ***Écorce*** Gris pâle et squameuse, pèle en formant des fissures. ***Fleurs*** Mâles et femelles petites, campanulées environ 1,5 cm de long, jaunes, mâles groupées, femelles solitaires, sur les jeunes rameaux, sur plantes séparées, mi-été. ***Fruit*** Baie juteuse, jaune à orange ou rouge, 7,5 cm de diamètre, comestible à maturité.

- **ORIGINE** Inconnue.
- **HABITAT** Connu seulement en culture.
- **REMARQUE** Les fruits aussi sont appelés kakis.

Hauteur 14 m (6-8 m)	Port Largement étalé	Feuilles Caduques	Type

Famille ÉBÉNACÉES	Espèce *Diospyros lotus*	Auteur Linnaeus

DIOSPYROS LOTUS

Feuilles Ovales à lancéolées, 15 cm de long, pointues, non dentées, vert foncé luisant dessus, gris-vert dessous, lisses ou velues des 2 côtés. ***Écorce*** Grise, lisse, se fissure en petites écailles carrées en vieillissant. ***Fleurs*** Mâles et femelles en forme de cloche, 5 mm de long, rose foncé ou orange jaune, mâles groupées, femelles solitaires, sur la face inférieure des jeunes rameaux, sur plantes séparées, mi-été. ***Fruit*** Baie comestible, 2 cm de diamètre, vert devenant jaune-brun puis bleu-noir en mûrissant, parfois duveteux.

- **ORIGINE** S.-O. de l'Asie, N. de l'Iran.
- **HABITAT** Bois.
- **REMARQUE** Espèce très cultivée dans sa région d'origine pour ses fruits comestibles.

Hauteur 25 m (15 m)	Port Largement étalé	Feuilles Caduques	Type

Famille ÉBÉNACÉES	Espèce *Diospyros virginiana*	Auteur Linnaeus

PLAQUEMINIER DE VIRGINIE

Feuilles Ovales à oblongues, 12 cm de long et 7,5 cm de large, pointues, non dentées, à dessus vert foncé souvent lustré et lisse ou presque, à dessous gris-vert lisse ou velu. ***Écorce*** Brun foncé à noire, fissurée en petites plaques carrées. ***Fleurs*** Mâles et femelles petites, campanulées, 1 cm de long, jaunes, mâles groupées, femelles solitaires, le long des jeunes rameaux, sur plantes séparées, mi-été. ***Fruit*** Baie comestible, 4 cm de diamètre, vert, rouge jaunâtre ou orange-rouge à maturité.

- **ORIGINE** E. des États-Unis.
- **HABITAT** Bois et sols secs.

Hauteur 30 m (20 m)	Port Largement étalé	Feuilles Caduques	Type

LES ÉLÉAGNACÉES

LA FAMILLE DU CHALEF compte 3 genres et quelque 50 espèces de petits arbres et d'arbustes souvent épineux, à feuilles persistantes ou non, répandus dans toutes les régions tempérées du Nord. Feuilles non dentées, en général écailleuses, opposées ou alternes. Petites fleurs mâles et femelles sans pétales, parfois sur des plantes séparées, évoluant en fruits comestibles chez plusieurs espèces.

Famille ÉLÉAGNACÉES	Espèce *Elaeagnus angustifolia*	Auteur Linnaeus

OLIVIER DE BOHÊME

Feuilles Lancéolées à oblongues, 7,5 cm de long et 1,5 cm de large, non dentées, vert foncé dessus, argentées et écailleuses dessous, sur des rameaux argentés, souvent épineux. ***Écorce*** Rouge-brun, rugueuse, en lambeaux. ***Fleurs*** Petites, jaunes, odorantes, en groupe à l'aisselle des feuilles, fin du printemps à début de l'été. ***Fruit*** Ellipsoïde jaune, sucré, comestible, 1 cm de long, à écailles argentées.
- **ORIGINE** O. de l'Asie.
- **HABITAT** Côtes, bords de rivières, lit de rivières asséchées, plaines inondables.
- **REMARQUE** Appelé aussi chalef. En Asie occidentale, cette espèce est très appréciée pour ses fruits et son bois.

Hauteur 12 m (6-7 m)	Port Largement étalé	Feuilles Caduques	Type

Famille ÉLÉAGNACÉES	Espèce *Hippophae rhamnoides*	Auteur Linnaeus

ARGOUSIER

Feuilles Étroitement linéaires, 7 cm de long et 0,7 cm de large, non dentées, à écailles argentées des 2 côtés, sur des rameaux épineux. ***Écorce*** Vert-brun à noirâtre, rugueuse, en lambeaux. ***Fleurs*** Petites, jaunâtres, en petits groupes sur les rameaux, début du printemps, avant les feuilles, mâles et femelles sur pieds séparés. ***Fruit*** Drupe orange vif, environ 8 mm de long, en groupes denses sur les rameaux, persistant en général tout l'hiver.
- **ORIGINE** Asie, Europe.
- **HABITAT** Côtes, bords de rivières, bois sablonneux.
- **REMARQUE** Peut être un arbuste.

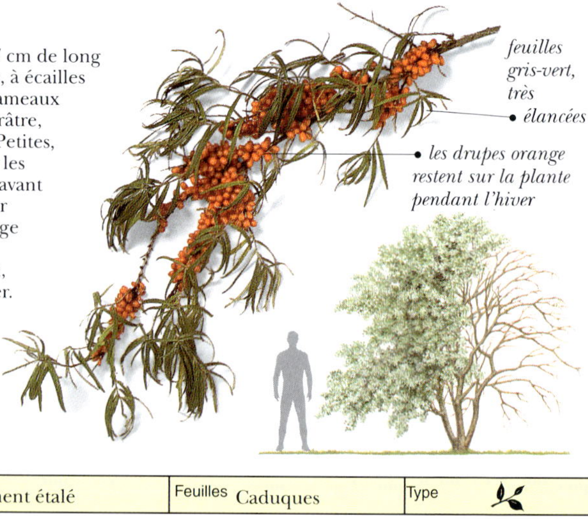

Hauteur 3 m	Port Largement étalé	Feuilles Caduques	Type

LES ÉRICACÉES

FAMILLE DE LA BRUYÈRE, environ 100 genres et quelque 3 000 espèces, réparties dans le monde entier, avec une distribution restreinte en Australie. La plupart sont des arbres et des arbustes à feuilles persistantes ou caduques, en général alternes. Fleurs de taille et de forme variables, avec normalement 5 pétales joints au moins à la base. Un champignon symbiotique assiste les plantes dans l'absorption des nutriments.

Famille ÉRICACÉES	Espèce *Arbutus andrachne*	Auteur Linnaeus

ARBUTUS ANDRACHNE

Feuilles Elliptiques à obovales, 10 cm de long et 5 cm de large, généralement entières mais parfois dentées, surtout sur les rameaux vigoureux, vert foncé brillant dessus, plus pâles dessous, lisses. ***Écorce*** Rouge-brun, s'exfoliant par bandes fines ; nouvelle écorce orange-brun. ***Fleurs*** Urcéolées, petites, environ 6 mm de long, verdâtres au début, blanches en s'ouvrant, pédoncules courts, en panicules dressées de 10 cm de long et de large, à l'extrémité des rameaux, début du printemps. ***Fruit*** Baie presque lisse, globuleuse, orange rouge, 1 cm de diamètre.

• **ORIGINE** Du S.-E. de l'Europe au S.-O. de l'Asie.

• **HABITAT** Bois, taillis et pentes rocheuses.

• **REMARQUE** Quand il pousse à l'état sauvage avec l'arbousier commun (*A. unedo*, p. 143), les deux espèces peuvent se croiser pour donner l'hybride *A.* × *andrachnoides* (p. 142).

Hauteur 10 m	Port Largement étalé	Feuilles Persistantes	Type

Famille ÉRICACÉES	Espèce *Arbutus × andrachnoides*	Auteur Link

ARBOUSIER HYBRIDE

Feuilles Ovales à elliptiques, 10 cm de long et 5 cm de large, dentées, vert foncé luisant dessus, plus pâles dessous, lisses des 2 côtés. ***Écorce*** Rouge-brun, pelant par longues bandes fines verticales. ***Fleurs*** Urcéolées, petites, blanches, en panicules pendant au bout des rameaux, sur une longue période entre l'automne et le printemps. ***Fruit*** Baie ressemblant à une fraise, verruqueuse, 1,5 cm de diamètre.

• **ORIGINE** Grèce.
• **HABITAT** Bois et taillis.
• **REMARQUE** Hybride naturel de *A. andrachne* (p. 141) dont il hérite de l'écorce décorative qui s'exfolie, et de l'arbousier commun (*A. unedo*, p. 143), il se trouve à l'état sauvage aux endroits où les 2 espèces poussent ensemble.

Hauteur 10 m	Port Largement étalé	Feuilles Persistantes	Type

Famille ÉRICACÉES	Espèce *Arbutus menziesii*	Auteur Pursh

ARBUTUS MENZIESII

Feuilles Elliptiques, 15 cm de long et 7,5 cm de large, en général non dentées, vert foncé luisant dessus, bleu-blanc dessous, lisses. ***Écorce*** Rouge-brun, lisse, devenant foncé et finement craquelée avec l'âge ; nouvelle écorce verte. ***Fleurs*** Urcéolées, petites, blanches parfois nuancées de rose, en grandes panicules dressées de 15 cm de long, à l'extrémité des rameaux, fin du printemps. ***Fruit*** Baie ressemblant à une fraise, assez rugueuse, orange à rouge, 1 cm de diamètre, couverte de petites verrues.

• **ORIGINE** O. de l'Amérique du Nord.
• **HABITAT** Pentes boisées humides, gorges dans les forêts de chênes et de séquoias, côtes rocheuses et falaises.
• **REMARQUE** Fruits comestibles en petites quantités. Pendant la saison des fruits cet arbre attire de nombreuses espèces d'oiseaux, ce qui permet la dispersion des graines.

Hauteur 40 m (6-9 m)	Port Colonne large	Feuilles Persistantes	Type

Famille ÉRICACÉES	Espèce *Arbutus unedo*	Auteur Linnaeus

ARBOUSIER COMMUN

Feuilles Elliptiques à oblongues ou obovales, 10 cm de long et 5 cm de large, dentées, vert foncé très brillant dessus, plus pâles dessous, lisses des 2 côtés. ***Écorce*** Rouge-brun, rugueuse et fissurée, ne pèle pas. ***Fleurs*** Urcéolées, petites, blanches, parfois roses, en panicules pendantes d'environ 5 cm de long, à l'extrémité des rameaux, en automne. ***Fruit*** Baie ressemblant à une fraise, rouge, rugueuse, 2 cm de diamètre, mûrissant en automne à partir des fleurs de l'année précédente.
- **ORIGINE** Méditerranée, S.-O. de l'Irlande.
- **HABITAT** Terrains rocheux et taillis.
- **REMARQUE** Un des seuls membres de la famille poussant sur terrains calcaires. La présence simultanée des fleurs et des fruits rend cette espèce particulièrement décorative.

Hauteur 10 m	Port Largement étalé	Feuilles Persistantes	Type

Famille ÉRICACÉES	Espèce *Oxydendrum arboreum*	Auteur (Linnaeus) Candolle

OXYDENDRUM ARBOREUM

Feuilles Elliptiques à oblongues, 20 cm de long et 7,5 cm de large, acuminées, très finement dentées, vert foncé brillant et lisses dessus, légèrement velues dessous, rouges à jaunes ou pourpres en automne. ***Écorce*** Gris-brun, sillons profonds, entrelacés. ***Fleurs*** Urcéolées, petites, blanches, nombreuses, odorantes, en longues inflorescences dressées à l'extrémité des rameaux, de la fin de l'été à l'automne. ***Fruit*** Capsule, petite, ligneuse, brune.
- **ORIGINE** E. de l'Amérique du Nord.
- **HABITAT** Bois et bords de rivières.
- **REMARQUE** Sous forme d'arbre ou d'arbuste. Les feuilles ont un goût très acide, ressemblant un peu à celui de l'oseille.

Hauteur 20 m (3-4 m)	Port Largement étalé	Feuilles Caduques	Type

Famille ÉRICACÉES	Espèce *Rhododendron arboreum*	Auteur W.W. Smith

RHODODENDRON ARBOREUM

Feuilles Oblongues à lancéolées, 20 cm de long et 5 cm de large, épaisses et coriaces, acuminées, vert foncé brillant, lisses, nervures centrales et latérales nettement en creux dessus, duvet variable, argenté à rouille, souvent brillant dessous. ***Écorce*** Rouge-brun, rugueuse et déchiquetée. ***Fleurs*** Campanulées, 5 cm de long, rouges, roses ou parfois blanches, en corymbes denses en comptant jusqu'à 20, fin de l'hiver à milieu du printemps. ***Fruit*** Capsule ligneuse, brune, se fendant pour libérer de nombreuses graines minuscules.

• **ORIGINE** Himalaya, certaines formes s'étendant jusqu'au S.-E. de la Chine et au Sri Lanka.

• **HABITAT** Forêts et taillis sur les collines et les montagnes.

• **REMARQUE** Dans sa région d'origine et son habitat, cette espèce est un arbre ; dans d'autres conditions, il peut n'être qu'un grand arbuste. Premier rhododendron de l'Himalaya à avoir été introduit en Europe. Les jeunes feuilles sont toxiques.

Hauteur 15 m (6 m)	Port Colonne large	Feuilles Persistantes	Type

LES EUCOMMIACÉES

LE SEUL MEMBRE de cette famille, *Eucommia ulmoides*, est une plante vigoureuse et décorative à maturité. On pense qu'elle est apparentée de près aux ormes (*Ulmus*, pp. 308-309). Le latex caoutchouteux, formant partie intégrante de la structure de la feuille, permet de l'identifier immédiatement en cas de doute. Les quantités de latex présentes sont cependant trop faibles pour permettre une extraction économiquement intéressante.

Espèce unique, et seul arbre produisant du caoutchouc poussant en région tempérée.

Famille EUCOMMIACÉES	Espèce *Eucommia ulmoides*	Auteur Oliver

EUCOMMIA ULMOIDES

Feuilles Ovales à elliptiques, 10 cm de long et 9 cm de large, coriaces, acuminées, dentées, vert foncé brillant avec des nervures latérales saillantes, pendant sur de fins rameaux. ***Écorce*** Gris pâle, profondément fissurée. ***Fleurs*** Mâles et femelles très petites, sans pétales, s'ouvrant sur les vieux rameaux, sur plantes séparées, fin du printemps, juste avant l'émergence des feuilles. ***Fruit*** Samare vert, 4 cm de long, en groupe, chacun contenant une graine.

- **ORIGINE** Inconnue, probablement S.-O. de la Chine.
- **HABITAT** Non déterminé.
- **REMARQUE** Arbre résistant, introduit en Occident vers 1896, à partir de plantes multipliées en Chine, et connu seulement en culture. En Chine, son écorce a des applications médicinales.

CAOUTCHOUC INVISIBLE ▷ Quand une feuille est délicatement déchirée en deux et suspendue à l'envers par son pétiole, les deux parties restent reliées ensemble par un réseau presque invisible de fibres de latex, ressemblant à des fils de la Vierge.

Hauteur 20 m	Port Largement étalé	Feuilles Caduques	Type

LES EUCRYPHIACÉES

FAMILLE COMPRENANT 1 seul genre et 5 espèces d'arbres et d'arbustes à feuilles persistantes, originaires du Chili et du S.-E. de l'Australie, dont la Tasmanie. Feuilles opposées, simples ou pennées, dentées ou non. Les fleurs blanches ont généralement 4 pétales et de nombreuses étamines.

Famille EUCRYPHIACÉES	Espèce *Eucryphia cordifolia*	Auteur Cavanilles

EUCRYPHIA CORDIFOLIA

Feuilles Oblongues, 7,5 cm de long et 5 cm de large, cordées, dentées, vert foncé dessus, grises et velues dessous. ***Écorce*** Grise et lisse. ***Fleurs*** 5 cm de diamètre, blanches, 4 pétales, nombreuses étamines passant du rose à l'orange, odorantes, solitaires à l'aisselle des feuilles, fin de l'été. ***Fruit*** Petite capsule ligneuse.
- **ORIGINE** Chili.
- **HABITAT** Forêts tropicales.
- **REMARQUE** Sous forme d'arbuste à haute altitude.

Hauteur 40 m (10 m)	Port Colonne étroite	Feuilles Persistantes	Type

Famille EUCRYPHIACÉES	Espèce *Eucryphia glutinosa*	Auteur (Poeppig & Endlicher) Baillon

EUCRYPHIA GLUTINOSA

Feuilles Pennées, 3 à 5 folioles, 6 cm de long et 5 cm de large, dentées, vert foncé brillant dessus, plus pâles dessous, velues des 2 côtés, au moins au stade juvénile. ***Écorce*** Grise et lisse. ***Fleurs*** 5 cm de diamètre, blanches, 4 pétales, nombreuses étamines à extrémité rose, odorantes, solitaires à l'aisselle des feuilles, fin d'été. ***Fruit*** Petite capsule ligneuse.
- **ORIGINE** Chili.
- **HABITAT** Forêts et rives de fleuves.
- **REMARQUE** Les plantes cultivées de cette espèce ont des feuilles semi-persistantes ou caduques, la plupart tournant à l'orange-rouge en automne avant de tomber.

'PLENA' ▷ Forme sélectionnée à fleurs doubles.

▽ **EUCRYPHIA GLUTINOSA**

Hauteur 10 m (5 m)	Port Colonne étroite	Feuilles Semi-persistantes	Type

Famille EUCRYPHIACÉES	Espèce *Eucryphia × intermedia*	Auteur Bausch

EUCRYPHIA × INTERMEDIA

Feuilles Variables, soit simples et oblongues, 6 cm de long et 2,5 cm de large, soit à 3 folioles, celle du milieu plus grande, les deux types non dentées ou avec quelques dents vers le sommet, vert foncé brillant dessus, gris-vert dessous. ***Écorce*** Grise, lisse. ***Fleurs*** 5 cm de diamètre, blanches, 4 pétales, nombreuses étamines à extrémité noire, odorantes, solitaires à l'aisselle des feuilles, fin de l'été à l'automne. ***Fruit*** Petite capsule ligneuse.

- **ORIGINE** Horticole.
- **REMARQUE** Hybride d'*E. glutinosa* (p. 146) et d'*E. lucida* (ci-dessous), cultivé pour la première fois à Rostrevor en Irlande du Nord dans le jardin du défunt Sir John Ross de Blandenburg. La forme originale la plus commune, 'Rostrevor', est présentée ici.

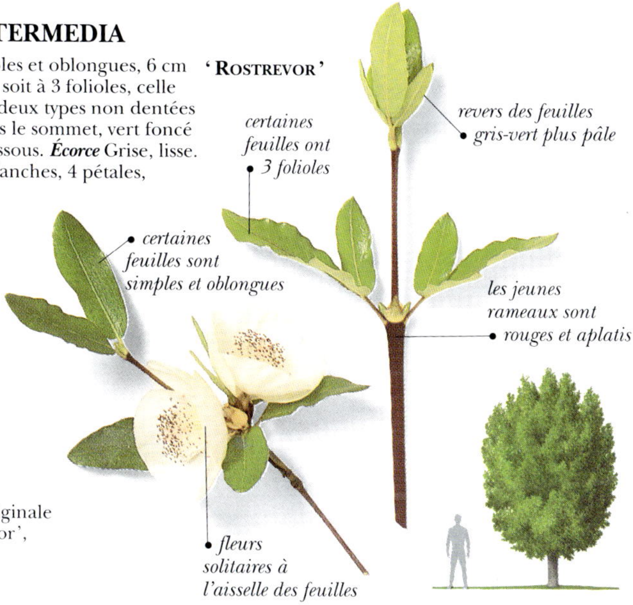

Hauteur 10 m	Port Colonne large	Feuilles Persistantes	Type

Famille EUCRYPHIACÉES	Espèce *Eucryphia lucida*	Auteur (Labillardière) Baillon

EUCRYPHIA LUCIDA

Feuilles Étroites et oblongues, 5 cm de long et 1,5 cm de large, pétioles courts, non dentées, coriaces, sommet arrondi à finement échancré, vert foncé brillant et finement velues dessus, bleu-blanc et lisses dessous, avec un réseau de nervures marqué ; sur les rameaux vigoureux, parfois 3 folioles. ***Écorce*** Grise et lisse. ***Fleurs*** 5 cm de diamètre, blanches, 4 pétales arrondis, nombreuses étamines minces à extrémité sombre, odorantes, solitaires à l'aisselle des feuilles, fin d'été, en forme de coupe au début, plates en s'ouvrant. ***Fruit*** Petite capsule ligneuse qui se fend à maturité.

- **ORIGINE** Tasmanie.
- **HABITAT** Bois et bords de rivière en zone montagneuse.
- **REMARQUE** Les plantes cultivées sont plus petites, atteignant seulement 15 m environ. Une forme à fleurs roses, trouvée en Tasmanie, a été appelée 'Pink Cloud'.

Hauteur 20 m	Port Colonne étroite	Feuilles Persistantes	Type

Famille EUCRYPHIACÉES	Espèce *Eucryphia milliganii*	Auteur J. D. Hooker

EUCRYPHIA MILLIGANII

Feuilles Oblongues, 2 cm de long et 8 mm de large, non dentées, vert foncé brillant dessus, bleu-blanc dessous. ***Écorce*** Grise et lisse. ***Fleurs*** 2 cm de diamètre, blanches, 4 pétales, étamines à extrémité rose, odorantes, solitaires à l'aisselle des feuilles, fin d'été. ***Fruit*** Petite capsule ligneuse.

- **ORIGINE** Tasmanie.
- **HABITAT** Bois et bords de rivière en zones montagneuses.
- **REMARQUE** Arbre ou arbuste.

Hauteur 6 m	Port Colonne étroite	Feuilles Persistantes	Type

Famille EUCRYPHIACÉES	Espèce *Eucryphia × nymansensis*	Auteur Bausch

EUCRYPHIA × NYMANSENSIS

Feuilles Elliptiques, 6 cm de long et 3 cm de large, ou avec 3 folioles, dentées, vert foncé brillant dessus, plus pâles dessous. ***Écorce*** Grise et lisse. ***Fleurs*** 7,5 cm de diamètre, blanches, 4 pétales, nombreuses étamines à extrémité rose, odorantes, isolées à l'aisselle des feuilles, fin d'été à automne. ***Fruit*** Petite capsule ligneuse.

- **ORIGINE** Horticole.
- **REMARQUE** Hybride d'*E. cordifolia* (p. 146) et d'*E. glutinosa* (p. 146).

Hauteur 15 m	Port Colonne étroite	Feuilles Persistantes	Type

Famille EUCRYPHIACÉES	Espèce *Eucryphia* ' Penwith '	Auteur Sans

EUCRYPHIA 'PENWITH'

Feuilles Oblongues, 7 cm de long et 3 cm de large, légèrement cordées, non dentées, vert foncé et lisses dessus, bleu-blanc et presque lisses dessous. ***Écorce*** Gris foncé et lisse. ***Fleurs*** 5 cm de diamètre, blanches, 4 pétales, nombreuses étamines à extrémité rose, odorantes, solitaires à l'aisselle des feuilles, fin d'été à automne. ***Fruit*** Petite capsule ligneuse.

- **ORIGINE** Horticole.
- **REMARQUE** Hybride d'*E. cordifolia* (p. 146) et d'*E. lucida* (p. 147).

Hauteur 15 m	Port Colonne étroite	Feuilles Persistantes	Type

Les Fagacées

Cette famille comprend certains arbres à feuilles persistantes ou caduques très familiers, dont les châtaigniers (*Castanea*, pp. 149-150), les hêtres (*Fagus*, pp. 151-153), et les chênes (*Quercus*, pp. 158-173). Plus de 1 000 espèces dans 8 genres répandus des régions tempérées du Nord jusqu'à une partie de l'hémisphère Sud.

Feuilles simples, lobées ou dentées. Petites fleurs mâles ou femelles souvent en chatons séparés sur la même plante.
Le fruit est un akène qu'une cupule entoure ou enferme.

Famille FAGACÉES	Espèce *Castanea dentata*	Auteur (Marshall) Borkhausen

Châtaignier d'Amérique

Feuilles Oblongues, 25 cm de long et 5 cm de large, étroites à la base, acuminées, dents aiguës, vert foncé mat dessus, plus pâles dessous, lisses des 2 côtés. ***Écorce*** Brun foncé, fissures peu profondes, crêtes larges et squameuses. ***Fleurs*** Petites, jaune crème, femelles en général disposées à la base des chatons mâles de 20 cm de long, été. ***Fruit*** Bogue épineuse de 6 cm de diamètre, renfermant 1 à 3 châtaignes comestibles, sucrées, rouge-brun luisant.
- **Origine** E. de l'Amérique du Nord.
- **Habitat** Bois.
- **Remarque** De plus en plus rare à l'état sauvage.

Hauteur 30 m	Port Colonne large	Feuilles Caduques	Type

Famille FAGACÉES	Espèce *Castanea mollissima*	Auteur Blume

Châtaignier de Chine

Feuilles Oblongues à lancéolées, 20 cm de long et 7,5 cm de large, généralement arrondies à la base, acuminées, grossièrement dentées, vert foncé brillant et lisses dessus, duvet doux dessous, au moins au stade juvénile. ***Écorce*** Gris foncé, lisse, devenant gris brun et profondément fissurée avec l'âge. ***Fleurs*** Petites, jaune crème, femelles en général disposées à la base des chatons mâles de 20 cm de long, séparées, été. ***Fruit*** Bogue épineuse, pubescente, de 5 cm de diamètre, renfermant 2 ou 3 châtaignes comestibles, sucrées, rouge-brun luisant.
- **Origine** Chine.
- **Habitat** Bois de montagne.
- **Remarque** Espèce cultivée en Chine pour ses châtaignes.

Hauteur 25 m	Port Colonne large	Feuilles Caduques	Type

Famille FAGACÉES	Espèce *Castanea sativa*	Auteur Miller

CHÂTAIGNIER COMMUN

Feuilles Oblongues, 20 cm de long et 7,5 cm de large, en général arrondies ou en cœur à la base, acuminées, dentées, vert foncé brillant et lisses dessus, plus pâles dessous, devenant lisses. ***Écorce*** Grise, lisse, devenant brune avec des stries souvent en spirale en vieillissant. ***Fleurs*** Petites, jaune crème, femelles d'habitude disposées à la base des chatons mâles longs de 25 cm, séparées, été. ***Fruit*** Bogue épineuse de 6 cm de diamètre, renfermant 1 à 3 châtaignes comestibles, rouge-brun luisant.
• **ORIGINE** N. de l'Afrique, S.-O. de l'Asie, S. de l'Europe.
• **HABITAT** Bois.

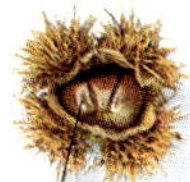

Hauteur 30 m	Port Colonne large	Feuilles Caduques	Type

Famille FAGACÉES	Espèce *Chrysolepis chrysophylla*	Auteur (W. J. Hooker) Hjelmqvist

CHRYSOLEPIS CHRYSOPHYLLA

Feuilles Oblongues à lancéolées, 10 cm ou plus de long et 2,5 cm de large, rigides, coriaces, non dentées, vert foncé brillant dessus, velues dessous. ***Écorce*** Grise, fissurée. ***Fleurs*** Blanc crème, odorantes, femelles généralement disposées à la base des chatons mâles longs de 4 cm, été. ***Fruit*** Bogue épineuse de 4 cm de diamètre, renfermant 1 à 3 fruits comestibles, brun luisant.
• **ORIGINE** O. des États-Unis.
• **HABITAT** Bois et taillis de montagnes côtières.

Hauteur 30 m (15 m)	Port Colonne large	Feuilles Persistantes	Type

Famille FAGACÉES	Espèce *Fagus grandifolia*	Auteur Ehrhart

HÊTRE D'AMÉRIQUE

Feuilles Ovales à elliptiques, 12 cm de long et 6 cm de large, acuminées, dentées, avec 11 à 15 paires de nervures, poils soyeux, devenant lisses ou presque, vert foncé brillant dessus, plus pâles dessous, jaunes en automne. ***Écorce*** Grise, lisse. ***Fleurs*** Petites, mâles jaunes, femelles vertes en groupes séparés, sur la même plante, mi-printemps. ***Fruit*** Cupule de 2 cm de long renfermant 1 à 3 petites faines comestibles.
• **ORIGINE** E. de l'Amérique du Nord.
• **HABITAT** Bois fertiles.

Hauteur 25 m	Port Largement étalé	Feuilles Caduques	Type

Famille FAGACÉES	Espèce *Fagus orientalis*	Auteur Lipsky

HÊTRE D'ORIENT

Feuilles Elliptiques à obovales, 12 cm de long et 6 cm de large, bord généralement ondulé, peu ou non dentées, jusqu'à 12 paires de nervures, vert foncé et lisses dessus, poils soyeux sur les nervures dessous, jaunes en automne. ***Écorce*** Grise, lisse, parfois cannelée. ***Fleurs*** Petites, mâles jaunes, femelles vertes, en groupes séparés sur la même plante, mi-printemps. ***Fruit*** Cupule hérissée, de 2,5 cm de long, renfermant 1 à 3 petites faines comestibles.
• **ORIGINE** S.-O. de l'Asie, S.-E. de l'Europe.
• **HABITAT** Collines et montagnes.

Hauteur 30 m	Port Largement étalé	Feuilles Caduques	Type

Famille FAGACÉES	Espèce *Fagus sylvatica*	Auteur Linnaeus

HÊTRE COMMUN

Feuilles Ovales à obovales, 10 cm de long et 6 cm de large, brusquement acuminées, bord ondulé non denté ou présentant de petites dents, moins de 10 paires de nervures, poils soyeux au déploiement, devenant lisses et vert foncé brillant dessus, plus pâles dessous, jaunes en automne. ***Écorce*** Grise, lisse. ***Fleurs*** Petites, mâles jaunes, femelles vertes, en groupes séparés, sur la même plante, mi-printemps quand les feuilles vert pâle émergent.
Fruit Cupule hérissée de 2,5 cm de long, renfermant 1 à 3 petites faines comestibles.
- **ORIGINE** Europe.
- **HABITAT** Bois, surtout sur sols crayeux.

◁ △ **FAGUS SYLVATICA**

▽ **'ASPLENIIFOLIA'**
Les feuilles élancées de ce hêtre sont profondément découpées en longs lobes étroits.

△ **'AUREA PENDULA'**
Arbre élancé à branches pendantes, portant, du printemps à l'automne, un feuillage jaune d'or qui devient vert à maturité.

'CRISTATA' ▷
Forme inhabituelle caractérisée par ses feuilles groupées qui semblent déformées.

Hauteur 40 m	Port Largement étalé	Feuilles Caduques	Type

▽ **' DAWYCK PURPLE '**

Certains hêtres sont caractérisés par leur feuillage rouge-pourpre profond. Le ' Dawyck Purple ', l'un d'entre eux, se développe sous forme de colonne étroite. C'est un descendant de ' Dawyck ', qui lui ressemble, mais porte un feuillage vert.

△ **' PRINCE GEORGE OF CRETE '**

Forme sélectionnée pour ses feuilles particulièrement larges et grandes. Il existe d'autres formes à grandes feuilles appartenant au groupe des *Fagus sylvatica* f. *latifolia*.

▷ **' ROTUNDIFOLIA '**

Le nom de cultivar de cette forme particulière décrit les feuilles petites et arrondies qui le caractérisent.

◁ **' ROHANII '**

Ce cultivar ressemble au *Fagus sylvatica* ' Aspleniifolia ' (p. 152). Ses feuilles pourpre verdâtre sont un peu plus larges.

Famille FAGACÉES	Espèce *Lithocarpus edulis*	Auteur (Makino) Nakai

LITHOCARPUS EDULIS

Feuilles Étroites, elliptiques, 15 cm de long et 5 cm de large, se rétrécissant graduellement du centre vers la base, courte pointe émoussée, non dentées, rigides, coriaces, vert pâle brillant dessus, gris-vert dessous, lisses. ***Écorce*** Gris-brun, lisse. ***Fleurs*** Très petites, blanc crème, en chatons grêles dressés, mâles au sommet du chaton, femelles à la base, à l'aisselle des feuilles, fin d'été. ***Fruit*** Gland pointu, 2,5 cm de long, dont un tiers est enfermé dans une cupule, en groupes sans pédoncule, mûr en 2 ans.

- **ORIGINE** Japon.
- **HABITAT** Bois.
- **REMARQUE** Les espèces de *Lithocarpus* sont étroitement apparentées aux chênes (*Quercus*, pp. 158-173), mais en diffèrent par leurs chatons dressés.

Hauteur 15 m	Port Largement étalé	Feuilles Persistantes	Type

Famille FAGACÉES	Espèce *Lithocarpus henryi*	Auteur (Seemann) Rehder & Wilson

LITHOCARPUS HENRYI

Feuilles Elliptiques à oblongues, ou lancéolées, 25 cm de long et 7,5 cm de large, s'effilant au sommet en une pointe élancée, non dentées, vert pâle s'assombrissant et légèrement brillant, blanchâtres dessous, au stade juvénile, finement velues devenant lisses des 2 côtés. ***Écorce*** Grise, lenticelles gris pâle, fissures peu profondes orange-brun à la base. ***Fleurs*** Très petites, blanc crème, femelles disposées à la base des chatons mâles grêles et dressés, fin d'été. ***Fruit*** Gland globuleux, 2,5 cm de long, dans une cupule peu profonde, en groupes denses.

- **ORIGINE** Chine.
- **HABITAT** Bois de collines et de montagnes.
- **REMARQUE** Les feuilles vigoureuses, à longues pointes, donnent à la masse du feuillage une allure élégante.

Hauteur 15 m	Port Cône large	Feuilles Persistantes	Type

Famille FAGACÉES	Espèce *Nothofagus antarctica*	Auteur (J.G. Forster) Oersted

NOTHOFAGUS ANTARCTICA

Feuilles Ovales, 3 cm de long et 2 cm de large, irrégulièrement dentées, avec en général 4 paires de nervures, vert foncé brillant dessus, plus ou moins lisses des 2 côtés. ***Écorce*** Gris foncé, se craquelle en plaques et s'exfolie en vieillissant. ***Fleurs*** Très petites, mâles à anthères rouges, en groupes de 1 à 3, femelles à stigmates rouges, en groupes de 2 ou 3, à l'aisselle des feuilles, fin du printemps. ***Fruit*** Involucre lisse, 6 mm de long, renfermant 3 petits akènes.

- **ORIGINE** S. de l'Argentine, S. du Chili.
- **HABITAT** Bois caducifoliés et broussailles en montagne.
- **REMARQUE** Dans sa région d'origine et dans son habitat, cette espèce est généralement un arbre de taille moyenne, mais peut également former un grand arbuste.

Hauteur 15 m	Port Colonne large	Feuilles Caduques	Type

Famille FAGACÉES	Espèce *Nothofagus betuloides*	Auteur (Mirbel) Blume

NOTHOFAGUS BETULOIDES

Feuilles Ovales à elliptiques, 2,5 cm de long et 2 cm de large, se rétrécissant vers une base souvent inégale, dents émoussées, vert noirâtre foncé brillant dessus, plus pâles, brillantes, avec un fin réseau de nervures dessous, lisses des 2 côtés ; souvent petites taches foncées sur le dessous des feuilles plus vieilles. ***Écorce*** Gris très foncé, se craquelle en plaques et s'exfolie en vieillissant. ***Fleurs*** Très petites, mâles à anthères rouges, solitaires, femelles à stigmates rouges, en groupes de 3, à l'aisselle des feuilles, fin du printemps. ***Fruit*** Involucre hérissé, 6 mm de long, renfermant 3 petits akènes.

- **ORIGINE** Argentine, Chili.
- **HABITAT** Forêts d'espèces à feuilles persistantes.
- **REMARQUE** Parfois arbustif.

Hauteur 25 m	Port Colonne large	Feuilles Persistantes	Type

Famille FAGACÉES	Espèce *Nothofagus dombeyi*	Auteur (Mirbel) Blume

NOTHOFAGUS DOMBEYI

Feuilles Étroitement ovales, 4 cm de long et 1,5 cm de large, base arrondie souvent inégale, dents fines et pointues, vert foncé brillant dessus, plus pâles et luisantes dessous, avec un fin réseau de nervures, lisses, petites taches noires. ***Écorce*** Gris foncé, se craquelle en plaques et s'exfolie en vieillissant. ***Fleurs*** Très petites, mâles à anthères rouges, en groupes de 3, femelles à stigmates rouges, en groupes de 3, à l'aisselle des feuilles, fin du printemps. ***Fruit*** Involucre de 6 mm de long, renfermant 3 petits akènes.
- **ORIGINE** Argentine, Chili.
- **HABITAT** Forêts d'altitude.
- **REMARQUE** Cette espèce ressemble à *Nothofagus betuloides* (p. 155), mais en diffère par ses feuilles plus grandes et sa taille plus élevée.

Hauteur 40 m (25 m)	Port Colonne large	Feuilles Persistantes	Type

Famille FAGACÉES	Espèce *Nothofagus procera*	Auteur (Poeppig et Endlicher) Oersted

NOTHOFAGUS PROCERA

Feuilles Oblongues, 10 cm de long et 4 cm de large, finement dentées, avec 15 à 18 paires de nervures, bronze devenant vert foncé mat dessus, velues des 2 côtés, jaunes en automne. ***Écorce*** Gris foncé, se fissure en vieillissant. ***Fleurs*** Très petites, verdâtres, mâles solitaires, femelles en groupes de 3, à l'aisselle des feuilles, fin du printemps. ***Fruit*** Involucre hérissé, 1 cm de long, renfermant 3 petits akènes.
- **ORIGINE** Argentine, Chili.
- **HABITAT** Forêts.
- **REMARQUE** Appelé aussi *Nothofagus nervosa*.

Hauteur 25 m	Port Cône large	Feuilles Caduques	Type

Famille FAGACÉES	Espèce *Nothofagus obliqua*	Auteur (Mirbel) Blume

NOTHOFAGUS OBLIQUA

Feuilles Ovales, 7,5 cm de long et 4 cm de large, dentées, vert foncé dessus, bleu-vert dessous, lisses des 2 côtés, jaunes et rouges en automne.
Écorce Grise, lisse, se craquelle en plaques avec l'âge.
Fleurs Minuscules, verdâtres, mâles solitaires, femelles par 3, fin du printemps.
Fruit Involucre écailleux, 1 cm de long, 3 akènes.
• **ORIGINE** Argentine, Chili.
• **HABITAT** Forêts.

Hauteur 35 m	Port Colonne large	Feuilles Caduques	Type

Famille FAGACÉES	Espèce *Nothofagus pumilio*	Auteur (Poeppig & Endlicher) Krasser

NOTHOFAGUS PUMILIO

Feuilles Elliptiques à ovales, 3 cm de long et 2 cm de large, vert très foncé dessus, légèrement velues des 2 côtés, jaunes à l'automne. ***Écorce*** Brun-pourpre, lenticelles et rides horizontales, fissurée à la base. ***Fleurs*** Très petites, solitaires à l'aisselle des feuilles, fin du printemps. ***Fruit*** Involucre écailleux, 1 cm de long, renfermant 3 petits akènes.
• **ORIGINE** Argentine, Chili.
• **HABITAT** Forêts.

Hauteur 25 m	Port Colonne large	Feuilles Caduques	Type

Famille FAGACÉES	Espèce *Nothofagus solandri*	Auteur (J.D. Hooker) Oersted

NOTHOFAGUS SOLANDRI

Feuilles Elliptiques, 1,5 cm de long et 1 cm de large, extrémité arrondie, non dentées, vert foncé dessus, grises et velues dessous. ***Écorce*** Gris foncé, rugueuse, cannelée. ***Fleurs*** Très petites, mâles à anthères rouges, solitaires ou par paires, femelles en groupes jusqu'à 3, à l'aisselle des feuilles, fin du printemps. ***Fruit*** Involucre écailleux, renfermant 3 petits akènes.
• **ORIGINE** Nouvelle-Zélande.
• **HABITAT** Forêts de plaine et de montagne.

Hauteur 25 m	Port Cône large	Feuilles Persistantes	Type

Famille FAGACÉES	Espèce *Quercus acutissima*	Auteur Carrutherss

QUERCUS ACUTISSIMA

Feuilles Oblongues, 20 cm de long et 6 cm de large, nombreuses nervures se terminant par une dent effilée, vert brillant dessus, plus pâles dessous, lisses des 2 côtés. ***Écorce*** Gris-brun, profondes fissures. ***Fleurs*** Mâles en chatons pendants jaune-vert, femelles insignifiantes, séparées sur la même plante, fin du printemps. ***Fruit*** Gland arrondi, 2,5 cm de long, aux deux tiers enfermé dans une cupule.

• **ORIGINE** De l'Himalaya au Japon.

• **HABITAT** Bois.

cupule du gland couverte de longues écailles linéaires, lâches

feuilles bordées de dents en aiguille

Hauteur 15 m	Port Largement étalé	Feuilles Caduques	Type

Famille FAGACÉES	Espèce *Quercus alba*	Auteur Linnaeus

CHÊNE BLANC D'AMÉRIQUE

Feuilles Obovales, 20 cm de long et 10 cm de large, base effilée, profondément découpées en 3 ou 4 lobes de chaque côté, nuancées de rose, poils blancs, devenant vert vif brillant dessus, bleu-vert dessous, tournant au pourpre-rouge en automne. ***Écorce*** Gris pâle et écailleuse, se fissure en vieillissant. ***Fleurs*** Mâles jaune-vert, en chatons pendants, femelles insignifiantes, séparément sur la même plante, fin du printemps. ***Fruit*** Gland, 2,5 cm de long, au quart enfermé dans une cupule rugueuse.

• **ORIGINE** E. de l'Amérique du Nord.

• **HABITAT** Bois sur sol sec.

• **REMARQUE** Aux États-Unis, c'est l'arbre emblème des États du Connecticut, de l'Illinois, et du Maryland.

cupule du gland écailleuse, de texture rugueuse

lobes des feuilles non dentés

les feuilles prennent des couleurs éclatantes à l'automne

Hauteur 35 m	Port Largement étalé	Feuilles Caduques	Type

Famille FAGACÉES	Espèce *Quercus alnifolia*	Auteur Poech

QUERCUS ALNIFOLIA

Feuilles Arrondies et convexes, 5 cm de long et de large, coriaces, bordées de petites dents, vert foncé brillant et lisses dessus, couvertes d'un feutre doré dessous. ***Écorce*** Gris foncé, avec des lenticelles gris pâle à orange brun. ***Fleurs*** Mâles en chatons pendants jaune-vert, femelles insignifiantes, séparément sur la même plante, fin du printemps. ***Fruit*** Gland, 3 cm de long.

• **ORIGINE** Chypre.
• **HABITAT** Montagnes.
• **REMARQUE** Se distingue facilement de la plupart des chênes par le revers feutré de ses feuilles.

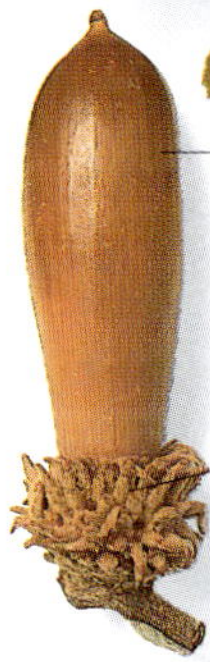

Hauteur 8 m	Port Largement étalé	Feuilles Persistantes	Type

Famille FAGACÉES	Espèce *Quercus canariensis*	Auteur Willdenow

CHÊNE ZEEN

Feuilles Ovales à elliptiques, 15 cm de long et 7,5 cm de large, en général 8 à 12 lobes bien marqués, rougeâtres, velues, devenant vert foncé et lisses dessus, plus pâles dessous. ***Écorce*** Gris foncé, épaisse, profondes fissures. ***Fleurs*** Mâles en chatons pendants jaune-vert, femelles insignifiantes, séparément sur la même plante, fin du printemps. ***Fruit*** Gland globuleux, 3 cm de long, au tiers enfermé dans une cupule.

• **ORIGINE** N. de l'Afrique, S.-O. de l'Europe.
• **HABITAT** Bois.
• **REMARQUE** Son nom scientifique suggère que cette espèce a un rapport avec les îles Canaries, mais elle n'est pas originaire de cette région.

Hauteur 25 m	Port Colonne large	Feuilles Caduques	Type

Famille FAGACÉES	Espèce *Quercus castaneifolia*	Auteur C.A. Meyer

CHÊNE À FEUILLES DE CHÂTAIGNIER

Feuilles Oblongues, 20 cm de long et 7,5 cm de large, 10 à 12 dents de chaque côté, vert foncé luisant et lisses dessus, gris bleuté et finement velues dessous. ***Écorce*** Grise et fissurée. ***Fleurs*** Mâles en chatons pendants jaune-vert, femelles insignifiantes, séparément sur la même plante, fin du printemps. ***Fruit*** Gland arrondi, 2,5 cm de long, à moitié enfermée dans une cupule recouverte de longues écailles.
• **ORIGINE** Caucase, N. de l'Iran.
• **HABITAT** Forêts.

Hauteur 30 m	Port Largement étalé	Feuilles Caduques	Type

Famille FAGACÉES	Espèce *Quercus cerris*	Auteur Linnaeus

CHÊNE CHEVELU

Feuilles Elliptiques à oblongues, 12 cm de long et 7,5 cm de large, profondément lobées, dentées, vert foncé brillant dessus, pubescentes dessous, au stade juvénile, devenant lisses. ***Écorce*** Gris-brun foncé, épaisse, rugueuse, à crêtes profondes. ***Fleurs*** Mâles en chatons pendants jaune-vert, femelles insignifiantes, séparément sur la même plante, début de l'été. ***Fruit*** Gland, 2,5 cm de long, à moitié enfermé dans une cupule recouverte d'écailles longues et grêles.
• **ORIGINE** C. et S. de l'Europe.
• **HABITAT** Bois.

QUERCUS CERRIS

'VARIEGATA' ▷
Forme à feuilles panachées de jaune quand elles se déploient et de blanc crème au stade adulte.

Hauteur 35 m	Port Largement étalé	Feuilles Caduques	Type

Famille FAGACÉES	Espèce *Quercus coccinea*	Auteur Münchhausen

CHÊNE ÉCARLATE

Feuilles Elliptiques, 15 cm de long et 10 cm de large, profondément lobées, dentées, vert foncé lustré et lisses dessus, plus pâles et brillantes dessous, avec des petites touffes de poils à l'aisselle des nervures, rouge vif à l'automne. ***Écorce*** Gris-brun foncé, lisse, stries peu profondes avec l'âge. ***Fleurs*** Mâles en chatons pendants jaune-vert, femelles insignifiantes, séparément sur la même plante, fin du printemps. ***Fruit*** Gland, 2,5 cm de long, à moitié enfermé dans une cupule luisante.
• **ORIGINE** E. de l'Amérique du Nord.
• **HABITAT** Bois et sols sablonneux.

△ **'SPLENDENS'**
Forme à feuillage d'automne rouge intense.

QUERCUS COCCINEA

Hauteur 25 m	Port Largement étalé	Feuilles Caduques	Type

Famille FAGACÉES	Espèce *Quercus ellipsoidalis*	Auteur Hill

QUERCUS ELLIPSOIDALIS

Feuilles Elliptiques, 13 cm de long et 10 cm de large, lobes profonds se terminant par des dents élancées, vert foncé luisant et lisses dessus, plus pâles et brillants dessous, avec des touffes de poils bruns à l'aisselle des nervures, devenant brun-pourpre à l'automne. ***Écorce*** Grise, lisse ou légèrement cannelée. ***Fleurs*** Mâles en chatons pendants jaune-vert, femelles insignifiantes, séparément sur la même plante, fin du printemps. ***Fruit*** Gland, 2 cm de long, au tiers ou à moitié enfermé dans une cupule grise.
• **ORIGINE** S. du Canada, N. des États-Unis.
• **HABITAT** Bois, généralement sur sols secs.

Hauteur 25 m	Port Largement étalé	Feuilles Caduques	Type

Famille FAGACÉES	Espèce *Quercus falcata*	Auteur Michaux

QUERCUS FALCATA

Feuilles Elliptiques à ovales, 20 cm de long et 15 cm de large, découpées en lobes à extrémité épineuse, lobe terminal souvent long et étroit, vert foncé brillant et lisses dessus, poils bruns ou grisâtres dessous. ***Écorce*** Gris-brun foncé, fissurée en stries étroites. ***Fleurs*** Mâles en chatons pendants jaune-vert, femelles insignifiantes, séparément sur la même plante, fin du printemps. ***Fruit*** Gland, 2 cm de long, au tiers ou à moitié enfermé dans une cupule large peu profonde.

• **ORIGINE** S.-E. des États-Unis.

• **HABITAT** Bois secs, des côtes aux montagnes.

pointe en aiguille à l'extrémité des lobes de la feuille

base de la cupule écailleuse et effilée

revers des feuilles duveteux

les feuilles plus tardives ont des lobes plus réguliers

Hauteur 25 m	Port Largement étalé	Feuilles Caduques	Type

Famille FAGACÉES	Espèce *Quercus frainetto*	Auteur Tenore

CHÊNE DE HONGRIE

Feuilles Obovales à oblongues, 20 cm de long et 10 cm de large, nombreux lobes profonds, vert foncé et velues dessus, au moins au stade juvénile, gris-vert et pubescentes dessous. ***Écorce*** Gris foncé, finement gerçurée. ***Fleurs*** Mâles en chatons pendants jaune-vert, femelles insignifiantes, séparément sur la même plante, fin du printemps. ***Fruit*** Gland, 2 cm de long, à moitié enfermé dans une cupule.

• **ORIGINE** S.-E. de l'Europe.

• **HABITAT** Bois.

• **REMARQUE** Les branches de la forme présentée, 'Hungarian Crown', s'assemblent en un large dôme ovale.

feuille à lobes profonds et régulièrement espacés

△ **'HUNGARIAN CROWN'**

les lobes les plus larges parfois échancrés

les bourgeons sur les rameaux âgés produisent des chatons mâles

△ **'HUNGARIAN CROWN'**

Hauteur 30 m	Port Largement étalé	Feuilles Caduques	Type

Famille FAGACÉES	Espèce *Quercus × hispanica*	Auteur Lamarck

QUERCUS × HISPANICA

Feuilles Ovales à elliptiques, 13 cm de long et 5 cm de large, dentées, vert foncé brillant dessus, grises et pubescentes dessous.
Écorce Grise, liégeuse.
Fleurs Mâles en chatons pendants jaune-vert, femelles insignifiantes, séparément sur la même plante, fin du printemps.
Fruit Gland, 2,5 cm de long, environ au tiers enfermé dans une cupule.

- **ORIGINE** S.-O. de l'Europe.
- **HABITAT** Bois, en général avec les parents.
- **REMARQUE** Hybride du chêne chevelu (*Q. cerris*, p. 160) et du chêne-liège (*Q. suber*, p. 172). ' Lucombeana ' est la forme la plus courante.

Hauteur 30 m	Port Largement étalé	Feuilles Semi-persistantes	Type

Famille FAGACÉES	Espèce *Quercus ilex*	Auteur Linnaeus

CHÊNE VERT

Feuilles Elliptiques à étroitement ovales, 7,5 cm de long et 5 cm de large, rigides et coriaces, acuminées, non ou très peu dentées, poils blancs au stade juvénile, devenant vert foncé brillant dessus, grises et velues dessous ; sur les jeunes plantes, forme variable à bord épineux.
Écorce Presque noire, rugueuse, se craquelle en petites plaques.
Fleurs Mâles en chatons pendants jaunes, femelles insignifiantes, séparément sur la même plante, début d'été. ***Fruit*** Gland, 2 cm de long, enferme au tiers dans une cupule.

- **ORIGINE** Bassin méditerranéen.
- **HABITAT** Collines, bois, broussailles et zones sèches.

Hauteur 30 m	Port Largement étalé	Feuilles Persistantes	Type

Famille FAGACÉES	Espèce *Quercus imbricaria*	Auteur A. Michaux

QUERCUS IMBRICARIA

Feuilles Oblongues à lancéolées, 15 cm de long et 7,5 cm de large, terminées par une pointe fine, non dentées, jaunes au stade juvénile, devenant vert foncé brillant et lisses dessus, grises et velues dessous, persistant souvent tard dans l'hiver. ***Écorce*** Gris-brun, lisse au début, se fissure avec l'âge. ***Fleurs*** Mâles en chatons pendants jaune-vert, femelles insignifiantes, séparément sur la même plante, début d'été. ***Fruit*** Gland, 2 cm de long, au tiers ou à moitié enfermé dans une cupule couverte de larges écailles velues.

• **ORIGINE**
C. et E. des États-Unis.

• **HABITAT** Bois fertiles et bords de rivières.

• **REMARQUE**
Les premiers colons américains utilisaient son bois pour faire des bardeaux de toits (shingle), d'où le nom commun anglais de cette espèce : Shingle Oak.

Hauteur 25 m	Port Largement étalé	Feuilles Caduques	Type

Famille FAGACÉES	Espèce *Quercus laurifolia*	Auteur A. Michaux

QUERCUS LAURIFOLIA

Feuilles Oblancéolées à oblongues, 10 cm de long et 4 cm de large, parfois à lobes peu profonds, non dentées, vert brillant et lisses des 2 côtés. ***Écorce*** Grise et écailleuse. ***Fleurs*** Mâles en chatons pendants jaune-vert, femelles insignifiantes, séparément sur la même plante, début d'été. ***Fruit*** Gland, 1,5 cm de long, au tiers enfermé dans une cupule.

• **ORIGINE**
S.-E. des États-Unis.

• **HABITAT** Bois, sols sablonneux et bords de marais en plaine côtière.

• **REMARQUE** Les feuilles persistent sur les branches jusqu'à l'automne et l'hiver, donnant l'apparence d'être semi-persistantes.

Hauteur 20 m	Port Cône large	Feuilles Caduques	Type

Famille FAGACÉES	Espèce *Quercus macranthera*	Auteur Fisher & C.A. Meyer

QUERCUS MACRANTHERA

Feuilles Obovales, 15 cm de long et 10 cm de large, 6 à 11 lobes ovales de chaque côté, vert foncé dessus, plus pâles et velues dessous, sur des rameaux robustes, densément velus. ***Écorce*** Gris-brun, grossièrement écaillée. ***Fleurs*** Mâles en chatons pendants jaune-vert, femelles insignifiantes, séparément sur la même plante, début d'été. ***Fruit*** Gland, 2,5 cm de long, à moitié enfermé dans une cupule couverte d'écailles velues.
• **ORIGINE** Caucase, N. de l'Iran.
• **HABITAT** Forêts sur les pentes sèches de montagne.

écailles velues appliquées contre la surface externe de la cupule

feuilles divisées de chaque côté en 6 à 11 lobes

la taille des lobes diminue vers le sommet de la feuille

Hauteur 20 m	Port Largement étalé	Feuilles Caduques	Type

Famille FAGACÉES	Espèce *Quercus macrocarpa*	Auteur A. Michaux

CHÊNE À GROS FRUITS

Feuilles Obovales, 25 cm de long et 12 cm de large, profondément découpées en lobes à extrémité arrondie, à large sinus caractéristique vers la base, vert brillant et lisses dessus, plus pâles et velues dessous. ***Écorce*** Grise, rugueuse et profondément cannelée. ***Fleurs*** Mâles en chatons pendants jaunes, femelles insignifiantes, séparément sur la même plante, début d'été. ***Fruit*** Gland, 5 cm de long, à moitié ou plus enfermé dans une cupule bordée d'une frange d'écailles.
• **ORIGINE** E. de l'Amérique du Nord.
• **HABITAT** Bois fertiles.
• **REMARQUE** Glands les plus gros de tous les chênes d'Amérique du Nord.

les lobes sont moins profonds du milieu au sommet de la feuille

lobes très espacés vers la base de la feuille

Hauteur 40 m	Port Largement étalé	Feuilles Caduques	Type

Famille FAGACÉES	Espèce *Quercus marilandica*	Auteur Münchhausen

QUERCUS MARILANDICA

Feuilles Triangulaires-obovales, 15 cm de long et presque autant de large à l'extrémité, effilées à la base, avec en général 3 lobes à pointe piquante, vert foncé brillant dessus, plus pâles dessous, finement velues devenant presque lisses des 2 côtés. ***Écorce*** Noirâtre, se craquelle en petites plaques carrées. ***Fleurs*** Mâles en chatons pendants jaune-vert, femelles insignifiantes, séparément sur la même plante, début d'été. ***Fruit*** Gland, 2 cm de long, environ à moitié enfermé dans une cupule.

- **ORIGINE** E. des États-Unis.
- **HABITAT** Bois et sols pauvres, souvent sablonneux.

Hauteur 12 m	Port Largement étalé	Feuilles Caduques	Type

Famille FAGACÉES	Espèce *Quercus myrsinifolia*	Auteur Blume

QUERCUS MYRSINIFOLIA

Feuilles Lancéolées, 10 cm de long et 3 cm de large, coriaces, acuminées, quelques petites dents, rouge bronze intense au stade juvénile, devenant vert foncé dessus, bleu-vert dessous, lisses des 2 côtés. ***Écorce*** Gris foncé, lisse. ***Fleurs*** Mâles en chatons pendants jaune-vert, femelles insignifiantes, séparément sur la même plante, début d'été. ***Fruit*** Gland, 2 cm de long, au tiers enfermé dans une cupule.

- **ORIGINE** Chine, Japon.
- **HABITAT** Forêts.

Hauteur 12 m	Port Largement étalé	Feuilles Persistantes	Type

Famille FAGACÉES	Espèce *Quercus palustris*	Auteur Münchhausen

CHÊNE DES MARAIS

Feuilles Elliptiques à obovales, 15 cm de long et 12 cm de large, lobes profonds se terminant par des dents effilées, vert brillant des 2 côtés, plus pâles dessous, avec des touffes de poils bruns à l'aisselle des nervures. ***Écorce*** Gris-brun, lisse. ***Fleurs*** Mâles en chatons pendants jaune-vert, femelles insignifiantes, séparément sur la même plante, fin du printemps. ***Fruit*** Gland, 1,5 cm de long, au quart ou au tiers enfermé dans une large cupule peu profonde.
• **ORIGINE** S.-E. du Canada, E. des États-Unis.
• **HABITAT** Bois marécageux.

Hauteur 30 m (15 m)	Port Cône large	Feuilles Caduques	Type

Famille FAGACÉES	Espèce *Quercus petraea*	Auteur (Mattuschka) Lieblein

CHÊNE SESSILE

Feuilles Elliptiques, 12 cm de long et 7,5 cm de large, lobes arrondis, généralement effilées à la base, non auriculées, vert foncé légèrement brillant, lisses dessus, plus pâles et finement velues dessous, pétiole de 1 cm ou plus de long. ***Écorce*** Grise, stries verticales. ***Fleurs*** Mâles en chatons pendants jaune-vert, femelles insignifiantes, séparément sur la même plante, fin du printemps. ***Fruit*** Gland, 3 cm de long, environ au tiers enfermé dans une cupule.
• **ORIGINE** Europe.
• **HABITAT** Bois.
• **REMARQUE** Appelé aussi chêne rouvre.

Hauteur 40 m	Port Largement étalé	Feuilles Caduques	Type

Famille FAGACÉES	Espèce *Quercus phellos*	Auteur Linnaeus

CHÊNE SAULE

Feuilles Étroitement oblongues, 10 cm de long et 2,5 cm de large, terminées par une petite pointe fine, non dentées, vert vif dessus, plus pâles dessous, lisses des 2 côtés. ***Écorce*** Grise, lisse, se strie et se craquelle en plaques avec l'âge. ***Fleurs*** Mâles en chatons pendants jaune-vert, femelles insignifiantes, séparément sur la même plante, fin du printemps. ***Fruit*** Gland, 1,5 cm de long, au quart environ enfermé dans une cupule peu profonde.
• **ORIGINE** E. des États-Unis.
• **HABITAT** Sols humides et marécageux.
• **REMARQUE** Se reconnaît facilement à ses feuilles qui ressemblent beaucoup à celles de certains saules (*Salix*, p. 291-294).

Hauteur 30 m	Port Largement étalé	Feuilles Caduques	Type

Famille FAGACÉES	Espèce *Quercus phillyreoides*	Auteur Gray

QUERCUS PHILLYREOIDES

Feuilles Elliptiques à oblongues, 6 cm de long, coriaces, dentées à non dentées, souvent teintées de bronze, devenant vert foncé dessus, plus pâles et brillantes dessous, lisses des 2 côtés. ***Écorce*** Gris foncé, fissures verticales peu profondes. ***Fleurs*** Mâles en chatons pendants jaune-vert, femelles insignifiantes, séparément sur la même plante, fin du printemps. ***Fruit*** Gland, 2 cm de long, au tiers environ enfermé dans une cupule conique.
• **ORIGINE** Chine, S. du Japon.
• **HABITAT** Falaises et zones rocheuses.
• **REMARQUE** Petit arbre ou arbuste rare et inhabituel.

Hauteur 15 m	Port Largement étalé	Feuilles Persistantes	Type

Famille FAGACÉES	Espèce *Quercus pontica*	Auteur K. Koch

CHÊNE D'ARMÉNIE

Feuilles Obovales à largement elliptiques, 15 cm de long et 10 cm de large, effilées à la base, nombreuses nervures parallèles se terminant par une petite dent pointue, velues au stade juvénile, devenant vert vif et lisses dessus, bleu-vert dessous, jaune-brun en automne, sur des rameaux vigoureux. ***Écorce*** Grise à brun-pourpre, écailles fines, devenant rugueuse en vieillissant. ***Fleurs*** Mâles en longs chatons pendants, grêles, jaune-vert, femelles insignifiantes, séparément sur la même plante, fin du printemps. ***Fruit*** Gland, 3 à 4 cm de long, à moitié enfermé dans une cupule.

• **ORIGINE** Caucase, N.-E. de la Turquie.
• **HABITAT** Bois de montagne.
• **REMARQUE** Sous forme d'arbre très petit ou d'arbuste buissonnant.

grandes feuilles larges bordées de nombreuses dents pointues

fleurs mâles en chatons très longs, minces

Hauteur 6 m	Port Colonne large	Feuilles Caduques	Type

Famille FAGACÉES	Espèce *Quercus pubescens*	Auteur Willdenow

CHÊNE PUBESCENT

Feuilles Elliptiques à obovales, 10 cm de long et 5 cm de large, lobes arrondis terminés par une petite pointe aiguë, gris-vert foncé dessus, pubescentes dessous au stade juvénile, devenant presque lisses en automne. ***Écorce*** Gris foncé et profondément craquelée. ***Fleurs*** Mâles en chatons pendants jaune-vert, femelles insignifiantes, séparément sur la même plante, fin du printemps. ***Fruit*** Gland, 4 cm de long, au tiers environ enfermé dans une cupule couverte d'écailles velues.

• **ORIGINE** O. de l'Asie, C. et S. de l'Europe.
• **HABITAT** Zones sèches de collines.

lobes des feuilles arrondis, terminés par une pointe aiguë

pétioles pubescents

cupule des glands densément couverte d'écailles pubescentes

revers des feuilles nettement velue

Hauteur 20 m	Port Largement étalé	Feuilles Caduques	Type

Famille FAGACÉES	Espèce *Quercus pyrenaica*	Auteur Willdenow

CHÊNE TAUZIN

Feuilles Elliptiques à obovales, 20 cm de long et 10 cm de large, profondément lobées, souvent non dentées, velues des 2 côtés quand elles sont jeunes, devenant vert foncé brillant et presque lisses dessus, restant velues dessous. ***Écorce*** Gris pâle et profondément crevassée. ***Fleurs*** Mâles en chatons pendants jaunes, femelles insignifiantes, séparément sur la même plante, début d'été. ***Fruit*** Gland, 4 cm de long, au tiers ou à moitié enfermé dans une cupule.
- **ORIGINE** Afrique, S.-O. de l'Europe.
- **HABITAT** Bois de montagne.

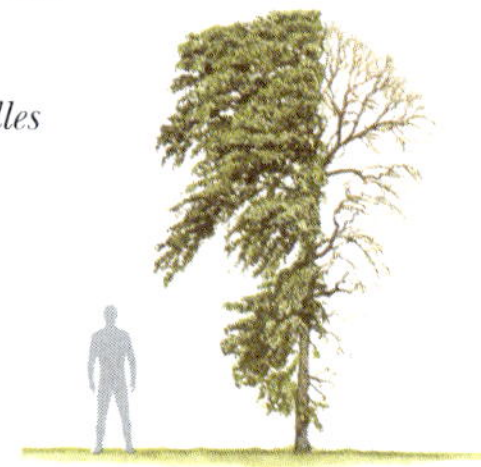

Hauteur 20 m	Port Colonne large	Feuilles Caduques	Type

Famille FAGACÉES	Espèce *Quercus robur*	Auteur Linnaeus

CHÊNE PÉDONCULÉ

Feuilles Elliptiques à obovales, 12 cm de long et 7,5 cm de large, 3 à 6 lobes de chaque côté, vert foncé dessus, bleu-vert dessous, lisses. ***Écorce*** Gris pâle et fissurée. ***Fleurs*** Mâles en chatons pendants jaune-vert, femelles insignifiantes, séparément sur la même plante, fin du printemps. ***Fruit*** Gland, 4 cm de long, au tiers enfermé dans une cupule.
- **ORIGINE** Europe, Asie occidentale.
- **HABITAT** Forêts.

'ATROPURPUREA' ▽
Forme à croissance plus lente, à feuillage décoratif.

◁ **'CONCORDIA'**
Forme dont les feuilles, jaune vif au printemps, verdissent après la mi-été.

Hauteur 35 m	Port Largement étalé	Feuilles Caduques	Type

Famille FAGACÉES	Espèce *Quercus rubra*	Auteur Linnaeus

CHÊNE ROUGE D'AMÉRIQUE

Feuilles Elliptiques, ovales ou obovales, 20 cm de long et 15 cm de large, lobes élancés et dentés, vert foncé mat et lisses dessus, plus pâles et lisses dessous, avec de petites touffes de poils bruns à l'aisselle des nervures, rouge-brun à l'automne. ***Écorce*** Grise, lisse, devenant profondément cannelée. ***Fleurs*** Mâles en chatons pendants vert jaunâtre, femelles insignifiantes, séparément sur la même plante, fin du printemps. ***Fruit*** Gland, 3 cm de long, au quart enfermé dans une cupule peu profonde.

• **ORIGINE** E. de l'Amérique du Nord.

• **HABITAT** Bois, et montagnes dans le sud de sa région d'origine.

Hauteur 25 m	Port Largement étalé	Feuilles Caduques	Type

Famille FAGACÉES	Espèce *Quercus stellata*	Auteur Wangenheim

QUERCUS STELLATA

Feuilles Obovales, 20 cm de long et 10 cm de large, 2 ou 3 paires de lobes, la paire centrale large et se rétrécissant souvent à la base, vert foncé et rugueuse dessus, duvet gris dessous. ***Écorce*** Gris-brun, cannelée, écailleuse. ***Fleurs*** Mâles en chatons pendants jaune-vert, femelles insignifiantes, séparément sur la même plante, fin du printemps. ***Fruit*** Gland, 3 cm de long, au tiers environ enfermé dans une cupule.

• **ORIGINE** C. et E. des États-Unis.

• **HABITAT** Sols secs.

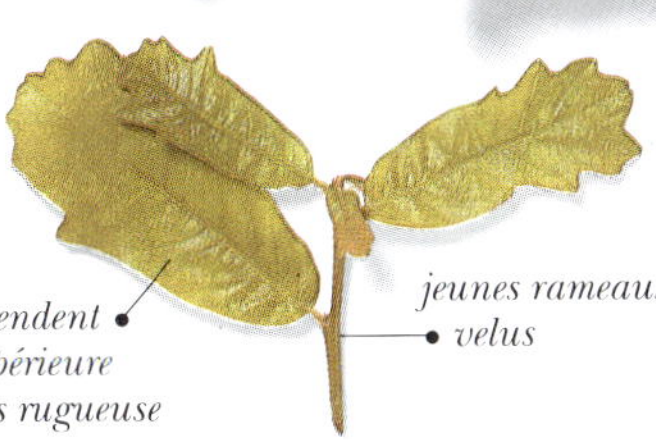

Hauteur 20 m	Port Largement étalé	Feuilles Caduques	Type

Famille FAGACÉES	Espèce *Quercus suber*	Auteur Linnaeus

CHÊNE-LIÈGE

Feuilles Ovales à oblongues, 7 cm de long et 4 cm de large, rigides, en général dentées, vert foncé brillant dessus, duvet gris dessous. ***Écorce*** Gris pâle, épaisse, liégeuse, crêtes saillantes ; nouvelle écorce rouge sombre. ***Fleurs*** Mâles en chatons pendants jaune-vert, femelles insignifiantes, séparément sur la même plante, fin du printemps. ***Fruit*** Gland, 3 cm de long, environ à moitié enfermé dans une cupule.

- **ORIGINE** O. du bassin méditerranéen.
- **HABITAT** Bois de collines.
- **REMARQUE** Le prélèvement de l'écorce, dont on fait du liège au Portugal et en Espagne, ne nuit pas à l'arbre.

Hauteur 20 m	Port Largement étalé	Feuilles Persistantes	Type

Famille FAGACÉES	Espèce *Quercus × turneri*	Auteur Willdenow

QUERCUS × TURNERI

Feuilles Oblongues à obovales, 12 cm de long et 5 cm de large, effilées à la base, 3 à 5 dents triangulaires de chaque côté, vert foncé brillant dessus, plus pâles dessous, certaines persistant jusqu'au printemps suivant. ***Écorce*** Gris foncé, se craquelle en plaques. ***Fleurs*** Mâles en chatons pendants jaune-vert, femelles insignifiantes, séparément sur la même plante, fin du printemps. ***Fruit*** Gland, 2 cm de long, à moitié environ enfermé dans une cupule, en général à plusieurs sur un pédoncule long.

- **ORIGINE** Horticole.
- **REMARQUE** Hybride du chêne vert (*Q. ilex*, p. 163) et du chêne pédonculé (*Q. robur*, p. 170).

Hauteur 20 m	Port Largement étalé	Feuilles Semi-persistantes	Type

Famille FAGACÉES	Espèce *Quercus variabilis*	Auteur Blume

QUERCUS VARIABILIS

Feuilles Oblongues, 20 cm de long et 5 cm de large, pointues, nombreuses nervures parallèles se terminant en dent épineuse, vert foncé brillant et lisses dessus, grises et finement velues dessous. ***Écorce*** Gris-brun pâle, épaisse, liégeuse, fissures profondes. ***Fleurs*** Mâles en chatons pendants jaune-vert, femelles insignifiantes, séparément sur la même plante, fin du printemps. ***Fruit*** Gland, 2 cm de long, presque enfermé dans une cupule couverte de longues écailles recourbées.

• **ORIGINE** Chine, Japon, Corée.

• **HABITAT** Bois de montagne.

Hauteur 25 m	Port Largement étalé	Feuilles Caduques	Type

Famille FAGACÉES	Espèce *Quercus velutina*	Auteur Lamarck

CHÊNE DES TEINTURIERS

Feuilles Ovales à elliptiques, 25 cm ou plus de long et 15 cm de large, 5 à 7 lobes finement pointus, vert foncé brillant et lisses dessus, plus pâles et velues devenant lisses dessous, avec des touffes de poils bruns à l'aisselle des nervures. ***Écorce*** Gris foncé, striée. ***Fleurs*** Mâles en chatons pendants jaune-vert, femelles insignifiantes, séparément sur la même plante, fin du printemps. ***Fruit*** Gland, 2,5 cm de long, à moitié enfermé dans une cupule.

• **ORIGINE** E. de l'Amérique du Nord.

• **HABITAT** Bois secs, dunes de sable.

Hauteur 25 m	Port Largement étalé	Feuilles Caduques	Type

LES FLACOURTIACÉES

FAMILLE SURTOUT TROPICALE et subtropicale, répandue dans les deux hémisphères et comptant 90 genres environ, avec 900 espèces d'arbres et d'arbustes à feuillage persistant ou non. Elle comprend aussi des espèces d'un genre du Sud-Est asiatique, *Hydnocarpus,* qui produisent de l'huile de chaulmoogra, utilisée dans le traitement des maladies de peau telles que la lèpre.

Famille FLACOURTIACÉES	Espèce *Azara microphylla*	Auteur J.D. Hooker

AZARA MICROPHYLLA

Feuilles Obovales à elliptiques, 2,5 cm de long, dentées, vert foncé brillant dessus, plus pâles dessous, lisses, avec un petit stipule en forme de feuille à leur base. ***Écorce*** Grise, lenticelles horizontales, se craquelle en plaques. ***Fleurs*** Petites, sans pétales, sépales verts, étamines jaunes voyantes, à l'aisselle des feuilles, fin hiver ou début printemps. ***Fruit*** Petite baie orange-rouge.

• **ORIGINE** Argentine, Chili.

• **HABITAT** Forêts caducifoliées.

Hauteur 10 m	Port Cône étroit	Feuilles Persistantes	Type

Famille FLACOURTIACÉES	Espèce *Idesia polycarpa*	Auteur Maximowicz

IDESIA POLYCARPA

Feuilles Larges, cordées, 20 cm de long et presque autant de large, courte pointe effilée, dentées, bronze pourpre devenant vert foncé dessus, bleu-blanc dessous, lisses, longs pétioles. ***Écorce*** Lisse, gris-blanc. ***Fleurs*** Petites, jaune-vert, sans pétales, en grandes panicules pendant à l'extrémité des rameaux, sur plantes séparées, début d'été. ***Fruit*** Petite baie rouge, en groupes pendants.

• **ORIGINE** Chine, Japon.

• **HABITAT** Pentes de montagne.

• **REMARQUE** Préfère les situations ensoleillées.

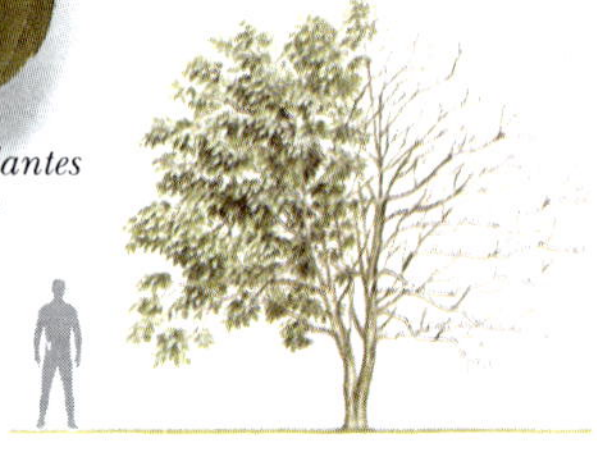

Hauteur 15 m	Port Largement étalé	Feuilles Caduques	Type

LES HAMAMÉLIDACÉES

FAMILLE COMPTANT 25 genres et 100 espèces environ d'arbres et d'arbustes à feuillage persistant ou non, largement distribués dans les régions tempérées et subtropicales, mais inconnus à l'état sauvage dans toute l'Europe, la plus grande partie de l'Amérique du Sud et de l'Afrique.
Elle comprend aussi, entre autres, des genres d'arbustes ornementaux tels que l'hamamélis (*Hamamelis*), à floraison hivernale, *Corylopsis* et *Fothergilla*.

Famille HAMAMÉLIDACÉES	Espèce *Liquidambar formosana*	Auteur Hance

LIQUIDAMBAR FORMOSANA

Feuilles Palmatilobées, 13 cm de long et 15 cm de large, cordées, généralement 3 lobes acuminés et dentés, pourpres au stade juvénile, devenant vert foncé, rouges à pourpres en automne, sur des pétioles nuancés de rouge. ***Écorce*** Gris-blanc, s'assombrit et se fissure en vieillissant. ***Fleurs*** Mâles et femelles petites, jaune-vert, sans pétales, en inflorescences globuleuses, séparément sur la même plante, printemps, à l'émergence des feuilles. ***Fruit*** Petit, brun, réunis en « boules » pendantes de 4 cm de diamètre.
• **ORIGINE** Chine, Taiwan.
• **HABITAT** Bois et taillis en zone montagneuse.

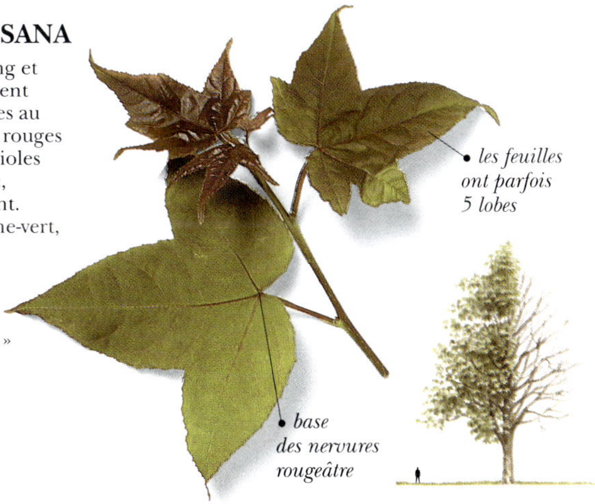

Hauteur 40 m (18 m)	Port Cône large	Feuilles Caduques	Type

Famille HAMAMÉLIDACÉES	Espèce *Liquidambar orientalis*	Auteur Miller

LIQUIDAMBAR ORIENTALIS

Feuilles Palmatilobées, 7,5 cm de long et de large, vert mat dessus, lisses des 2 côtés, devenant orange en automne. ***Écorce*** Orange-brun, épaisse, se craquelle en petites plaques. ***Fleurs*** Mâles et femelles très petites, jaune-vert, sans pétales, en inflorescences globuleuses, séparément sur la même plante, printemps, à l'émergence des feuilles. ***Fruit*** Petit, brun, réunis en « boules » pendantes de 2,5 cm de diamètre.
• **ORIGINE** S.-O. de la Turquie.
• **HABITAT** Bois humides, plaines inondables et bords de rivières.

Hauteur 25 m (8 m)	Port Cône large	Feuilles Caduques	Type

Famille HAMAMÉLIDACÉES	Espèce *Liquidambar styraciflua*	Auteur Linnaeus

COPALME D'AMÉRIQUE

Feuilles Palmatilobées, 15 cm de long et de large, 5 à 7 lobes acuminés, finement dentés, vert brillant dessus, orange à rouges ou pourpres en automne, sur des rameaux à crêtes liégeuses. ***Écorce*** Gris-brun foncé, profondément cannelée, crêtes étroites. ***Fleurs*** Mâles et femelles très petites, jaune-vert, sans pétales, en inflorescences globuleuses, séparément sur la même plante, fin du printemps, à l'émergence des feuilles. ***Fruit*** Petit, brun, réunis en « boules » pendantes de 4 cm de diamètre.

• **ORIGINE** Amérique c., Mexique, E. des États-Unis.
• **HABITAT** Bois humides.
• **REMARQUE** Ses feuilles alternes le différencient facilement des érables (*Acer*, pp. 84-104), aux feuilles opposées.

les feuilles ont 5 ou 7 lobes effilés

lobe terminal plus grand que les lobes latéraux

feuilles cordées à la base

△ **LIQUIDAMBAR STYRACIFLUA**

les feuilles changent de couleur à l'automne

△ **'LANE ROBERTS'**
Forme dont les feuilles se colorent toujours d'orange et de rouge-pourpre profond après la mi-été.

▽ **'VARIEGATA'**
Variété à feuilles tachetées et rayées de vert plus pâle et de jaunâtre. Cette forme est également appelée 'Aurea' et a été confondue avec 'Silver King'.

le bord coloré des feuilles peut être teinté de rose

'SILVER KING' ▷
Forme sélectionnée pour son feuillage décoratif. Feuilles largement marginées de blanc crème à jaune, souvent teintées de rose à l'automne.

taches jaune verdâtre disposées au hasard sur la surface

Hauteur 40 m (20 m)	Port Cône large	Feuilles Caduques	Type

Famille HAMAMÉLIDACÉES	Espèce *Parrotia persica*	Auteur (Candolle) C.A. Meyer

PARROTIE DE PERSE

Feuilles Elliptiques à obovales, 12 cm de long et 6 cm de large, bord ondulé, moitié supérieure dentée, vert vif brillant et lisses dessus, finement velues dessous. ***Écorce*** Gris-brun, s'exfoliant. ***Fleurs*** Petites, sans pétales, anthères rouges, fin de l'hiver à début du printemps. ***Fruit*** Ressemble à une noix, capsule brune de 8 mm de long.

• **ORIGINE** E. du Caucase, N. de l'Iran.

• **HABITAT** Forêts.

• **REMARQUE** Arbre de taille moyenne, ou grand arbuste.

Hauteur 20 m	Port Largement étalé	Feuilles Caduques	Type

Famille HAMAMÉLIDACÉES	Espèce *Parrotiopsis jacquemontiana*	Auteur (Decaisne) Rehder

PARROTIOPSIS JACQUEMONTIANA

Feuilles Arrondies, 7,5 cm de long, dentées, vert brillant, devenant lisses dessus, ou presque, velues dessous, pétioles courts. ***Écorce*** Grise, lisse. ***Fleurs*** Petites, sans pétales, nombreuses étamines à anthères jaunes, en inflorescences denses, chacune entourée par 6 bractées blanches au plus, parsemées de minuscules écailles brunes dessous, formant un ensemble de 5 cm de diamètre, milieu à fin du printemps. ***Fruit*** Petite capsule brune, épineuse, en groupe.

• **ORIGINE** O. de l'Himalaya.

• **HABITAT** Forêts.

• **REMARQUE** Cette plante ressemblant à un arbuste est la seule espèce de *Parrotiopsis*. Fleurs persistant généralement jusqu'au début ou au milieu de l'été.

Hauteur 6 m	Port Cône large	Feuilles Caduques	Type

LES HIPPOCASTANACÉES

FAMILLE COMPTANT 2 genres avec 15 espèces d'arbres et d'arbustes à feuillage caduc. Ils sont originaires d'Amérique du Nord et du centre, du S.-E. de l'Europe, et de l'E. de l'Asie. Feuilles opposées, composées-palmées ; et fleurs à 4 ou 5 pétales, en gros bouquets voyants au bout des rameaux.

Famille HIPPOCASTANACÉES	Espèce *Aesculus californica*	Auteur (Spach) Nuttall

AESCULUS CALIFORNICA

Feuilles Composées-palmées, 5 à 7 folioles oblongues dentées, jusqu'à 15 cm de long, bleu-vert foncé dessus, gris-vert dessous. ***Écorce*** Gris pâle, presque lisse, écailles fines. ***Fleurs*** Blanches ou rose pâle, 4 pétales, en panicules cylindriques denses, dressées, de 20 cm de long, été. ***Fruit*** Capsule lisse, piriforme, 7 cm de long, longuement pédonculé, contenant une graine brun brillant.
• **ORIGINE** États-Unis : Californie.
• **HABITAT** Pentes sèches et gorges de collines.

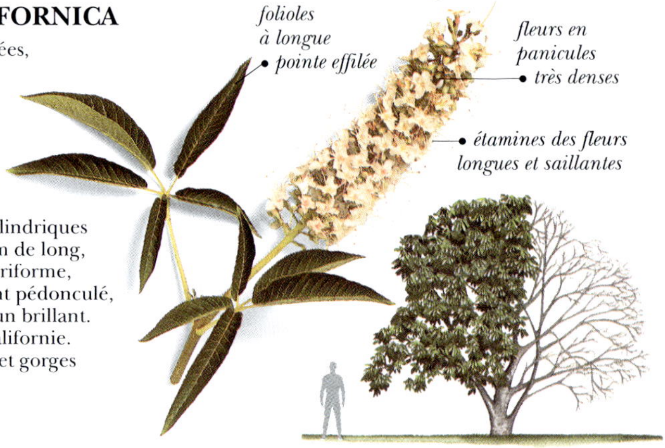

Hauteur 10 m	Port Largement étalé	Feuilles Caduques	Type

Famille HIPPOCASTANACÉES	Espèce *Aesculus × carnea*	Auteur Hayne

MARRONNIER À FLEURS ROUGES

Feuilles Composées-palmées, à long pétiole, 5 à 7 folioles obovales à dents aiguës, jusqu'à 25 cm de long, sessiles ou à court pétiolule, vert foncé. ***Écorce*** Brun rougeâtre. ***Fleurs*** Blanc crème taché de jaune devenant rose taché de rouge, 5 pétales, en panicules coniques, dressées ou légèrement étalées de 20 cm de long, fin du printemps. ***Fruit*** Capsule lisse ou légèrement épineuse, 4 cm de diamètre.
• **ORIGINE** Horticole.
• **REMARQUE** Hybride du marronnier commun (*A. hippocastaneum*, p. 179) et du pavier rouge (*A. paevia*, p. 181).

◁ **'BRIOTII'** Forme caractérisée par ses fleurs d'un rouge très vif.

Hauteur 20 m	Port Colonne large	Feuilles Caduques	Type

Famille HIPPOCASTANACÉES	Espèce *Aesculus flava*	Auteur Solander

MARRONNIER JAUNE

Feuilles Composées-palmées, généralement 5 folioles, jusqu'à 15 cm de long, à dents aiguës, à court pétiolule, vert foncé, devenant orange-rouge en automne. ***Écorce*** Gris-brun, se desquamant en larges écailles lisses. ***Fleurs*** Jaunes, 4 pétales, en panicules coniques dressées de 15 cm de long, fin du printemps à début d'été. ***Fruit*** Lisse, globuleux, 6 cm de diamètre, couvert d'écailles brunes, avec généralement 2 graines.

- **ORIGINE** E. des États-Unis.
- **HABITAT** Bois humides à sol fertile.
- **REMARQUE** Appelé aussi *Aesculus octandra*. Marronnier portant les plus belles couleurs d'automne.

Hauteur 20 m	Port Cône large	Feuilles Caduques	Type

Famille HIPPOCASTANACÉES	Espèce *Aesculus hippocastanum*	Auteur Linnaeus

MARRONNIER D'INDE

Feuilles Composées-palmées longuement pétiolées, 5 à 7 folioles, jusqu'à 25 cm de long, obovales, à dents aiguës, sessiles, vert foncé, généralement jaunes en automne. ***Écorce*** Rouge-brun ou grise, s'écaillant. ***Fleurs*** Jaune crème taché de jaune devenant blanches tachées de rouge, 5 pétales, en grandes panicules coniques dressées de 30 cm de long, fin du printemps. ***Fruit*** Globuleux, épineux, vert, avec jusqu'à 3 graines marron luisant.

- **ORIGINE** Albanie, N. de la Grèce.
- **HABITAT** Bois de montagne.
- **REMARQUE** La région d'origine de cette espèce est restée très longtemps inconnue, en raison de son introduction dans les jardins d'Europe par l'intermédiaire de spécimens cultivés en Turquie.

AESCULUS ▷ HIPPOCASTANUM

'BAUMANNII' △
Les doubles fleurs de cette forme n'évoluent pas en fruits.

Hauteur 30 m	Port Colonne large	Feuilles Caduques	Type

Famille HIPPOCASTANACÉES	Espèce *Aesculus indica*	Auteur (Cambessèdes) J.D. Hooker

AESCULUS INDICA

Feuilles Composées-palmées, généralement 7 mais parfois 5 folioles obovales à lancéolées, pétiolulées, finement dentées, jusqu'à 25 cm de long, bronze quand elles sont jeunes, devenant vert foncé brillant dessus, orange ou jaunes en automne. ***Écorce*** Grise, lisse. ***Fleurs*** Blanches à rose pâle tachées de jaune vif, les taches devenant rouges, étamines longues, saillantes, en panicules coniques dressées de 30 cm de long, mi-été. ***Fruit*** Piriforme, rugueux, brun, avec jusqu'à 3 graines, pédoncule robuste.

- **ORIGINE** N.-O. de l'Himalaya.
- **HABITAT** Forêts et ravins ombragés.
- **REMARQUE** Fleurs beaucoup plus tardives que celles du marronnier d'Inde (*A. hippocastaneum*, p. 179).

Hauteur 30 m	Port Colonne large	Feuilles Caduques	Type

Famille HIPPOCASTANACÉES	Espèce *Aesculus × neglecta*	Auteur Lindley

AESCULUS × NEGLECTA

Feuilles Composées-palmées, en général 5 folioles elliptiques, acuminées, finement dentées, pétiolulées, jusqu'à 20 cm de long et 9 cm de large, lisses avec des nervures poilues sur le dessus, finement velues dessous. ***Écorce*** Gris-brun, fissures peu profondes. ***Fleurs*** 2,5 cm de long, blanchâtres, en panicules coniques dressées, fin du printemps, début d'été. ***Fruit*** Globuleux, lisse, environ 4 cm de diamètre.
• **ORIGINE** S.-E. des États-Unis.
• **HABITAT** Surtout plaines côtières.
• **REMARQUE** Hybride du marronnier jaune (*A. flava*, p. 179) et d'*A. sylvatica*, surtout connu par le cultivar ' Erythroblastos '.

Hauteur 15 m	Port Colonne large	Feuilles Caduques	Type

Famille HIPPOCASTANACÉES	Espèce *Aesculus pavia*	Auteur Linnaeus

PAVIER ROUGE

Feuilles Composées-palmées, 5 folioles elliptiques à lancéolées, à dents aiguës, pétiolulées, les plus grandes de 15 cm de long, vert foncé brillant dessus, rouges en automne. ***Écorce*** Gris foncé et lisse. ***Fleurs*** Grêles, rouges, 4 cm de long, 4 pétales, en panicules dressées, début de l'été. ***Fruit*** Globuleux à légèrement allongé, lisse, brun, renfermant une ou deux graines brun luisant.
• **ORIGINE** S.-E. des États-Unis.
• **HABITAT** Bois humides à sol fertile et taillis.
• **REMARQUE** Cette espèce est l'un des parents de l'hybride appelé communément marronnier à fleurs rouges (*Aesculus × carnea*, p. 178), et lui donne la couleur de ses fleurs.

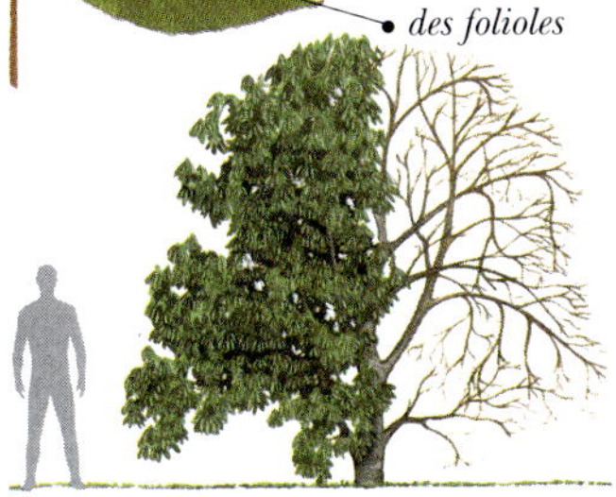

Hauteur 5 m	Port Largement étalé	Feuilles Caduques	Type

LES JUGLANDACÉES

CETTE FAMILLE COMPTE 7 genres avec 60 espèces qui poussent à l'état sauvage aux Amériques, et du sud-est de l'Europe au Japon et à l'Asie du Sud-Est. Les feuilles sont en général caduques, alternes et pennées. Petites fleurs sans pétales, groupées en chatons, mâles et femelles sur la même plante.
Le fruit est ou une grosse noix, ou bien petit et ailé.

Famille JUGLANDACÉES	Espèce *Carya cordiformis*	Auteur (Wangenheim) K. Koch

NOYER AMER

Feuilles Pennées, en général 5 à 9 folioles à dents aiguës, de 15 cm de long, vert foncé dessus, jaune d'or en automne ; bourgeons d'hiver à écailles jaune vif. ***Écorce*** Grise, lisse, devenant épaisse, cannelée et striée. ***Fleurs*** Petites, sans pétales, en chatons, mâles groupés par 3, pendants, de 7,5 cm de long, femelles insignifiantes, séparément sur la même plante, fin du printemps à début d'été. ***Fruit*** Noix grise à coque mince, amère, non comestible, dans un brou vert de 4 cm de long, avec 4 valves.
• **ORIGINE** E. de l'Amérique du Nord.
• **HABITAT** Forêts caducifoliées, marais et bord de rivières.

Hauteur 30 m	Port Colonne large	Feuilles Caduques	Type

Famille JUGLANDACÉES	Espèce *Carya illinoensis*	Auteur (Wangenheim) K. Koch

PACANIER

Feuilles Pennées, 9 à 17 folioles, de 15 cm de long, fines, acuminées, pointe recourbée vers l'arrière, dentées, vert foncé. ***Écorce*** Grise, épaisse, cannelée et striée. ***Fleurs*** Petites, sans pétales, en chatons, mâles groupés par 3, pendants, de 7,5 cm de long, femelles insignifiantes, séparément sur la même plante, fin du printemps à début d'été. ***Fruit*** Noix rouge-brun à coque mince, sucrée, comestible, dans un brou vert de 6 cm de long, avec 4 valves.
• **ORIGINE** S. des États-Unis.
• **HABITAT** Forêts humides et vallées.
• **REMARQUE** Les noix ont une grande valeur commerciale.

Hauteur 30 m	Port Colonne large	Feuilles Caduques	Type

Famille JUGLANDACÉES	Espèce *Carya ovata*	Auteur (Miller) K. Koch

NOYER BLANC D'AMÉRIQUE

Feuilles Pennées, en général 5 folioles acuminées, de 20 cm de long, dentées sauf à la base, jaune-vert foncé dessus, jaune d'or et brunes à l'automne ; bourgeons d'hiver à écailles foncées qui s'étalent au sommet. ***Écorce*** Grise à brune, pelant par longues lanières verticales en vieillissant. ***Fleurs*** Petites, sans pétales, en chatons, mâles groupés par 3, pendants, de 13 cm de long, femelles insignifiantes, séparément sur la même plante, fin du printemps à début d'été. ***Fruit*** Noix blanchâtre à coque épaisse, sucrée, comestible, dans un brou vert de 6 cm de long, avec 4 rainures.

• **ORIGINE** E. de l'Amérique du Nord.

• **HABITAT** Bois sur sols fertiles et vallées.

Hauteur 30 m	Port Colonne large	Feuilles Caduques	Type

Famille JUGLANDACÉES	Espèce *Juglans ailantifolia*	Auteur Carrière

JUGLANS AILANTIFOLIA

Feuilles Pennées, très grandes, 11 à 17 folioles à pointe courte, dentées, de 15 cm de long, vert foncé dessus, velues des 2 côtés, surtout dessous, sur de robustes rameaux velus, collants. ***Écorce*** Gris-brun, se fissurant en petites plaques avec l'âge. ***Fleurs*** Petites, sans pétales, en chatons, mâles verdâtres, de 30 cm de long, pendants sur les vieux rameaux, femelles de 10 cm de long, stigmates rouges, à l'extrémité des jeunes rameaux, séparément sur la même plante, fin du printemps à début d'été. ***Fruit*** Noix brune aux pores peu profonds, dans un brou collant, vert, de 5 cm de long, en groupes de 20.

• **ORIGINE** Japon.

• **HABITAT** Zones humides et bords de rivière.

• **REMARQUE** Le brou du fruit est toxique. Au Japon, on l'utilise traditionnellement pour appâter les poissons. On mange aussi les noix, et le bois est utilisé en dorure parmi d'autres usages.

Hauteur 25 m	Port Largement étalé	Feuilles Caduques	Type

Famille JUGLANDACÉES	Espèce *Juglans cinerea*	Auteur Linnaeus

NOYER CENDRÉ

Feuilles Pennées, 7 à 17 folioles pointues, dentées, de 13 cm de long, seule la terminale à pétiolule, vert foncé dessus, velues des 2 côtés, surtout dessous. ***Écorce*** Grise, cannelée, striée. ***Fleurs*** Petites, sans pétales, en chatons, mâles verdâtres, de 10 cm de long, pendants, femelles courts, séparément sur la même plante, fin du printemps à début d'été. ***Fruit*** Noix oblongue, rugueuse, sucrée, comestible, huileuse, dans un brou pointu, collant, vert, de 6 cm de long, par groupes de 5 au plus.

• **ORIGINE** E. de l'Amérique du Nord.

• **HABITAT** Bois sur sols fertiles ou humides, vallées ou pentes.

Hauteur 25 m	Port Largement étalé	Feuilles Caduques	Type

Famille JUGLANDACÉES	Espèce *Juglans nigra*	Auteur Linnaeus

NOYER NOIR

Feuilles Pennées, 11 à 17 folioles ou plus, fines, acuminées, à dents aiguës, de 12 cm de long, vert foncé brillant dessus, velues au moins dessous, aromatiques. ***Écorce*** Gris-brun foncé à noirâtre, crêtes rugueuses, étroites. ***Fleurs*** Petites, sans pétales, en chatons, mâles jaune-vert, de 10 cm de long, pendants, femelles courts, séparément sur la même plante, fin du printemps à début d'été. ***Fruit*** Noix brune globuleuse, comestible, dans un brou vert de 5 cm de long, solitaire ou par paires.

• **ORIGINE** C. et E. des États-Unis.

• **HABITAT** Bois sur sol fertile.

• **REMARQUE** Le bois et les noix ont une valeur commerciale.

Hauteur 30 m	Port Largement étalé	Feuilles Caduques	Type

Famille JUGLANDACÉES	Espèce *Juglans regia*	Auteur Linnaeus

NOYER COMMUN

Feuilles Pennées, 5 à 9 folioles à pointe courte, de 15 cm de long, la terminale étant la plus grande, d'abord bronze, devenant vert foncé, lisses, aromatiques quand on les froisse. ***Écorce*** Gris pâle, lisse, fissures sur les sujets âgés. ***Fleurs*** Petites, sans pétales, en chatons, mâles jaune-vert, de 10 cm de long, pendants, femelles courts, séparément sur la même plante, fin du printemps à début d'été. ***Fruit*** Noix comestible, blanc crème devenant brune, dans un brou vert de 5 cm de long.

• **ORIGINE** De la Chine au S.-E. de l'Europe.

• **HABITAT** Vallées et bord de rivières.

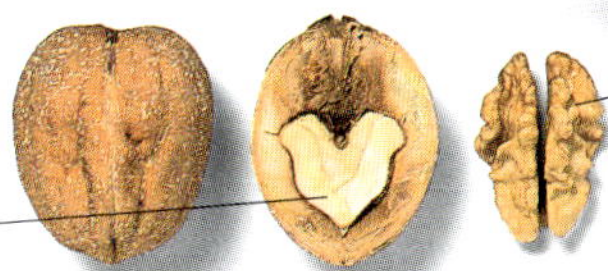

Hauteur 30 m	Port Largement étalé	Feuilles Caduques	Type

Famille JUGLANDACÉES	Espèce *Platycarya strobilacea*	Auteur Siebold & Zuccarini

PLATYCARYA STROBILACEA

Feuilles Pennées, jusqu'à 15 folioles acuminées, à dents aiguës, sessiles, de 10 cm de long et 3 cm de large, velues devenant lisses des 2 côtés, jaunes en automne. ***Écorce*** Jaune-brun, fissures verticales. ***Fleurs*** Petites, sans pétales, en chatons dressés, mâles de 10 cm de long, groupés autour d'un seul chaton femelle vert, séparément sur la même plante, été. ***Fruit*** En « cône », brun, dressé, 4 cm de long, persistant quelque temps.

• **ORIGINE** E. de l'Asie.

• **HABITAT** Forêts en zones sèches et ensoleillées.

• **REMARQUE** Espèce peu courante proche des *Pterocarya* (pp. 186-187), se reconnaissant facilement à ses groupes de fruits en cône.

Hauteur 15 m	Port Largement étalé	Feuilles Caduques	Type

Famille JUGLANDACÉES	Espèce *Pterocarya fraxinifolia*	Auteur (Lamarck) Spach

PTÉROCARYA DU CAUCASE

Feuilles Pennées, 11 à 23 folioles ou plus, dentées, sessiles, de 15 cm de long et 4 cm de large, vert foncé luisant et lisses dessus, jaunes en automne, sur des rachis non ailés ; bourgeons foliaires couverts de poils bruns pendant l'hiver. ***Écorce*** Gris blanchâtre, lisse, devient cannelée avec l'âge. ***Fleurs*** Petites, sans pétales, en chatons pendants verts, mâles massifs de 12 cm de long, femelles grêles de 15 cm de long, à stigmates roses visibles, séparément sur la même plante, printemps ; les chatons femelles s'allongent alors que les fruits mûrissent. ***Fruit*** Petite noix entourée de 2 ailes vertes semi-circulaires, en chatons grêles, pendants, de 50 cm de long.
• **ORIGINE** E. du Caucase, N. de l'Iran.
• **HABITAT** Bois, bords de rivière, zones marécageuses.

Hauteur 30 m	Port Largement étalé	Feuilles Caduques	Type

Famille JUGLANDACÉES	Espèce *Pterocarya × rehderiana*	Auteur Schneider

PTEROCARYA × REHDERIANA

Feuilles Pennées, 11 à 21 folioles dentées, sessiles, de 12 cm de long, vert foncé luisant et lisses dessus, jaunes en automne, rachis avec de petites ailes dressées non dentées. ***Écorce*** Brun-pourpre, craquelée en stries diagonales entrelacées ; orange pâle dans les fissures. ***Fleurs*** Petites, sans pétales, en chatons pendants verts, mâles de 12 cm de long, femelles plus longs, séparément sur la même plante, printemps. ***Fruit*** Petite noix avec 2 ailes vertes allongées, en chatons grêles pendants, de 45 cm de long.
• **ORIGINE** Horticole.
• **REMARQUE** Hybride du ptérocarya du Caucase (*P. fraxinifolia*, ci-dessus), et de *P. stenoptera* (p. 187), obtenu à l'Arnold Arboretum de l'Université de Havard, Boston, États-Unis.

Hauteur 25 m	Port Largement étalé	Feuilles Caduques	Type

Famille JUGLANDACÉES	Espèce *Pterocarya rhoifolia*	Auteur Siebold & Zuccarini

PTEROCARYA RHOIFOLIA

Feuilles Pennées, 11 à 21 folioles acuminées, dentées, sessiles, de 12 cm de long, vert brillant dessus, jaunes en automne, sur des rachis non ailés ; bourgeons foliaires couverts d'écailles en hiver. ***Écorce*** Gris foncé, se fissure verticalement en vieillissant. ***Fleurs*** Petites, sans pétales, en chatons pendants verts, mâles de 7,5 cm de long, à la base des jeunes rameaux, femelles à l'extrémité, séparément sur la même plante, printemps. ***Fruit*** Petite noix, ailes vertes, groupés en chatons grêles, pendants, de 30 cm de long.

• **ORIGINE** Japon.

• **HABITAT** Près des torrents de montagne.

• **REMARQUE** En hiver, se reconnaît facilement à ses bourgeons foliaires écailleux.

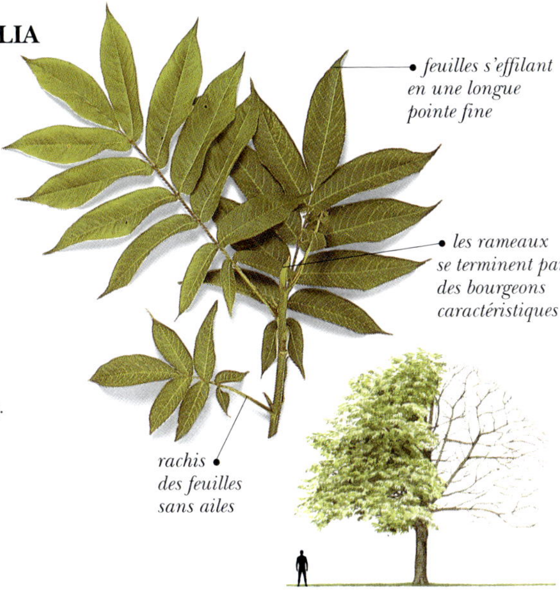

Hauteur 25 m	Port Largement étalé	Feuilles Caduques	Type

Famille JUGLANDACÉES	Espèce *Pterocarya stenoptera*	Auteur C. de Candolle

PTEROCARYA STENOPTERA

Feuilles Pennées, 11 à 21 folioles, dentées, sessiles, vert vif et lisses dessus, jaunes en automne, sur des rachis à ailes étroites, souvent dentées. ***Écorce*** Gris-brun, fissures profondes. ***Fleurs*** Petites, sans pétales, en chatons pendants verts, mâles de 6 cm de long, femelles plus longs, sur la même plante, printemps. ***Fruit*** Petite noix à 2 ailes étroites, groupés en chatons grêles, pendants, de 30 cm de long.

• **ORIGINE** Chine.

• **HABITAT** Bois humides et bords de rivière.

• **REMARQUE** Se reconnaît facilement aux ailes du rachis qui forment un angle caractéristique.

Hauteur 25 m	Port Largement étalé	Feuilles Caduques	Type

LES LAURACÉES

FAMILLE TRÈS ÉTENDUE, comptant environ 40 genres et plus de 2 000 espèces ; la plupart poussent à l'état sauvage en zone tropicale en Amérique du Sud et dans le Sud-Est asiatique.

Arbres et arbustes à feuilles persistantes ou non, souvent aromatiques, non dentées, opposées ou alternes. Les pétales et les sépales des fleurs sont disposés par 3. Fruit charnu.

Famille LAURACÉES	Espèce *Laurus nobilis*	Auteur Linnaeus

LAURIER-SAUCE

Feuilles Elliptiques à ovales, 10 cm de long et 4 cm de large, pointues, bord ondulé, vert foncé brillant dessus, plus pâles dessous, lisses, coriaces, aromatiques quand on les froisse.
Écorce Gris foncé, lisse.
Fleurs Environ 1 cm de diamètre, jaune-vert, mâles avec de nombreuses étamines jaunes, en groupes à l'aisselle des feuilles, sur plantes séparées, printemps. ***Fruit*** Petite baie globuleuse, environ 1 cm de long, verte, noire à maturité.
• **ORIGINE** Bassin méditerranéen.
• **HABITAT** Forêts d'espèces à feuillage persistant, taillis et zones rocheuses.
• **REMARQUE** Appelé aussi laurier noble. Cette espèce et son parent, le laurier des Canaries (*L. azorica*), sont les seuls membres originaires d'Europe de cette famille.

Hauteur 15 m	Port Cône large	Feuilles Persistantes	Type

Famille LAURACÉES	Espèce *Sassafras albidum*	Auteur (Nuttall) Nees

SASSAFRAS ALBIDUM

Feuilles Elliptiques à ovales, 15 cm ou plus de long et 10 cm de large, non dentées, avec parfois un lobe d'un côté ou des 2, vert vif dessus, bleu-vert et lisses dessous, jaunes à orange ou pourpres en automne, aromatiques. ***Écorce*** Rouge-brun, épaisse, cannelée, aromatique. ***Fleurs*** Mâles et femelles très petites, jaunes ou jaune verdâtre, sans pétales, en petits bouquets ou en grappes courtes, sur plantes séparées, printemps. ***Fruit*** Drupe ovoïde, bleu intense, 1 cm de long.
- **ORIGINE** E. de l'Amérique du Nord.
- **HABITAT** Bois et taillis.
- **REMARQUE** Appelé aussi *S. officinale.* Dans leur forme générale, les feuilles ressemblent à celle du figuier (*Ficus carica*, p. 219). L'écorce et les feuilles sont utilisées pour faire des décoctions.

SASSAFRAS ALBIDUM ▷

VAR. MOLLE ▷
Forme dont les jeunes rameaux et les feuilles sont nettement pubescents.

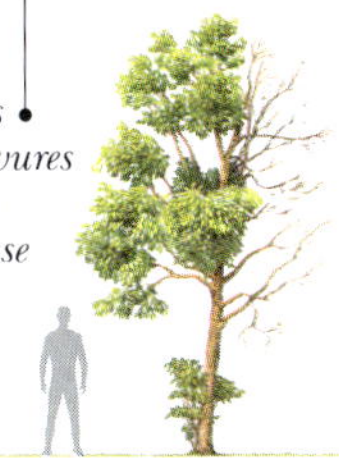

Hauteur 20 m	Port Caduques	Feuilles Caduques	Type

Famille LAURACÉES	Espèce *Umbellularia californica*	Auteur (W. J. Hooker & Arnott) Nuttall

LAURIER DE CALIFORNIE

Feuilles Elliptiques à oblongues, 10 cm de long et 2,5 cm de large, non dentées, vert vif ou jaune-vert foncé. ***Écorce*** Gris foncé, se craquelle en plaques rectangulaires en vieillissant. ***Fleurs*** 1 cm de diamètre, sans pétales, 6 sépales jaune-vert, groupées par 10 à l'aisselle des feuilles, fin de l'hiver à printemps. ***Fruit*** Globuleux à ovoïde, environ 2,5 cm de long, vert au début, pourpre profond à maturité.
- **ORIGINE** États-Unis : S.-O. de l'Orégon, Californie.
- **HABITAT** Forêts d'espèces à feuillage persistant et broussailles dans les gorges et les vallées.
- **REMARQUE** Forme un grand arbre dans les zones humides et abritées, mais peut se réduire à un petit arbuste en conditions sèches et exposées. Les feuilles froissées dégagent une odeur âcre et toxique pouvant causer des nausées et des maux de tête.

Hauteur 30 m (15 m)	Port Largement étalé	Feuilles Persistantes	Type

LES LÉGUMINEUSES

LES LÉGUMINEUSES COMPTENT environ 700 genres et 15 000 espèces d'arbres, d'arbustes et de plantes herbacées réparties dans le monde entier.

Feuilles souvent composées, fréquemment pennées ou à trois folioles. Dans les régions tempérées fraîches, les fleurs sont papilionacées. Le fruit, en général une gousse, libère les graines en se fendant ou en se fragmentant.

Famille LÉGUMINEUSES	Espèce *Acacia dealbata*	Auteur Link

MIMOSA

Feuilles Bipennées, 12 cm de long, nombreuses folioles linéaires de 5 mm de long, non dentées, bleu-vert et finement velues. ***Écorce*** Lisse et verte ou bleu-vert, devenant presque noire avec l'âge. ***Fleurs*** Très petites, pétales jaune vif, nombreuses étamines apparentes, odorantes, en glomérules groupés en grandes inflorescences, fin d'hiver à début printemps. ***Fruit*** Gousse aplatie de 7,5 cm de long, verte, devenant bleu-blanc, brune à maturité.

• **ORIGINE** S.-E. de l'Australie, Tasmanie.

• **HABITAT** Surtout ruisseaux de montagne et bords de rivière.

Hauteur 20 m	Port Cône large	Feuilles Persistantes	Type

ACACIA FALCIFORMIS ▷
Espèce du sud-est de l'Australie. Feuilles non divisées. Au printemps, des petits glomérules de fleurs jaunes apparaissent associés en grandes inflorescences.

◁ **ACACIA GLAUCOPTERA**
Les feuilles de cette espèce de l'ouest de l'Australie sont disposées sur un seul plan, formant une « aile » bleu-vert.

◁ **ACACIA MEARNSII**
Espèce communément appelée mimosa vert, qui pousse à l'état sauvage dans l'est et le sud de l'Australie.

ACACIA MELANOXYLON ▷
Toutes les espèces d'acacia à feuilles d'habitude non divisées ont une descendance à feuilles d'abord composées, qui laissent la place au feuillage adulte quand la plante vieillit. Les feuilles intermédiaires de cette espèce d'*Acacia* illustrent la transition entre les 2 types de feuillage.

Famille LÉGUMINEUSES	Espèce *Albizia julibrissin*	Auteur (Willdenow) Durazzini

ARBRE DE SOIE

Feuilles Bipennées, 50 cm de long, nombreuses petites folioles acuminées, non dentées, environ 1 cm de long, vert foncé et lisses des 2 côtés. ***Écorce*** Brun foncé, lisse. ***Fleurs*** Petites, attirant l'œil par leurs nombreuses et longues étamines roses, en groupes denses, duveteux, s'ouvrant de la fin de l'été au début de l'automne. ***Fruit*** Gousse, 15 cm de long.
• **ORIGINE** De l'Iran à la Chine centrale et au Japon.
• **HABITAT** Bois et bords de rivière.
• **REMARQUE** Appelé aussi acacia de Constantinople.

Hauteur 12 m	Port Largement étalé	Feuilles Caduques	Type

Famille LÉGUMINEUSES	Espèce *Cercis canadensis*	Auteur Linnaeus

CERCIS CANADENSIS

Feuilles Arrondies, 10 cm de long et 12 cm de large, cordées, non dentées, bronze devenant vert vif et lisses dessus, lisses ou velues dessous, parfois jaunes en automne. ***Écorce*** Gris-brun foncé à noire. ***Fleurs*** Papilionacées, 1 cm de long, roses, en groupes le long des vieux rameaux, souvent sur les branches principales et le tronc, printemps à début d'été, avant et pendant l'émergence des feuilles. ***Fruit*** Gousse aplatie de 7,5 cm de long, verte, devenant rose, brune à maturité.
• **ORIGINE** Amérique du Nord.
• **HABITAT** Bois humides.

CERCIS CANADENSIS

les feuilles ne verdissent pas

◁ **'FOREST PANSY'** Forme sélectionnée pour son somptueux feuillage rouge violet.

Hauteur 10 m	Port Largement étalé	Feuilles Caduques	Type

Famille LÉGUMINEUSES	Espèce *Cercis racemosa*	Auteur Oliver

CERCIS RACEMOSA

Feuilles Arrondies, 13 cm de long et 10 cm de large, arrondies à la base, vert foncé dessus, velues dessous. ***Écorce*** Gris pâle, s'exfolie en vieillissant. ***Fleurs*** Papilionacées, 1 cm de long, rose pâle, en grappes sur les vieux rameaux, de mi- à fin printemps ou début d'été. ***Fruit*** Gousse aplatie de 10 cm de long, verte, se nuançant de rose, brune à maturité.

- **ORIGINE** Chine.
- **HABITAT** Bois et bords de rivière en montagne.
- **REMARQUE** Plante rarement observée, caractérisée par ses fleurs en grappes.

Hauteur 10 m	Port Colonne large	Feuilles Caduques	Type

Famille LÉGUMINEUSES	Espèce *Cercis siliquastrum*	Auteur Linnaeus

ARBRE DE JUDÉE

Feuilles Arrondies, 10 cm de long et 12 cm de large, profondément cordées, non dentées, d'abord bronze, devenant bleu-vert foncé dessus, lisses. ***Écorce*** Gris-brun, se craquelle en petites plaques rectangulaires et carrées. ***Fleurs*** Papilionacées, 2 cm de long, roses, en groupes le long des vieux rameaux, et souvent sur les branches principales et le tronc, fin du printemps à début d'été, avant et avec les feuilles. ***Fruit*** Gousse aplatie de 10 cm de long, verte, devenant rose, brune à maturité, persistant souvent après la chute des feuilles.

- **ORIGINE** O. de l'Asie, S.-O. de l'Europe.
- **HABITAT** Zones sèches, rocheuses.

CERCIS SILIQUASTRUM

◁ **'BODNANT'** Forme obtenue au National Trust Garden, Bodnant, G.-B.

Hauteur 10 m	Port Largement étalé	Feuilles Caduques	Type

Famille LÉGUMINEUSES	Espèce *Cladrastis lutea*	Auteur K. Koch

VIRGILIER À BOIS JAUNE

Feuilles Pennées, 7 à 11 folioles non dentées, elliptiques à ovales, de 10 cm de long, vert vif dessus, lisses des 2 côtés, jaune vif en automne, base du pétiole bulbeuse recouvrant le bourgeon. ***Écorce*** Grise, lisse, souvent ridée horizontalement. ***Fleurs*** Papilionacées, 3 cm de long, blanches, légèrement odorantes, en grappes pendantes de 45 cm de long à l'extrémité des rameaux, début d'été. ***Fruit*** Gousse brune aplatie de 10 cm de long.
• **ORIGINE** S.-E. des États-Unis.
• **HABITAT** Bois sur sol fertile et escarpements rocheux.
• **REMARQUE** Espèce rare à l'état sauvage ; sa distribution se restreint à quelques États des États-Unis. Le bois produit un colorant jaune.

Hauteur 15 m	Port Largement étalé	Feuilles Caduques	Type

Famille LÉGUMINEUSES	Espèce *Genista aetnensis*	Auteur (Bivona) Candolle

GENÊT DE L'ETNA

Feuilles Linéaires, petites, 1 cm de long, disséminées sur des rameaux élancés vert vif ; généralement absentes sur les plantes adultes à l'époque de la floraison. ***Écorce*** Gris-brun, fissures profondes à la base. ***Fleurs*** Papilionacées, 1,5 cm de long, jaune d'or vif, odorantes, très nombreuses, solitaires le long des nouvelles pousses, milieu à fin de l'été. ***Fruit*** Petite gousse brun noirâtre, environ 1 cm de long, se terminant par une courte pointe fine, contenant 2 ou 3 graines.
• **ORIGINE** Sardaigne, Sicile.
• **HABITAT** Pentes rocheuses.
• **REMARQUE** Petit arbre ou grand arbuste. À l'état sauvage, on le trouve surtout sur les pentes de l'Etna, en Sicile, où il pousse sur la lave volcanique ancienne. Ses rameaux, ressemblant à du jonc, remplacent souvent les feuilles pour la photosynthèse, s'adaptant ainsi aux conditions très sèches de l'habitat.

Hauteur 10 m (4 m)	Port Largement étalé	Feuilles Caduques	Type

Famille LÉGUMINEUSES	Espèce *Gleditsia triacanthos*	Auteur Linnaeus

FÉVIER D'AMÉRIQUE

Feuilles Les premières, sur le vieux bois, pennées ; les plus tardives, sur les nouvelles pousses, en général bipennées, avec de nombreuses petites folioles, de 4 cm de long, finement dentées, vert vif devenant jaunes en automne ; rameaux d'habitude épineux. ***Écorce*** Gris foncé, squameuse, groupes d'épines ramifiées. ***Fleurs*** Mâles et femelles petites, jaune-vert, sur les vieux rameaux, en petites grappes séparées, cylindriques, la plupart dressées, de 5 cm de long, sur la même plante, début d'été. ***Fruit*** Grande gousse pendante, souvent tordue, de 45 cm de long.

• **ORIGINE** Amérique du Nord.

• **HABITAT** Bois humides sur sol fertile.

• **REMARQUE** Les fruits ont une chair sucrée comestible.

'SUNBURST' ▷
Le feuillage de cette forme passe du jaune d'or au vert foncé à maturité.

Hauteur 30 m	Port Largement étalé	Feuilles Caduques	Type

Famille LÉGUMINEUSES	Espèce *Gymnocladus dioica*	Auteur (Linnaeus) K. Koch

CHICOT DU CANADA

Feuilles Bipennées, 1 m de long, nombreuses folioles ovales de 7,5 cm de long, non dentées, rose devenant vert foncé dessus, bleutées dessous, lisses des 2 côtés, sur des rameaux robustes. ***Écorce*** Brun foncé, rugueuse, à crêtes écailleuses. ***Fleurs*** Blanchâtres, odorantes, 2,5 cm de diamètre, en inflorescences coniques, mâles de 10 cm de long, femelles de 30 cm de long, en général sur plantes séparées, fin du printemps à début d'été. ***Fruit*** Grande gousse coriace, rouge-brun, pendante, 25 cm de long, persistant quelque temps.

• **ORIGINE** C. et E. des États-Unis.

• **HABITAT** Bois humides.

Hauteur 25 m	Port Colonne large	Feuilles Caduques	Type

Famille LÉGUMINEUSES	Espèce *+ Laburnocytisus adamii*	Auteur (Poiteau) Schneider

+ LABURNOCYTISUS ADAMII

Feuilles Variables, 3 folioles, ressemblant à celles d'un des parents, ou intermédiaires entre les 2 parents. ***Écorce*** Gris foncé, lisse, avec l'âge fissures peu profondes. ***Fleurs*** Papilionacées, de 3 types, jaunes comme celles de l'aubour ou pourpre comme celles du genêt, ou bien intermédiaires entre les deux parents, rose-pourpre pâle taché de jaune, en courtes grappes pendantes de 15 cm de long, fin du printemps à début d'été. ***Fruit*** Gousse brune de 7,5 cm de long, pendant par groupes, graines noires, produites par les fleurs jaunes.

• **ORIGINE** Horticole.

• **REMARQUE** Chimère ou hybride de greffage entre l'aubour (*Laburnum anagyroides*, p. 197), et le genêt pourpre (*Cytisus purpureus*). Un hybride de greffage n'est pas un véritable hybride, car il contient un mélange des tissus de deux parents génétiquement différents. Toutes les parties de cet arbre sont toxiques.

feuilles intermédiaires vert foncé dessus, plus pâles dessous

fleurs intermédiaires sur la plupart des branches

△ + **LABURNOCYTISUS ADAMII**

les feuilles d'aubour sont gris-vert terne

fleurs jaunes d'aubour en grappes pendantes

◁ **LABURNUM ANAGYROIDES** L'aubour (*Laburnum anagyroides*) constitue le centre de l'arbre.

grappes denses de fleurs de genêt pourpre sur quelques branches

les feuilles de genêt pourpre ont des folioles minuscules

△ **CYTISUS PURPUREUS** La partie externe de l'arbre est constituée par le genêt pourpre.

Hauteur 6 m	Port Largement étalé	Feuilles Caduques	Type

Famille LÉGUMINEUSES	Espèce *Laburnum alpinum*	Auteur (Miller) Berchtold & Presl

CYTISE DES ALPES

Feuilles À 3 folioles elliptiques, de 10 cm de long, légèrement pointues, vert foncé brillant dessus, lisses, luisantes et presque glabres dessous au stade juvénile. ***Écorce*** Gris foncé, lisse, avec l'âge fissures peu profondes. ***Fleurs*** Papilionacées, 2 cm de long, jaune d'or vif, odorantes, en grappes élancées, pendantes, de 45 cm de long, début d'été. ***Fruit*** Gousse brune, glabre, de 7,5 cm de long, suture supérieure aplatie en une aile étroite, contenant des graines brunes.

• **ORIGINE** C. et S. de l'Europe, des Alpes à la Tchécoslovaquie et aux Balkans.

• **HABITAT** Montagnes.

• **REMARQUE** Ce cytise, dont la floraison est la plus tardive, peut être un petit arbre ou un arbuste. Ses grappes de fleurs très longues et délicates constituent un trait caractéristique de l'espèce. Toutes les parties de la plante sont toxiques si on les consomme, surtout les graines.

Hauteur 6 m	Port Largement étalé	Feuilles Caduques	Type

Famille LÉGUMINEUSES	Espèce *Laburnum anagyroides*	Auteur Medikus

AUBOUR

Feuilles À 3 folioles elliptiques, de 9 cm de long, extrémité arrondie, vert foncé terne dessus, gris-vert dessous et à duvet soyeux au stade juvénile. ***Écorce*** Gris foncé, lisse, avec l'âge fissures peu profondes. ***Fleurs*** Papilionacées, 2,5 cm de long, jaune d'or, groupées en grappes pendantes denses de 25 cm de long, fin du printemps à début d'été. ***Fruit*** Gousse brune, légèrement arrondie, velue, de 7,5 cm de long, suture supérieure s'épaississant, pendant par groupes, graines noires.

• **ORIGINE** C. et S. de l'Europe.

• **HABITAT** Zones montagneuses, bois et taillis.

• **REMARQUE** Toutes les parties de la plante contiennent un alcaloïde dangereux et sont toxiques si on les consomme. Les graines immatures ressemblent à de petits pois verts.

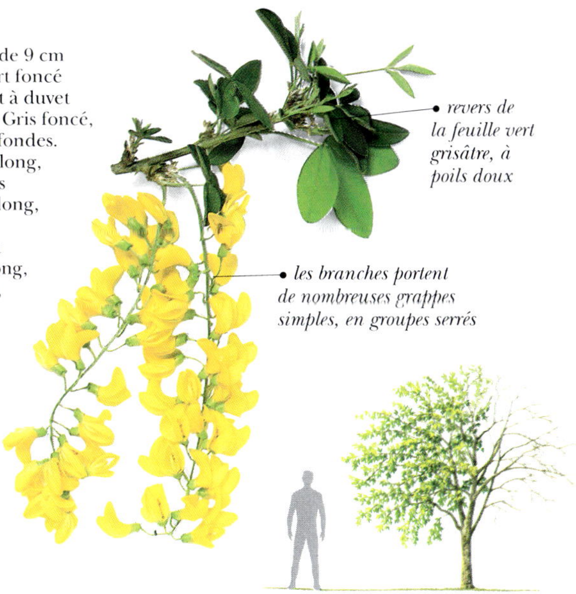

Hauteur 7 m	Port Largement étalé	Feuilles Caduques	Type

Famille LÉGUMINEUSES	Espèce *Laburnum × watereri*	Auteur (Wettstein) Dippel

LABURNUM × WATERERI

Feuilles À 3 folioles elliptiques, de 7,5 cm de long, vert foncé dessus, velues mais vertes dessous au stade juvénile. ***Écorce*** Gris foncé, lisse, avec l'âge fissures peu profondes. ***Fleurs*** Papilionacées, 2,5 cm de long, jaune d'or, en grappes denses, pendantes, de 30 cm de long, fin du printemps à début d'été. ***Fruit*** Gousse brune, de 6 cm de long, peu de graines, production souvent peu abondante.

• **ORIGINE** Autriche, Suisse.

• **HABITAT** Montagnes, avec les parents.

• **REMARQUE** Hybride du cytise des Alpes (*L. alpinum*, p. 197) et de l'aubour (*L. anagyroides*, p. 197). Associe les longues grappes du premier aux grandes fleurs du second. La forme présentée, 'Vossii', est la plus connue. Elle porte ses fleurs en très longues grappes de 50 cm ou plus.

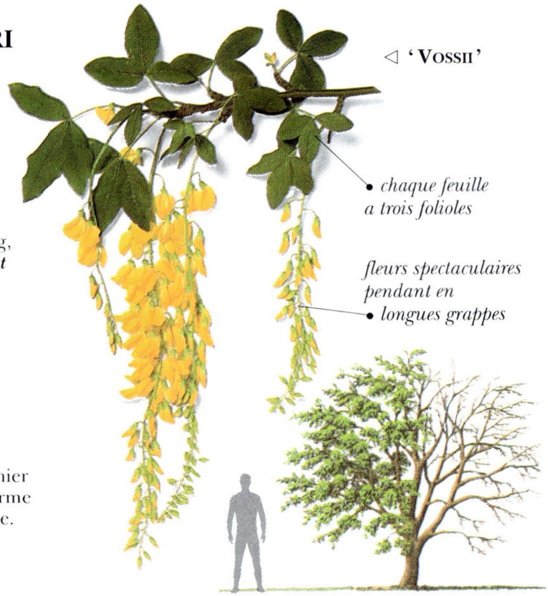

Hauteur 7 m	Port Largement étalé	Feuilles Caduques	Type

Famille LÉGUMINEUSES	Espèce *Maackia chinensis*	Auteur Takeda

MAACKIA CHINENSIS

Feuilles Pennées, de 20 cm de long, 9 à 13 folioles elliptiques à ovales, non dentées et à pétiolule court, de 6 cm de long et 2 cm de large, bleu-gris argenté au stade juvénile, devenant vertes dessus, pubescentes dessous. ***Écorce*** Gris-brun, à lenticelles bien visibles. ***Fleurs*** Papilionacées, 1 cm de long, blanches, en grappes denses, dressées, groupées au bout des rameaux, milieu à fin d'été. ***Fruit*** Petite gousse, environ 5 cm de long.

• **ORIGINE** S.-O. de la Chine.

• **HABITAT** Bois et broussailles en altitude.

• **REMARQUE** Genre apparenté à *Cladrastis* (p. 194), mais qui en diffère par ses fleurs, en grappes dressées plutôt que pendantes.

Hauteur 15 m	Port Largement étalé	Feuilles Caduques	Type

Famille LÉGUMINEUSES	Espèce *Robinia × holdtii*	Auteur Beissner

ROBINIA × HOLDTII

Feuilles Pennées, 45 cm de long, jusqu'à 21 folioles oblongues de 5 cm de long et 2,5 cm de large, souvent échancrées et à pointe très fine au sommet, vert foncé dessus, gris-vert dessous, finement velues des 2 côtés. ***Écorce*** Gris-brun, profondément cannelée, crêtes squameuses. ***Fleurs*** Papilionacées, 2 cm de long, blanc taché de rose pourpré, parfum atténué, en grappes pendantes, sur une longue période estivale. ***Fruit*** Gousse rouge, légèrement collante, poilue, environ 6 cm de long.

• **ORIGINE** Horticole.

• **REMARQUE** Cet arbre vigoureux est un hybride de *Robinia luxuriansi*, à fleurs roses, souvent arbustif, et du robinier faux acacia (*R. pseudoacacia*, ci-dessous). Son apparence et son port ressemblent plus à ceux de son parent *R. pseudoacacia*, dont il diffère par la couleur de ses fleurs.

Hauteur 20 m	Port Colonne large	Feuilles Caduques	Type

Famille LÉGUMINEUSES	Espèce *Robinia pseudoacacia*	Auteur Linnaeus

ROBINIER FAUX-ACACIA

△ **ROBINIA PSEUDOACACIA**

△ **'FRISIA'**
Forme plus petite, moins vigoureuse. Son feuillage est jaune d'or du printemps au début de l'automne.

Feuilles Pennées, 30 cm de long, 11 à 21 folioles elliptiques à ovales, non dentées, de 5 cm de long, souvent échancrées et mucronées à l'apex, dessus bleu-vert, dessous gris-vert et finement velues devenant lisses, rameau portant souvent 2 épines à la base de chaque feuille. ***Écorce*** Gris-brun, profondément cannelée, crêtes écailleuses. ***Fleurs*** Papilionacées, 2 cm de long, blanches avec une tache jaune-vert, odorantes, en grappes pendantes denses, de 20 cm de long, début à milieu d'été. ***Fruit*** Gousse lisse, brun foncé, pendante, 10 cm de long.

• **ORIGINE** S.-E. des États-Unis.

• **HABITAT** Bois et taillis.

• **REMARQUE** Largement cultivé et acclimaté en Amérique du Nord.

Hauteur 25 m	Port Colonne large	Feuilles Caduques	Type

Famille LÉGUMINEUSES	Espèce *Sophora japonica*	Auteur Linnaeus

SOPHORA DU JAPON

Feuilles Pennées, 25 cm de long, 7 à 17 folioles ovales, pointues, de 5 cm de long, blanchâtres devenant vert foncé luisant dessus, bleu-vert et velues dessous, parfois jaunes en hiver. ***Écorce*** Gris-brun, crêtes saillantes. ***Fleurs*** Papilionacées, 1,5 cm de long, blanches, odorantes, en panicules pendantes de 30 cm de long, à l'extrémité des rameaux, fin d'été à début d'automne. ***Fruit*** Gousse, 7,5 cm de long, se resserrant entre les graines.

• **ORIGINE** Chine.

• **HABITAT** Bois, taillis et vallées sèches en altitude.

• **REMARQUE** Appelé aussi arbre des pagodes.

Hauteur 20 m	Port Largement étalé	Feuilles Caduques	Type

Famille LÉGUMINEUSES	Espèce *Sophora microphylla*	Auteur Aiton

SOPHORA MICROPHYLLA

Feuilles Pennées, 15 cm de long, nombreuses folioles oblongues, non dentées, de 1 cm de long, à l'extrémité arrondie ou échancrée, vert foncé dessus, vert terne dessous, duvet soyeux au stade juvénile, devenant lisses, sur des rameaux à duvet soyeux. ***Écorce*** Grise à gris-brun, lisse, petites lenticelles. ***Fleurs*** Papilionacées, 5 cm de long, jaune d'or, en grappes pendantes à l'aisselle des feuilles, fin d'hiver à printemps. ***Fruit*** Gousse brune, ailée, 15 cm ou plus de long, velue au stade immature.

• **ORIGINE** Chili, Nouvelle-Zélande.

• **HABITAT** Forêts, espaces découverts, bords de rivière, du niveau de la mer à la montagne.

• **REMARQUE** Petit arbre ou gros arbuste. Étroitement apparenté au *Sophora tetraptera* qui lui ressemble. Pendant la phase juvénile, les jeunes plantes ont des branches enchevêtrées, et ne fleurissent pas avant de nombreuses années.

Hauteur 10 m	Port Largement étalé	Feuilles Caduques	Type

LES MAGNOLIACÉES

FAMILLE COMPTANT 12 genres et environ 200 espèces distribuées dans 2 zones principales : la plupart dans l'est de l'Asie, de l'Himalaya à la Chine et au Japon, et en Asie du Sud-Est jusqu'à la Nouvelle-Guinée ; quelques-unes de l'est des États-Unis jusqu'au Mexique et en Amérique du Sud tropicale.

Ces arbres et arbustes ont des feuilles caduques ou persistantes alternes, non dentées et (parfois) lobées. Fleurs spectaculaires solitaires.

Famille MAGNOLIACÉES	Espèce *Liriodendron chinense*	Auteur (Hemsley) Sargent

TULIPIER DE CHINE

Feuilles De 15 cm ou plus de long, 2 lobes au bout et 2 sur les côtés, vert foncé dessus, blanc bleuté dessous, jaunes en automne. ***Écorce*** Grise, rugueuse, se fissure avec l'âge. ***Fleurs*** 4 cm de long, 9 tépales, dont 3 verts, réfléchis, et 6 verts à nervures jaunes, dressés, solitaires à l'extrémité des rameaux, mi-été. ***Fruit*** En groupe conique, brun pâle.
- **ORIGINE** Chine, Vietnam.
- **HABITAT** Bois d'altitude.

Hauteur 15 m	Port Colonne large	Feuilles Caduques	Type

Famille MAGNOLIACÉES	Espèce *Liriodendron tulipifera*	Auteur Linnaeus

TULIPIER DE VIRGINIE

Feuilles De 15 cm ou plus de long, 2 lobes au bout et 2 sur les côtés, vert foncé dessus, blanc bleuté dessous, jaunes à orange en automne. ***Écorce*** Gris-brun, cannelures avec l'âge. ***Fleurs*** 6 cm de long, 9 tépales, dont 3 verts, réfléchis, et 6 dressés, vert pâle avec une bande orange vers la base, solitaires à l'extrémité des rameaux, mi-été. ***Fruit*** En groupe conique, brun pâle.
- **ORIGINE** E. de l'Amérique du Nord.
- **HABITAT** Bois caducifoliés.

△ **'AUREOMARGINATUM'**
Les feuilles de cette forme spectaculaire ont une large bordure, jaune doré au début.

Hauteur 50 m	Port Colonne large	Feuilles Caduques	Type

Famille MAGNOLIACÉES	Espèce *Magnolia acuminata*	Auteur Linnaeus

MAGNOLIA À FEUILLES ACUMINÉES

Feuilles Elliptiques à ovales, 25 cm de long et 15 cm de large, acuminées, non dentées, vert clair à foncé dessus, bleu-vert et en général velues dessous. ***Écorce*** Brun-gris, cannelée. ***Fleurs*** En forme de coupe, 9 cm de long, 9 tépales dressés bleu-vert à jaune-vert, solitaires au bout des rameaux, début à milieu de l'été. ***Fruit*** En groupe cylindrique, 7,5 cm de long, vert devenant rose, rouge à maturité.
• **ORIGINE** E. de l'Amérique du Nord.
• **HABITAT** Bois sur sol fertile.
• **REMARQUE** Appelé aussi arbre aux concombres en raison de la forme et de la couleur de ses fruits immatures. Les fleurs sont souvent cachées par les grandes feuilles.

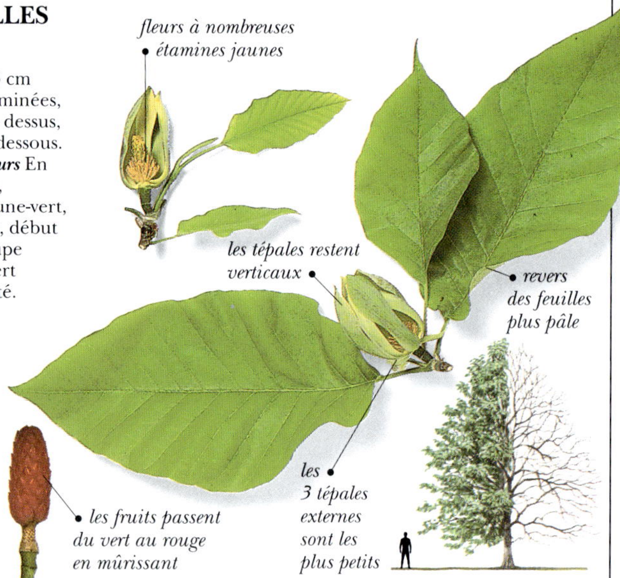

Hauteur 30 m	Port Cône large	Feuilles Caduques	Type

Famille MAGNOLIACÉES	Espèce *Magnolia ashei*	Auteur Weatherby

MAGNOLIA ASHEI

Feuilles Larges et elliptiques à oblongues-obovales, 30 cm ou plus de long et 20 cm ou plus de large, assez fines, en général auriculées à la base, vertes et lisses dessus, bleu-blanc et finement velues dessous, en grands verticilles au bout des rameaux. ***Écorce*** Gris pâle, lisse. ***Fleurs*** En forme de coupe, 30 cm de diamètre, blanches, odorantes, 9 tépales, les internes généralement marqués de pourpre vers la base, à l'extrémité des rameaux, début à milieu de l'été, avec les feuilles. ***Fruit*** En groupe conique à ovoïde, rose, environ 7,5 cm de long.
• **ORIGINE** États-Unis : N.-O. de la Floride.
• **HABITAT** Bois humides.
• **REMARQUE** Espèce étroitement apparentée au *Magnolia macrophylla* (p. 209). Rare, à distribution très restreinte à l'état sauvage, où il se trouve sous forme de petit arbre ou de gros arbuste.

Hauteur 10 m	Port Colonne large	Feuilles Caduques	Type

Famille MAGNOLIACÉES	Espèce *Magnolia campbellii*	Auteur J.D. Hooker & Thomson

MAGNOLIA CAMPBELLII

Feuilles Oblongues à ovales, 25 cm ou plus de long, en général brusquement acuminées, non dentées, d'abord bronze, puis vert foncé et lisses dessus, plus pâles et lisses ou velues dessous. ***Écorce*** Grise et lisse. ***Fleurs*** Très grandes, 30 cm de diamètre, rose pâle ou foncé à rose pourpre ou blanches, légèrement parfumées, jusqu'à 16 tépales, les externes étalés, les internes dressés, donnant à la fleur sa forme caractéristique en « tasse et soucoupe », sur des pédoncules lisses, s'ouvrant de la fin de l'hiver au début du printemps, avant les feuilles. ***Fruit*** En groupe cylindrique, conique, rouge, 15 cm de long.

• **ORIGINE** S.-O. de la Chine, Himalaya.

• **HABITAT** Forêts en zones montagneuses.

• **REMARQUE** Grand arbre magnifique, très recherché pour les jardins en raison de ses énormes fleurs. Les fleurs n'apparaissent qu'au bout de 20 ans sur les plantes se développant à partir de semis.

MAGNOLIA CAMPBELLII

△ MAGNOLIA CAMPBELLII

△ SUBSP. MOLLICOMATA
Les fleurs de cette sous-espèce sont produites un peu plus tôt dans l'année, sur des plantes plus jeunes.

Hauteur 30 m (20 m)	Port Cône large	Feuilles Caduques	Type

Famille MAGNOLIACÉES	Espèce *Magnolia dawsoniana*	Auteur Rehder & Wilson

MAGNOLIA DAWSONIANA

Feuilles Elliptiques à obovales, 15 cm de long et 7,5 cm de large, sommet arrondi, vert foncé et lisses dessus, plus pâles et lisses dessous, sauf le long des nervures velues. ***Écorce*** Grise, lisse, nettes lenticelles saillantes, fissurée à la base. ***Fleurs*** Portées horizontalement, 12 cm de long, rose pâle, légèrement parfumées, 9 à 12 tépales étalés à récurvés, s'ouvrant en fin d'hiver ou au début du printemps, avant les feuilles. ***Fruit*** En groupe cylindrique, vert rougeâtre, 10 cm de long.

- **ORIGINE** Chine.
- **HABITAT** Bois de montagne.
- **REMARQUE** Un des magnolias à la floraison la plus précoce.

Hauteur 12 m	Port Cône large	Feuilles Caduques	Type

Famille MAGNOLIACÉES	Espèce *Magnolia delavayi*	Auteur Franchet

MAGNOLIA DELAVAYI

Feuilles Elliptiques à oblongues, 30 cm de long et 15 cm de large, vert foncé dessus, pubescentes au stade juvénile, devenant plus ou moins lisses des 2 côtés. ***Écorce*** Blanc jaunâtre, fissures verticales. ***Fleurs*** En forme de soucoupe, 20 cm de diamètre, odorantes, 9 tépales charnus, les 3 externes blanc verdâtre, réfléchis, les 6 internes blanc crème, étalés, s'ouvrant à la fin de l'été. ***Fruit*** En groupe cylindrique, 10 cm de long, vert devenant brun pâle à maturité.

- **ORIGINE** S.-O. de la Chine.
- **HABITAT** Broussailles et terrains découverts.

Hauteur 10 m	Port Largement étalé	Feuilles Persistantes	Type

Famille MAGNOLIACÉES	Espèce *Magnolia fraseri*	Auteur Walter

MAGNOLIA FRASERI

Feuilles Obovales, 40 cm de long et 20 cm de large, auriculées à la base, pointues, d'abord bronze puis vert pâle, lisses des 2 côtés. ***Écorce*** Brune ou grise, lisse. ***Fleurs*** Boutons évasés, de 12 cm de long, en forme de coupe en s'ouvrant, 9 tépales blanc crème taché de vert sur la face externe, solitaires à l'extrémité des rameaux, fin du printemps à début d'été. ***Fruit*** En groupe conique rouge, 10 cm de long.
• **ORIGINE** S.-E. des États-Unis.
• **HABITAT** Forêts de montagne sur sol fertile.

Hauteur 14 m	Port Largement étalé	Feuilles Caduques	Type

Famille MAGNOLIACÉES	Espèce *Magnolia grandiflora*	Auteur Linnaeus

MAGNOLIA À GRANDES FLEURS

Feuilles Elliptiques à ovales ou lancéolées, 25 cm de long et 10 cm de large, rigides, coriaces, vert foncé brillant et lisses dessus, plus pâles ou couvertes de poils rouille dessous. ***Écorce*** Grise, se craquelle en petites plaques. ***Fleurs*** En forme de coupe, 30 cm de diamètre, blanc crème, très parfumées, 9 à 12 tépales épais ou plus, solitaires au bout des rameaux, début d'été. ***Fruit*** En groupe ovoïde rouge, 10 cm de long.
• **ORIGINE** S.-E. des États-Unis.
• **HABITAT** Bords de rivière et zones humides en plaine côtière.
• **REMARQUE** Les plantes cultivées dans des régions plus froides que la région d'origine fleurissent de la fin de l'été à l'automne.

Hauteur 25 m	Port Cône large	Feuilles Persistantes	Type

Famille MAGNOLIACÉES	Espèce *Magnolia* ' Heaven Scent '	Auteur Sans

MAGNOLIA ' HEAVEN SCENT '

Feuilles Larges et elliptiques, 20 cm de long, pointues, vert intense brillant dessus, plus pâles dessous. ***Écorce*** Grise, lisse. ***Fleurs*** Dressées, évasées, 13 cm de long, étroites au début, s'ouvrant plus largement ensuite, parfum puissant, 9 tépales rose pâle s'assombrissant vers la base, avec une bande plus foncée bien distincte sur le revers, s'ouvrant du printemps au début de l'été avant et avec les feuilles. ***Fruit*** En groupe conique, les graines mûres sont saillantes et pendent un certain temps.

• **ORIGINE** Horticole.

• **REMARQUE** Cet hybride de *M. liliiflora* ' Nigra ' arbustif et de *M.* × *veitchii* (p. 214) est l'un des hybrides de Gresham résultant du programme d'hybridation de Drury Todd Gresham, en Californie, dans les années 50. En sélectionnant soigneusement les parents et leur descendance, il obtint de petits arbres associant les caractères de certains des meilleurs magnolias. ' Peppermint Stick ' et ' Sayonara ' appartiennent à ce groupe.

les tépales pointus s'étalent légèrement à mesure que la fleur vieillit

' HEAVEN SCENT '

les tépales s'étalent ensuite plus largement

boutons étroits caractéristiques

◁ **' PEPPERMINT STICK '**
Les boutons de cet hybride de *M. liliiflora* et de *M.* × *veitchii* sont longs de 11 cm.

le rose très atténué de la fleur s'intensifie à la base

△ **' SAYONARA '**
Cet arbre est un hybride de *Magnolia* × *soulangeana* ' Leinnei Alba ' et de *Magnolia* × *veitchii* ' Rubra '. Fleurs abondantes, à tépales charnus, de 10 cm de long.

Hauteur 10 m	Port Largement étalé	Feuilles Caduques	Type

Famille MAGNOLIACÉES	Espèce *Magnolia hypoleuca*	Auteur Siebold & Zuccarini

MAGNOLIA HYPOLEUCA

Feuilles Obovales, 45 cm de long et 20 cm de large, courte pointe au sommet, vert foncé et lisses dessus, bleu-vert pâle et velues dessous, au moins au stade juvénile, en grands verticilles à l'extrémité des rameaux. ***Écorce*** Grise et lisse. ***Fleurs*** Grandes, en forme de coupe, 20 cm de diamètre, parfum très puissant, 9 à 12 tépales blanc crème, les externes parfois nuancés de rose, filets et stigmates rouge vif, s'ouvrant l'été. ***Fruit*** En gros groupe cylindrique rouge, 20 cm de long, duquel pendent des graines rouges à maturité.
• **ORIGINE** Japon.
• **HABITAT** Bois en zones montagneuses.
• **REMARQUE** Appelé aussi *M. obovata*. Le parfum puissant de ses fleurs permet de reconnaître facilement cette espèce. Au Japon, ses grandes feuilles servent à envelopper de la nourriture.

Hauteur 30 m (15 m)	Port Colonne large	Feuilles Caduques	Type

Famille MAGNOLIACÉES	Espèce *Magnolia kobus*	Auteur Candolle

MAGNOLIA KOBUS

Feuilles Elliptiques à obovales, 15 cm de long et 9 cm de large, base effilée, courte pointe au sommet, vert foncé et lisses dessus, plus pâles et velues le long des nervures dessous. ***Écorce*** Grise, lisse. ***Fleurs*** En général à l'horizontale, 10 cm de diamètre, blanc crème parfois taché de rose à la base, légèrement parfumées, 6 tépales pétaloïdes et 3 sépaloïdes plus petits, s'ouvrant au début du printemps avant l'émergence des feuilles. ***Fruit*** En groupe cylindrique, rose à rouge, 10 cm de long, duquel des graines rouges pendent à maturité.
• **ORIGINE** Japon.
• **HABITAT** Forêts d'altitude.

Hauteur 20 m (10 m)	Port Cône large	Feuilles Caduques	Type

Famille MAGNOLIACÉES	Espèce *Magnolia × loebneri*	Auteur Kache

MAGNOLIA × LOEBNERI

Feuilles Oblancéolées à elliptiques, 15 cm de long, vert foncé brillant à vert plus pâle, en général lisses. ***Écorce*** Grise, lisse. ***Fleurs*** Variables, dressées à horizontales, 15 cm de diamètre, blanches à roses, jusqu'à 16 tépales ou plus et 3 petits tépales sépaloïdes, du début au milieu du printemps. ***Fruit*** En groupe cylindrique, rouge rosé, 10 cm de long.
• **ORIGINE** Horticole.
• **REMARQUE** Ensemble d'hybrides de *Magnolia kobus* (p. 207) et de *M. stellata* généralement arbustif, obtenu d'abord en Allemagne, avec de nombreuses formes sélectionnées associant les meilleures qualités des 2 parents. Leurs fleurs étoilées sont héritées du bien nommé *M. stellata*.

nombreux tépales étroits

◁ **'LEONARD MESSEL'**
Forme dont chaque fleur rose lilas a environ 12 tépales récurvés.

boutons floraux légèrement étalés, bien droit sur les rameaux

'LEONARD MESSEL'

feuilles larges, à pointe courte, s'effilant vers la base

◁ **'MERRIL'**

feuilles relativement étroites

◁ **'MERRIL'**

le rose des boutons s'atténue en blanc quand les fleurs s'ouvrent

boutons floraux enfermés dans des écailles soyeuses

△ **'MERRIL'**
Arbre vigoureux à grandes fleurs blanches d'abord teintées légèrement de rose, chacune comportant jusqu'à 15 tépales.

écloses, les fleurs sont entièrement blanches

Hauteur 10 m	Port Largement étalé	Feuilles Caduques	Type

Famille MAGNOLIACÉES	Espèce *Magnolia macrophylla*	Auteur A. Michaux

MAGNOLIA À GRANDES FEUILLES

Feuilles Très grandes, assez minces, largement elliptiques à oblongues-ovales, 60 cm ou plus de long et 30 cm de large, en général auriculées à la base, vertes et lisses dessus, bleu-vert à bleu-blanc et finement velues dessous, en grands verticilles à l'extrémité des rameaux vigoureux. ***Écorce*** Gris pâle, lisse. ***Fleurs*** Très grandes, en forme de coupe large, 30 cm de diamètre, blanc crème à jaunâtres, parfumées, 9 tépales, les internes pétaloïdes, d'habitude marqués de pourpre vers la base, les externes sépaloïdes, dressées, à l'extrémité des rameaux, début à milieu de l'été avec les feuilles. ***Fruit*** En groupe ovoïde, rose, environ 7,5 cm de long, duquel des graines rouges pendent à maturité.

• **ORIGINE** S.-E. des États-Unis.

• **HABITAT** Bois humides sur sol fertile.

• **REMARQUE** Les feuilles et les fleurs énormes de cette espèce comptent parmi les plus grandes de celles de tous les arbres caducifoliés originaires des régions tempérées.

Hauteur 15 m	Port Colonne large	Feuilles Caduques	Type

Famille MAGNOLIACÉES	Espèce *Magnolia officinalis*	Auteur Rehder & Wilson

MAGNOLIA OFFICINALIS

Feuilles Obovales, 45 cm de long et 20 cm de large, base effilée, extrémité arrondie ou en pointe courte, vert assez pâle et lisses dessus, blanchâtres dessous, avec des poils doux au stade juvénile, en verticilles à l'extrémité des rameaux. ***Écorce*** Gris pâle, lisse.
Fleurs Cupuliformes à aplaties, 15 cm de diamètre, blanc crème, parfumées, étamines à filets rouges, à l'extrémité des rameaux, fin du printemps à début d'été. ***Fruit*** En groupe oblong, rouge rosé, 15 cm de long, duquel des graines rouge vif émergent et pendent par des filaments.

- **ORIGINE** C. de la Chine.
- **HABITAT** Connu seulement en culture.
- **REMARQUE** La forme présentée ci-contre, var. *biloba*, diffère seulement par une grande échancrure au sommet des feuilles. L'écorce était traditionnellement destinée à un usage médicinal. L'écorçage tuant les arbres est certainement responsable de l'extinction de cette espèce à l'état sauvage.

△ **VAR. BILOBA**

VAR. BILOBA ▷

Hauteur 20 m	Port Colonne large	Feuilles Caduques	Type

Famille MAGNOLIACÉES	Espèce *Magnolia × soulangeana*	Auteur Soulange-Bodin

MAGNOLIA × SOULANGEANA

Feuilles Elliptiques à obovales, 20 cm de long et 12 cm de large, base effilée, sommet généralement arrondi et à pointe courte, vert foncé et presque lisses dessus, plus pâles et finement velues dessous. ***Écorce*** Grise, lisse. ***Fleurs*** Variables, en forme de tulipe, de coupe ou aplaties, 25 cm de diamètre, en général 9 tépales blancs à rose ou rose pourpré intense, du printemps au début de l'été, avant et après l'émergence des feuilles. ***Fruit*** En groupe cylindrique, 10 cm de long, vert puis rose à maturité.

- **ORIGINE** Horticole.
- **REMARQUE** Hybride de *M. denudata* et de *M. liliiflora*.

Hauteur 9 m	Port Largement étalé	Feuilles Caduques	Type

Famille MAGNOLIACÉES	Espèce *Magnolia × soulangeana*	Auteur Soulange-Bodin

▽ **‘BROZZONII’**
Arbre conique à grandes fleurs blanches teintées de rose à la base ; elles peuvent atteindre 25 cm de diamètre et sont produites continuellement sur une longue période qui va de la mi-printemps au début de l’été.

△ **‘PICTURE’**
Les fleurs de cette forme sont fortement marquées de rose pourpré. Cette plante a plus un port compact et dressé que largement étalé.

‘RUSTICA RUBRA’ ▷
Forme portant de grandes fleurs en forme de tulipe. Tépales ombrés de rose pourpré intense sur la face externe, surtout à la base. Cette couleur s’atténue en crème taché de rose au sommet.

Hauteur 9 m	Port Largement étalé	Feuilles Caduques	Type

Famille MAGNOLIACÉES | Espèce *Magnolia salicifolia* | Auteur (Sieb. & Zucc.) Maximowicz

MAGNOLIA SALICIFOLIA

Feuilles Ovales à lancéolées ou elliptiques, 15 cm de long et 6 cm de large, vert foncé dessus, bleu-vert et lisses dessous, aromatiques quand on les froisse. **Écorce** Grise, lisse, odeur de citron quand on l'écrase. **Fleurs** Généralement à l'horizontale, 13 cm de diamètre, blanches, parfumées, 9 tépales étroits, les 6 internes pétaloïdes, les 3 externes plus petits et sépaloïdes, s'ouvrant au début du printemps, avant les feuilles. **Fruit** En groupe cylindrique rose, 7,5 cm de long.
• **ORIGINE** Japon.
• **HABITAT** Chênaies et hêtraies en montagne.

Hauteur 10 m | Port Cône large | Feuilles Caduques | Type

Famille MAGNOLIACÉES | Espèce *Magnolia tripetala* | Auteur Linnaeus

MAGNOLIA PARASOL

Feuilles Obovales à elliptiques, 50 cm de long et 20 cm de large, base effilée, sommet pointu, vert foncé dessus, gris-vert et velues dessous, en grands verticilles au bout des rameaux. **Écorce** Gris pâle, lisse. **Fleurs** De 20 cm de diamètre, blanc crème, odeur âcre, avec en général 12 tépales étroits, étalés, les 3 externes s'ouvrant en premier à partir de boutons élancés caractéristiques, au bout des rameaux, fin du printemps au début de l'été, avec les feuilles. **Fruit** En groupe cylindrique à conique, rouge rosâtre, 10 cm de long.
• **ORIGINE** E. des États-Unis.
• **HABITAT** Bois sur sol fertile.
• **REMARQUE** Le nom scientifique, signifiant à « 3 pétales », semble inapproprié, mais se réfère probablement aux 3 tépales externes sépaloïdes. L'odeur puissante des fleurs est désagréable pour certaines personnes.

Hauteur 12 m | Port Largement étalé | Feuilles Caduques | Type

Famille MAGNOLIACÉES	Espèce *Magnolia × veitchii*	Auteur Bean

MAGNOLIA × VEITCHII

Feuilles Obovales à oblongues, 30 cm de long et 15 cm de large, pointe courte, bronze pourpre devenant vert foncé et lisses dessus, pubescentes au moins sur les nervures dessous. ***Écorce*** Grise, lisse. ***Fleurs*** Évasées, 15 cm de diamètre, blanches à roses, odorantes, en général 9 tépales, s'ouvrant à mi-printemps, souvent avant les feuilles. ***Fruit*** En groupe cylindrique, 10 cm de long, vert rosâtre, brun pourpre à maturité.
• **ORIGINE** Horticole.
• **REMARQUE** Un des nombreux hybrides de *M. denudata* souvent arbustif, et de *M. campbellii* (p. 203). Ces arbres vigoureux doivent leur grande taille à ce dernier parent, qui peut atteindre 30 m à l'état sauvage. Ce sont des plantes attrayantes, produisant généralement une profusion de fleurs et un très joli feuillage juvénile.

△ **'ISCA'**
Cultivar fleurissant à la mi-printemps.

△ **'PETER VEITCH'**
Magnolia résistant dont les fleurs rose doux, en forme de tulipe, éclosent à la mi-printemps, avant les feuilles. La floraison a lieu même sur de jeunes sujets.

Hauteur 30 m	Port Colonne large	Feuilles Caduques	Type

Famille MAGNOLIACÉES	Espèce *Magnolia* 'Wada's Memory'	Auteur Sans

MAGNOLIA 'WADA'S MEMORY'

Feuilles Obovales à étroitement ovales, 17,5 cm de long, base effilée, brusquement acuminées, d'abord rouge-pourpre, puis vert foncé brillant dessus, bleu-vert dessous, lisses des 2 côtés. ***Écorce*** Grise, lisse. ***Fleurs*** À l'horizontale, 15 cm de diamètre, blanc crème devenant blanches, odorantes, tépales s'étalant rapidement, s'ouvrant à partir de boutons feutrés. ***Fruit*** En groupe cylindrique, rose à rouge, 10 cm de long, rarement produits.

• **ORIGINE** Horticole.

• **REMARQUE** Il s'agit probablement d'un hybride de *M. kobus* (p. 207) et de *M. salicifolia* (p. 213), originaire du Japon, nommé d'après le pépiniériste japonais Koichiro Wada.

Hauteur 9 m	Port Cône large	Feuilles Caduques	Type

LES MALVACÉES

FAMILLE AVEC PLUS de 100 genres et 1 500 espèces, répartie dans le monde entier, sauf dans les régions les plus froides. Plantes herbacées, arbres et arbustes à feuilles persistantes ou non, alternes, souvent palmatilobées. Fleurs variables, de grandes et spectaculaires à très petites.

Famille MALVACÉES	Espèce *Hoheria glabrata*	Auteur Sprague & Summerhayes

HOHERIA GLABRATA

Feuilles Ovales, 10 cm de long et 5 cm de large, cordées, dentées, vert foncé dessus, lisses ou presque des 2 côtés, jaunes en automne. ***Écorce*** Grise, lisse. ***Fleurs*** 4 cm de diamètre, blanches, 5 pétales, anthères jaunes, en bouquet à l'aisselle des feuilles, été. ***Fruit*** Petit, brun.

• **ORIGINE** Nouvelle-Zélande.

• **HABITAT** Forêts et broussailles.

Hauteur 10 m	Port Cône large	Feuilles Caduques	Type

Famille MALVACÉES	Espèce *Hoheria sexstylosa*	Auteur Colenso

HOHERIA SEXSTYLOSA

Feuilles Lancéolées, 15 cm de long et 5 cm ou moins de large, rétrécies à la base, acuminées, dents aiguës, vert foncé brillant dessus, plus pâles dessous, lisses des 2 côtés. ***Écorce*** Grise, lisse. ***Fleurs*** 2 cm de diamètre, blanches, 5 pétales, en petits bouquets à l'aisselle des feuilles, été. ***Fruit*** Petit, brun.

• **ORIGINE** Nouvelle-Zélande.

• **HABITAT** Forêts.

• **REMARQUE** Au stade juvénile, cette plante est buissonnante, et ses feuilles sont plus profondément dentées, parfois même lobées.

Hauteur 8 m	Port Cône étroit	Feuilles Persistantes	Type

LES MÉLIACÉES

FAMILLE DES RÉGIONS tempérées de l'est de l'Asie, mais essentiellement tropicale et subtropicale, comptant environ 50 genres et presque 600 espèces. Arbres et arbustes à feuilles persistantes ou caduques, alternes, le plus souvent pennées. Fleurs généralement petites, souvent en gros bouquets. Le fruit est souvent une capsule ligneuse. De nombreux arbres appartenant aux Méliacées ont un bois de grande valeur commerciale : plusieurs de ces espèces produisent un bois dur, l'acajou.

Famille MÉLIACÉES	Espèce *Cedrela sinensis*	Auteur Jussieu

CÉDRÈLE DE CHINE

Feuilles Pennées, 60 cm de long, jusqu'à 26 folioles oblongues-lancéolées, acuminées, à peine dentées, de 15 cm de long, la terminale souvent absente, bronze à rosâtres et pubescentes au stade juvénile, puis vert foncé et lisses ou presque, teintées de jaune à l'automne, odeur d'oignon à l'écrasement. ***Écorce*** Brune, pelant par longues bandes. ***Fleurs*** Petites, blanches, odorantes, en grandes panicules pendantes de 30 cm ou plus de long, à l'extrémité des rameaux, mi-été.
Fruit Capsule ligneuse brune, 3 cm de long.
• **ORIGINE** Chine.
• **HABITAT** Bois.
• **REMARQUE** Appelé aussi *Toona sinensis.*

l'écorce pèle par longues bandes sur les plantes les plus âgées

Hauteur 20 m	Port Colonne large	Feuilles Caduques	Type

LES MORACÉES

GRANDE FAMILLE comprenant les figuiers (*Ficus*, p. 219) et les mûriers (*Morus*, p. 220), 50 genres et quelque 1 200 espèces d'arbres, d'arbustes, de plantes grimpantes et herbacées, distribuées dans le monde entier. Feuilles généralement alternes et simples, parfois lobées. Fleurs unisexuées, souvent réunies en grand nombre.

Famille MORACÉES	Espèce *Broussonetia papyrifera*	Auteur (Linnaeus) Ventenat

MÛRIER À PAPIER

Feuilles Ovales à largement ovales, 20 cm de long et 15 cm de large, parfois lobées, grossièrement dentées, d'abord pourprées puis vert foncé mat, poils rugueux dessus, poils doux dessous.
Écorce Gris-brun, fissures peu profondes.
Fleurs Petites, mâles blanchâtres, sur des rameaux robustes, en chatons pendants, femelles vertes à stigmates pourpres grêles et saillants, en glomérules, sur plantes séparées, fin du printemps à début de l'été.
Fruit Rouge, en groupes globuleux, hérissés, de 2 cm de diamètre.
• **ORIGINE** Chine, Japon.
• **HABITAT** Situations ensoleillées sur sols fertiles.
• **REMARQUE** Au Japon, l'écorce sert traditionnellement à faire du papier.

Hauteur 15 m	Port Largement étalé	Feuilles Caduques	Type

Famille MORACÉES	Espèce *Ficus carica*	Auteur Linnaeus

FIGUIER

Feuilles Contour arrondi, 30 cm de long et de large, profondément découpées en 3 à 5 lobes, cordées, dentées, vert brillant dessus, rugueuses et velues des 2 côtés, jaunes en automne. ***Écorce*** Grise, lisse. ***Fleurs*** Mâles et femelles très petites, peu visibles à l'intérieur d'un réceptacle charnu, vert, sur plantes séparées, fin du printemps. ***Fruit*** Comestible, nombreuses petites graines dans un réceptacle, vert ou brun à pourpre à maturité.

• **ORIGINE** S.-O. de l'Asie.

• **HABITAT** Forêts caducifoliées.

• **REMARQUE** Espèce couramment acclimatée dans le bassin méditerranéen. Apprécie les terrains rocheux, y compris les vieux murs. Les plantes sont fertilisées par de petites guêpes femelles, qui transportent le pollen de l'arbre où elles sont fécondées par des guêpes mâles vers l'arbre où elles pondent leurs œufs. La plupart des plantes cultivées produisent des fruits sans pollinisation.

Hauteur 10 m	Port Largement étalé	Feuilles Caduques	Type

Famille MORACÉES	Espèce *Maclura pomifera*	Auteur (Rafinesque) Schneider

ORANGER DES OSAGES

Feuilles Ovales, 10 cm de long et 5 cm de large, non dentées, vert vif brillant dessus, lisses, jaunes en automne.
Écorce Orange-brun, fissurée.
Fleurs Mâles et femelles petites, jaune-vert, en têtes globuleuses de 1 cm de large, sur plantes séparées, début d'été.
Fruit En groupes globuleux, ridés, jaune-vert, 10 cm de diamètre.
• **ORIGINE**
C. et S. des États-Unis.
• **HABITAT** Sols fertiles, humides.

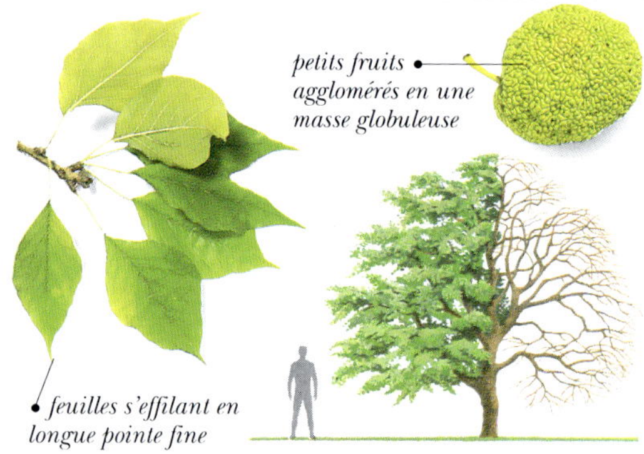

Hauteur 15 m	Port Largement étalé	Feuilles Caduques	Type

Famille MORACÉES	Espèce *Morus alba*	Auteur Linnaeus

MÛRIER BLANC

Feuilles Ovales à arrondies, 20 cm de long et 12 cm de large, dentées, vert vif dessus, jaunes en automne.
Écorce Orange-brun. ***Fleurs*** Mâles et femelles vertes, en groupes de 1 cm de long, sur plantes séparées ou non, début d'été.
Fruit Groupes globuleux blancs à roses ou rouges, 2,5 cm de long.
• **ORIGINE**
N. de la Chine.
• **HABITAT**
Pentes de collines.

Hauteur 15 m	Port Largement étalé	Feuilles Caduques	Type

Famille MORACÉES	Espèce *Morus nigra*	Auteur Linnaeus

MÛRIER NOIR

Feuilles Ovales, 15 cm de long et 12 cm de large, cordées, dentées, vert et rugueuses dessus, velues dessous.
Écorce Orange-brun, striée.
Fleurs Mâles et femelles minuscules, vertes, en petits groupes, sur plantes séparées ou non, début d'été. ***Fruit*** En groupes globuleux rouge foncé, 2,5 cm de long.
• **ORIGINE** Extrême-Orient.
• **HABITAT** Inconnu.
• **REMARQUE** La culture extensive rend son origine précise incertaine.

Hauteur 10 m	Port Largement étalé	Feuilles Caduques	Type

LES MYRTACÉES

GRANDE FAMILLE, surtout distribuée dans l'hémisphère Sud. Bien qu'elle s'étende jusqu'aux régions tempérées de l'hémisphère Nord, elle n'est représentée en Europe que par le myrte (*Myrtus communis*), et ne pousse pas, à l'état sauvage, en Amérique du Nord.
Plus de 100 genres et presque 4 000 espèces d'arbres et d'arbustes à feuilles généralement persistantes, fréquemment aromatiques, souvent opposées. Les fleurs ont d'habitude 4 ou 5 pétales et de nombreuses étamines.
Chez les eucalyptus, les pétales soudés forment un opercule recouvrant la fleur, qui tombe quand celle-ci s'ouvre.

Famille MYRTACÉES	Espèce *Callistemon species*	Auteur Sans

CALLISTEMON SPECIES

Les espèces du genre *Callistemon* sont toutes originaires d'Australie, et poussent généralement en habitat humide. Certaines, par exemple *C. salignus* et *C. viminalis*, se développent en petits arbres, atteignant environ 10 m, mais la plupart sont arbustives. Ces plantes à feuillage persistant ont généralement des feuilles étroites, pointues, souvent de couleur bronze ou rouge quand elles sont jeunes. Les pétales des fleurs sont très petits, mais leurs nombreuses et longues étamines, dont la couleur va du blanc crème ou du jaune au rouge, rose ou pourpré, rayonnent autour de la tige, en formant des épis denses, qui donnent aux inflorescences leur apparence caractéristique.

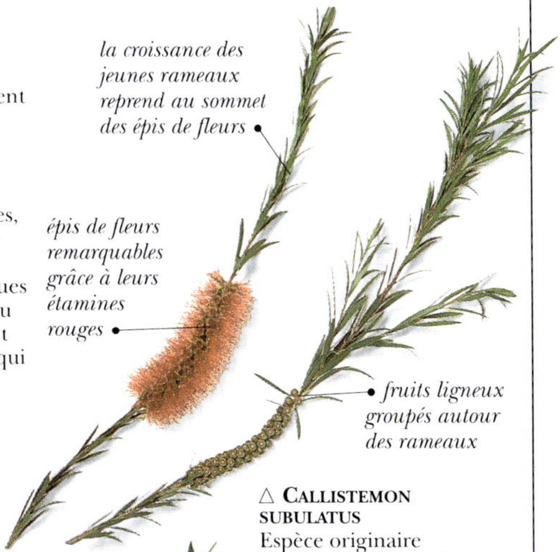

△ **CALLISTEMON SUBULATUS**
Espèce originaire du S.-E. de l'Australie, à feuilles élancées et pointues couvertes de poils soyeux au stade juvénile. Les grands épis de fleurs aux nombreuses étamines cramoisies s'ouvrent en été.

△ **CALLISTEMON VIRIDIFLORUS**
Espèce originaire de Tasmanie, où elle pousse en zone humide sur les collines. Les fleurs en épis sont constituées de groupes denses d'étamines jaune-vert pâle et sont produites pendant les mois d'été.

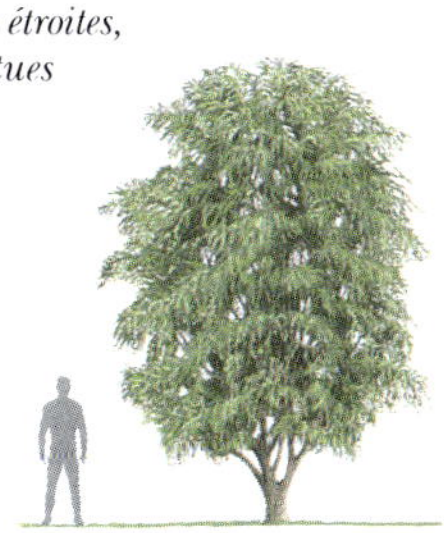

Hauteur Jusqu'à 10 m	Port Colonne large	Feuilles Persistantes	Type

Famille MYRTACÉES	Espèce *Eucalyptus coccifera*	Auteur J.D. Hooker

EUCALYPTUS COCCIFERA

Feuilles Arrondies au stade juvénile, généralement glauques, sans pétiole, feuilles adultes lancéolées, de 5 cm de long et 2 cm de large, pointe crochue, vertes à bleu-vert, lisses des 2 côtés, aromatiques, sur des rameaux souvent duveteux. ***Écorce*** Grise et blanche, lisse, pelant par longues bandes ; nouvelle écorce blanc crème. ***Fleurs*** Blanches, à nombreuses étamines, groupées par 3 à 7 à l'aisselle des feuilles, début d'été. ***Fruit*** Ressemble à un cône renversé, petit, ligneux, 1 cm de long.

• **ORIGINE** Tasmanie.

• **HABITAT** Montagnes.

• **REMARQUE** Les feuilles juvéniles sont opposées, les feuilles adultes alternes : les plantes portent souvent les deux types de feuilles en même temps. Sur les plantes adultes, le feuillage juvénile est produit sur les rameaux partant de la base du tronc.

Hauteur 25 m	Port Largement étalé	Feuilles Persistantes	Type

Famille MYRTACÉES	Espèce *Eucalyptus cordata*	Auteur Labillardière

EUCALYPTUS CORDATA

Feuilles Presque arrondies à ovales, 10 cm de long et 6 cm de large, dents arrondies et peu profondes, bleu-gris et duveteuses des 2 côtés, très aromatiques, sans pétiole, disposées près des rameaux de section carrée, au duvet blanc. ***Écorce*** Lisse et blanche, taches grises et vertes, pelant en longs rubans. ***Fleurs*** Blanc crème, nombreuses étamines, groupées par 3 à l'aisselle des feuilles, s'ouvrant à partir de boutons velus, sur un pédoncule commun, aplati et velouté, fin d'été, automne. ***Fruit*** Petite capsule hémisphérique, pruineuse, 1 cm de long.

• **ORIGINE** Tasmanie.

• **HABITAT** Bois de colline et de montagne.

• **REMARQUE** Les feuilles juvéniles et adultes sont semblables : le feuillage ne change ni de forme, ni de type au cours de son développement, contrairement à celui de la plupart des espèces d'eucalyptus.

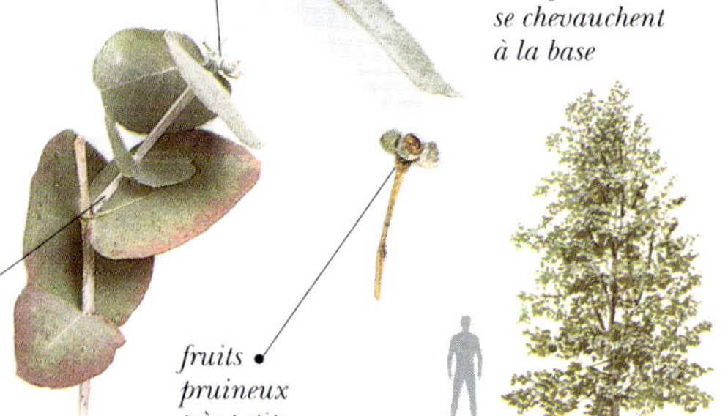

Hauteur 15 m	Port Colonne large	Feuilles Persistantes	Type

Famille MYRTACÉES	Espèce *Eucalyptus dalrympleana*	Auteur Maiden

EUCALYPTUS DALRYMPLEANA

Feuilles Arrondies au stade juvénile, sessiles, feuilles adultes lancéolées, de 17,5 cm de long et 3 cm de large, s'effilant en pointe fine, bronze à l'état juvénile, devenant bleu-vert et lisses des 2 côtés. ***Écorce*** Gris-brun et lisse, pelant par grandes plaques ; nouvelle écorce blanc crème. ***Fleurs*** Blanches, nombreuses étamines, groupées par 3 à l'aisselle des feuilles, fin d'été. ***Fruit*** Hémisphérique, petit, ligneux, 1 cm de long.

- **ORIGINE** S.-E. de l'Australie, Tasmanie.
- **HABITAT** Pentes de montagne.
- **REMARQUE** Les feuilles juvéniles sont opposées, les adultes alternes : les plantes portent souvent les deux types en même temps.

Hauteur 30 m	Port Colonne large	Feuilles Persistantes	Type

Famille MYRTACÉES	Espèce *Eucalyptus gunnii*	Auteur J.D. Hooker

EUCALYPTUS GUNNII

Feuilles Arrondies au stade juvénile, sessiles, de 4 cm de long, gris-bleu, feuilles adultes ovales à lancéolées, de 10 cm de long et 4 cm de large, argentées devenant gris-vert, lisses des 2 côtés. ***Écorce*** Grise, verte ou orange, rugueuse tout en bas, pelant par grands morceaux ; nouvelle écorce blanc crème. ***Fleurs*** Blanches, nombreuses étamines, groupées par 3 à l'aisselle des feuilles, fin du printemps à été. ***Fruit*** En forme de coupe, vert ou pruineux, 5 mm de long.

- **ORIGINE** Tasmanie.
- **HABITAT** Bois d'altitude.
- **REMARQUE** Les feuilles juvéniles sont opposées, les adultes alternes : les plantes portent souvent les deux types en même temps.

Hauteur 25 m	Port Colonne large	Feuilles Persistantes	Type

Famille MYRTACÉES	Espèce *Eucalyptus pauciflora*	Auteur Siebold ex Sprengel

EUCALYPTUS PAUCIFLORA

Feuilles Ovales à arrondies au stade juvénile, de 6 cm de long, coriaces, grises, feuilles adultes lancéolées, de 15 cm de long et 4 cm de large, souvent incurvées, vert brillant et lisses. ***Écorce*** Grise et blanche, pelant par grandes plaques. ***Fleurs*** Blanches, nombreuses étamines, groupées à l'aisselle des feuilles, été. ***Fruit*** Globuleux, ligneux, 6 mm de long.
• **ORIGINE** S.-E. de l'Australie, Tasmanie.
• **HABITAT** Du niveau de la mer à la limite des arbres.

◁ **EUCALYPTUS PAUCIFLORA**

◁ **SUBSP. NIPHOPHILA**
Forme d'altitude souvent arbustive.

◁ **SUBSP. NIPHOPHILA**

Hauteur 15 m	Port Largement étalé	Feuilles Persistantes	Type

Famille MYRTACÉES	Espèce *Eucalyptus perriniana*	Auteur Mueller ex Rodway

EUCALYPTUS PERRINIANA

Feuilles Bleu-gris au stade juvénile, se rejoignant à la base en formant un disque circulaire autour du rameau, feuilles adultes lancéolées, de 12 cm de long et 2,5 cm de large, souvent pourpres au début, devenant bleu-vert foncé et lisses des 2 côtés, pendantes. ***Écorce*** Grise et brune, pelant. ***Fleurs*** Blanches, nombreuses étamines, groupées à l'aisselle des feuilles, fin de l'été. ***Fruit*** Petit, ligneux, 5 mm de long.
• **ORIGINE** S.-E. de l'Australie, Tasmanie.
• **HABITAT** Montagnes, sur sol humide.

Hauteur 7 m	Port Largement étalé	Feuilles Persistantes	Type

Famille MYRTACÉES	Espèce *Eucalyptus urnigera*	Auteur J.D. Hooker

EUCALYPTUS URNIGERA

Feuilles Arrondies au stade juvénile, de 5 cm de long, à duvet bleu-blanc, feuilles adultes ovales à lancéolées, de 12 cm de long et 5 cm de large, vert brillant à bleu-vert, lisses des 2 côtés. ***Écorce*** Gris pâle à blanc crème ou orange-jaune, pelant verticalement en longs rubans. ***Fleurs*** Blanches, nombreuses étamines, groupées par 3 à l'aisselle des feuilles, printemps. ***Fruit*** En forme d'urne, 6 mm, nettement resserré sous le rebord.
• **ORIGINE** S.-E. de la Tasmanie.
• **HABITAT** Pentes rocheuses d'altitude.
• **REMARQUE** Les feuilles juvéniles sont opposées, les adultes alternes : les plantes portent souvent les deux types en même temps. Ressemble à l'espèce *Eucalyptus gunnii* (p. 223), mais se reconnaît à ses fruits.

Hauteur 12 m	Port Colonne large	Feuilles Persistantes	Type

Famille MYRTACÉES	Espèce *Myrtus luma*	Auteur Molina

MYRTUS LUMA

Feuilles Largement elliptiques, 2,5 cm de long, pointe courte, non dentées, d'abord bronze pourpre, devenant vert foncé brillant et lisses dessus, plus pâles dessous, aromatiques. ***Écorce*** Orange cannelle, s'exfolie par morceaux ; nouvelle écorce presque blanche. ***Fleurs*** 2 cm de diamètre, blanches, nombreuses étamines à anthères jaunes, solitaires à l'aisselle des jeunes rameaux, fin d'été à automne. ***Fruit*** Globuleux et charnu, 1 cm de long, rouge, pourpre-noir à maturité.
• **ORIGINE** Argentine, Chili.
• **HABITAT** Forêts.
• **REMARQUE** Appelé aussi *Luma apiculata, Myrtus apiculata.*

Hauteur 12 m	Port Cône large	Feuilles Persistantes	Type

LES NYSSACÉES

LES 3 GENRES et 7 espèces de cette famille sont originaires de l'Amérique du Nord et de l'Asie de l'Est. Le genre le plus connu est *Nyssa*, aux couleurs d'automne éclatantes. Les feuilles sont alternes, les petites fleurs sont souvent apétales et celles du *Davidia involucrata* à bractées bien visibles.

Famille NYSSACÉES	Espèce *Davidia involucrata*	Auteur Baillon

ARBRE AUX POCHETTES

Feuilles Cordiformes, 15 cm de long et 12 cm de large, pointe fine, dents aiguës, vert vif dessus, duvet dense dessous. ***Écorce*** Orange-brun, légères fissures verticales. ***Fleurs*** Petites, en glomérules globuleux de 2 cm de diamètre, se remarquant grâce à leurs anthères violettes, entourés de 2 bractées blanches de taille inégale, la plus grande de 20 cm de long, fin du printemps, avec les feuilles. ***Fruit*** Globuleux, 2,5 cm de diamètre, vert, brun-pourpre à maturité.
- **ORIGINE** Chine.
- **HABITAT** Bois humides d'altitude.

VAR. VILMORINIANA ▷
Variété à feuilles lisses dessous.

Hauteur 20 m	Port Cône large	Feuilles Caduques	Type

Famille NYSSACÉES	Espèce *Nyssa sinensis*	Auteur Oliver

NYSSA SINENSIS

Feuilles Oblongues-lancéolées à elliptiques, 20 cm de long et 6 cm de large, non dentées, rougeâtres au stade juvénile, devenant vert foncé dessus, plus pâles dessous, rouges, orange et jaunes en automne. ***Écorce*** Gris-brun, se craquelle et s'exfolie en vieillissant. ***Fleurs*** Mâles et femelles très petites, vertes, 5 pétales, en général en groupes séparés, à long pédoncule, sur la même plante, été. ***Fruit*** Ovoïde, bleuté, environ 1 cm de long.
- **ORIGINE** C. de la Chine.
- **HABITAT** Bois de montagne et bords de rivière.
- **REMARQUE** Apparenté à *N. sylvatica* (p. 227).

Hauteur 15 m	Port Cône large	Feuilles Caduques	Type

Famille NYSSACÉES	Espèce *Nyssa sylvatica*	Auteur Marshall

NYSSA SYLVATICA

Feuilles Variables, ovales à elliptiques ou obovales, 15 cm de long et 7,5 cm de large, s'effilant en une courte pointe émoussée, vert foncé brillant dessus, bleu-vert dessous, devenant jaunes à orange, rouges ou pourpres en automne. ***Écorce*** Gris foncé, crêtes verticales, se détachant par petites plaques. ***Fleurs*** Mâles et femelles assez petites, vertes, 5 pétales, généralement en groupes séparés, à long pédoncule, à l'aisselle des feuilles, sur la même plante, été. ***Fruit*** Ovoïde, bleuté, environ 1 cm de long.
• **ORIGINE** E. de l'Amérique du Nord.
• **HABITAT** Bois humides et marais.
• **REMARQUE** Appelé tupélo par les Indiens d'Amérique.

minuscules fleurs vertes

les feuilles se colorent en orange et en rouge à l'automne

Hauteur 25 m	Port Colonne large	Feuilles Caduques	Type

LES OLÉACÉES

FAMILLE LARGEMENT DISTRIBUÉE, comprenant environ 25 genres et 1 000 espèces de plantes grimpantes, d'arbres et d'arbustes à feuilles caduques ou persistantes. Feuilles généralement opposées, parfois composées.
Petites fleurs à 4 pétales, souvent soudés, ou bien sans pétales.

Famille OLÉACÉES	Espèce *Chionanthus retusus*	Auteur Lindley

ARBRE À FRANGES DE CHINE

Feuilles Elliptiques à ovales ou obovales, 10 cm de long et 5 cm de large, extrémité en pointe émoussée ou échancrée, bord finement denté ou non denté, vert brillant dessus, plus pâles et pubescentes dessous. ***Écorce*** Gris-brun, liégeuse et profondément cannelée. ***Fleurs*** Mâles et femelles d'environ 2 cm de long, blanches, 4 pétales en forme de lanière, en panicules à l'extrémité des jeunes rameaux, sur plantes séparées, été. ***Fruit*** Drupe ovoïde bleu profond, 1,5 cm de long.
• **ORIGINE** Chine, Japon.
• **HABITAT** Bois et falaises, situations humides et ensoleillées.

feuilles parfois finement dentées

chaque fleur a 4 pétales blancs élancés

Hauteur 10 m (5 m)	Port Largement étalé	Feuilles Caduques	Type

Famille OLÉACÉES	Espèce *Chionanthus virginicus*	Auteur Linnaeus

ARBRE À FRANGES

Feuilles Elliptiques, 20 cm de long et 10 cm de large, effilées en courte pointe, non dentées, vert brillant dessus, jaunes en automne. ***Écorce*** Grise, lisse, cannelée en vieillissant. ***Fleurs*** Mâles et femelles de 3 cm de long, blanches, légèrement parfumées, 4 à 6 pétales fins en forme de lanière, sur des pédoncules grêles, tombants, en panicules retombantes, mâles de 20 cm de long, femelles un peu plus courtes, en général sur plantes séparées, été. ***Fruit*** Drupe ovoïde, duveteuse, bleu profond, 2 cm de long.
• **ORIGINE** E. des États-Unis.
• **HABITAT** Bois humides et bords de rivière.
• **REMARQUE** Appelé aussi arbre de neige. Sous forme d'arbuste ou de petit arbre.

Hauteur 10 m (7 m)	Port Largement étalé	Feuilles Caduques	Type

Famille OLÉACÉES	Espèce *Fraxinus americana*	Auteur Linnaeus

FRÊNE BLANC

Feuilles Pennées, 35 cm de long, 5 à 9 folioles ovales à lancéolées, acuminées, à dents éparses, de 12 cm de long et 7,5 cm de large, folioles latérales sur de courts pétiolules, vert foncé et lisses dessus, glauque blanchâtre et lisses ou légèrement velues dessous, généralement jaunes ou parfois pourpres en automne ; bourgeons foliaires d'hiver brun foncé ou presque noirs. ***Écorce*** Gris-brun, crêtes étroites, entrelacées. ***Fleurs*** Mâles et femelles très petites, vertes ou pourpres, sans pétales, en groupes sur plantes séparées, printemps, avant l'émergence des feuilles. ***Fruit*** Samare de 5 cm de long, vert, brun pâle à maturité, se terminant par une aile aplatie, pendant par groupes.
• **ORIGINE** E. de l'Amérique du Nord.
• **HABITAT** Bois sur sol fertile.
• **REMARQUE** Ces arbres produisent un bois au grain serré, résistant, servant traditionnellement à fabriquer des manches d'outils.

Hauteur 30 m	Port Colonne large	Feuilles Caduques	Type

Famille OLÉACÉES	Espèce *Fraxinus angustifolia*	Auteur Vahl

FRAXINUS ANGUSTIFOLIA

Feuilles Pennées, 25 cm de long, 7 à 13 folioles lancéolées, de 7,5 cm de long et 2 cm de large, extrémité en pointe effilée fine, dents aiguës, vert vif brillant et lisses dessus, folioles latérales sessiles ; bourgeons d'hiver brun foncé. ***Écorce*** Gris-brun, crêtes saillantes. ***Fleurs*** Très petites, vertes ou pourpres, sans pétales, en groupes, printemps, avant les feuilles. ***Fruit*** Aile aplatie au bout, 4 cm de long, vert, brun pâle à maturité, en groupes pendants.
- **ORIGINE** N. de l'Afrique, S.-O. de l'Europe.
- **HABITAT** Bois et bords de rivière.

Hauteur 25 m	Port Colonne large	Feuilles Caduques	Type

Famille OLÉACÉES	Espèce *Fraxinus excelsior*	Auteur Linnaeus

FRÊNE COMMUN

Feuilles Pennées, 30 cm de long, 9 à 13 folioles oblongues-ovales à lancéolées, de 10 cm de long et 3 cm de large, acuminées, à dents aiguës, vert foncé dessus, les latérales sur un pétiolule court. ***Écorce*** Gris pâle et lisse, se fissure avec l'âge. ***Fleurs*** Minuscules, pourpres, sans pétales, s'ouvrant à partir de boutons presque noirs, sur plantes séparées ou non, printemps, avant les feuilles. ***Fruit*** Se terminant par une aile aplatie, 4 cm de long, vert, brun pâle à maturité, en groupes pendants.
- **ORIGINE** Europe.
- **HABITAT** Bois humides, bords de rivière.

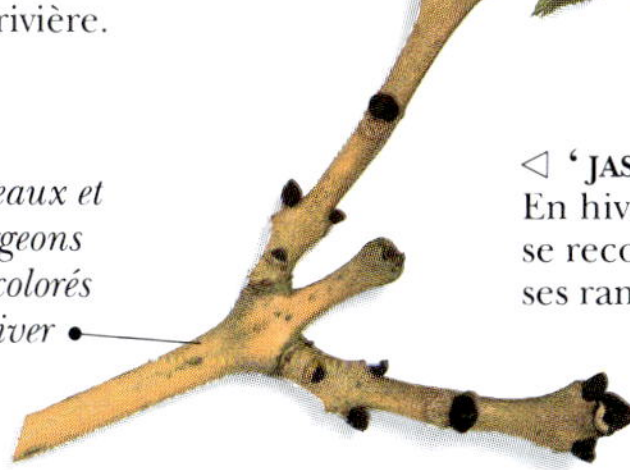

◁ **'JASPIDEA'**
En hiver, cette forme se reconnaît facilement à ses rameaux jaunes trapus, qui contrastent vivement avec les bourgeons foliaires noirs.

Hauteur 40 m	Port Colonne large	Feuilles Caduques	Type

Famille OLÉACÉES	Espèce *Fraxinus ornus*	Auteur Linnaeus

FRÊNE À FLEURS

Feuilles Pennées, 20 cm ou plus de long, 5 à 9 folioles oblongues à ovales, acuminées, à dents aiguës, de 12 cm de long et 5 cm de large, folioles latérales à pétiolules distincts, vert mat dessus, plus pâles dessous ; bourgeons foliaires d'hiver gris foncé. ***Écorce*** Grise, lisse. ***Fleurs*** Petites, blanches, 4 pétales fins de 6 mm de long, odorantes, en grands bouquets coniques, duveteuses, de 20 cm de long, fin du printemps à début d'été. ***Fruit*** Samare de 2,5 cm de long, vert, brun pâle à maturité, se terminant par une aile aplatie, pendant par groupes.

• **ORIGINE** S.-O. de l'Asie, S. de l'Europe.

• **HABITAT** Bois, sur pentes sèches et ensoleillées.

• **REMARQUE** Chez la plupart des frênes (*Fraxinus*), les fleurs sont insignifiantes. Les inflorescences de cette espèce sont très spectaculaires, d'où son nom.

Hauteur 20 m (10 m)	Port Largement étalé	Feuilles Caduques	Type

Famille OLÉACÉES	Espèce *Fraxinus pennsylvanica*	Auteur Marshall

FRÊNE ROUGE

Feuilles Pennées, 30 cm de long, 5 à 9 folioles ovales à lancéolées, acuminées, à dents aiguës ou parfois non dentées, de 12 cm de long et 5 cm de large, folioles latérales sur des pétiolules distincts, vert foncé brillant dessus, jaunes en automne ; bourgeons foliaires à poils bruns. ***Écorce*** Gris-brun, crêtes étroites, entrelacées. ***Fleurs*** Mâles et femelles très petites, vertes ou pourpres, sans pétales, en groupes sur plantes séparées, printemps, avant les feuilles. ***Fruit*** Samare de 5 cm de long, vert, brun pâle à maturité, se terminant par une aile aplatie, pendant par groupes.

• **ORIGINE** Amérique du Nord.

• **HABITAT** Bois humides.

Hauteur 25 m	Port Colonne large	Feuilles Caduques	Type

Famille OLÉACÉES	Espèce *Ligustrum lucidum*	Auteur Aiton f.

LIGUSTRUM LUCIDUM

Feuilles Ovales, de 10 cm de long et 5 cm de large, extrémité effilée en pointe fine, non dentées, d'abord bronze, puis vert foncé brillant dessus, plus pâles et ternes dessous, lisses des 2 côtés. ***Écorce*** Grise, lisse. ***Fleurs*** Petites, blanches, odorantes, 4 pétales joints, en abondance sur de grandes panicules coniques dressées de 20 cm de long, pendant une longue période en fin d'été et en automne. ***Fruit*** Baie bleu-noir, 1 cm de long.

- **ORIGINE** Chine, Corée, Japon.
- **HABITAT** Bois de collines et vallées fluviales en montagne.
- **REMARQUE** Cette espèce, grand arbuste ou arbre de taille petite ou moyenne, fait partie des troènes à feuillage persistant. Sa période de floraison est inhabituellement longue.

LIGUSTRUM LUCIDUM

'EXCELSIUM SUPERBUM' ▷
Les feuilles de cette forme sont teintées de bronze au stade juvénile. Elles deviennent ensuite vert vif, avec une marge jaune virant au blanc crème.

▽ **'TRICOLOR'**
Le jeune feuillage de cette forme est teinté de rose.

Hauteur 12 m	Port Cône large	Feuilles Persistantes	Type

Famille OLÉACÉES	Espèce *Phillyrea latifolia*	Auteur Linnaeus

PHILLYREA LATIFOLIA

Feuilles Ovales à lancéolées, de 5 cm de long et 4 cm de large, dentées, vert très foncé brillant dessus, plus pâles dessous, lisses des 2 côtés ; taille et forme variables sur les plantes juvéniles. ***Écorce*** Gris pâle, lisse, gris foncé, se craquelant en petites plaques carrées avec l'âge. ***Fleurs*** Très petites, blanc verdâtre, étamines saillantes à anthères jaunes, en groupes à l'aisselle des feuilles, fin du printemps à début d'été. ***Fruit*** Petite drupe globuleuse bleu-noir, 1 cm de diamètre.

- **ORIGINE** S. de l'Europe.
- **HABITAT** Bois à feuillage persistant.

Hauteur 10 m	Port Largement étalé	Feuilles Persistantes	Type

LES PALMIERS

LES PALMIERS FORMENT un groupe distinct comptant plus de 200 genres et 2 500 espèces distribuées surtout dans les régions tropicales. Les espèces originaires d'Amérique du Nord proviennent seulement des États du Sud ; deux espèces sont d'origine européenne, de Crète et de l'ouest du bassin méditerranéen.

Ce sont des arbres ou des arbustes, parfois des plantes grimpantes, qui diffèrent de plusieurs façons des autres arbres. À peu d'exceptions près, ils ont un tronc (appelé stipe) unique, sans branches, dont la circonférence ne s'accroît plus une fois formé. Les feuilles souvent très grandes sont de 2 types principaux : palmées, en forme d'éventail (ex. *Trachycarpus*), ou pennées (ex. *Phoenix*). Petites fleurs à 3 sépales et 3 pétales, souvent en groupes très grands et lourds, mâles et femelles parfois sur plantes séparées.

Famille PALMIERS	Espèce *Trachycarpus fortunei*	Auteur (W.J. Hooker) Wendland

PALMIER DE CHINE

Feuilles En forme d'éventail, 120 cm de large, fendues en segments, vert foncé dessus, bleu-vert dessous. ***Écorce*** Densément couverte de fibres brunes et de résidus d'anciennes feuilles. ***Fleurs*** Très petites, jaunes, odorantes, en groupes pendants, sur plantes séparées, début d'été. ***Fruit*** Globuleux à réniforme, bleu-noir, 1,2 cm de long.
- **ORIGINE** C. et S. de la Chine.
- **HABITAT** Pentes de montagne.

Hauteur 10 m	Port Particulier	Feuilles Persistantes	Type

LES PITTOSPORACÉES

NEUF GENRES et plus de 200 espèces d'arbres, d'arbustes et de plantes grimpantes, originaires des régions tropicales, surtout de l'Australasie. Feuilles persistantes alternes, la plupart non dentées. Petites fleurs à 5 lobes, en général tubulaires, évoluant en fruit sec ou charnu.

Famille PITTOSPORACÉES	Espèce *Pittosporum tenuifolium*	Auteur Gaertner

PITTOSPORUM TENUIFOLIUM

Feuilles Oblongues à elliptiques, de 6 cm de long et 2 cm de large, bord ondulé, vert assez clair, luisantes, lisses, sur des rameaux noir-pourpre foncé. ***Écorce*** Gris foncé, lisse. ***Fleurs*** Petites, tubulaires, environ 1 cm de long, blanchâtres avec 5 lobes réfléchis rouge-pourpre profond, anthères jaunes, parfum puissant, solitaires ou en groupes à l'aisselle des feuilles, fin du printemps. ***Fruit*** Capsule globuleuse, environ 1,2 cm de diamètre, verte, presque noire à maturité.
• **ORIGINE** Nouvelle-Zélande.
• **HABITAT** Forêts, de la côte à la montagne.

△ **PITTOSPORUM TENUIFOLIUM**

'ABBOTSBURY GOLD' ▷
La tache jaune-vert sur les feuilles de cette forme se remarque surtout sur le jeune feuillage.

▽ **'EILA KEIGHTLEY'**
Forme à feuilles tachées de jaune verdâtre.

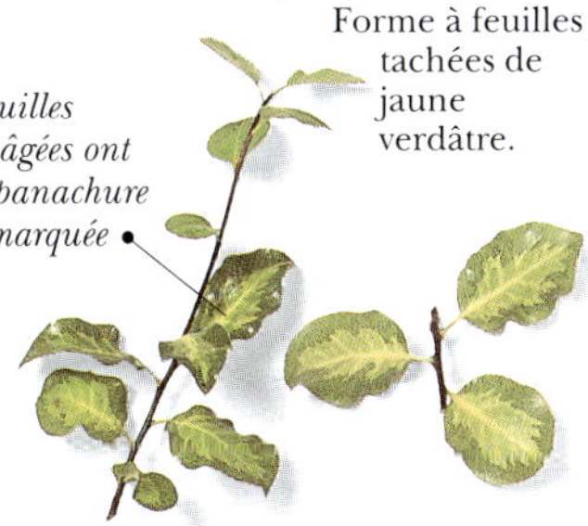

'IRENE PATERSON' ▷
Forme à jeunes feuilles blanc crème qui deviennent vert fonce marqué de blanc en se développant.

◁ **'PURPUREUM'**
Forme dont les jeunes feuilles vert pâle deviennent rouge-pourpre intense en vieillissant.

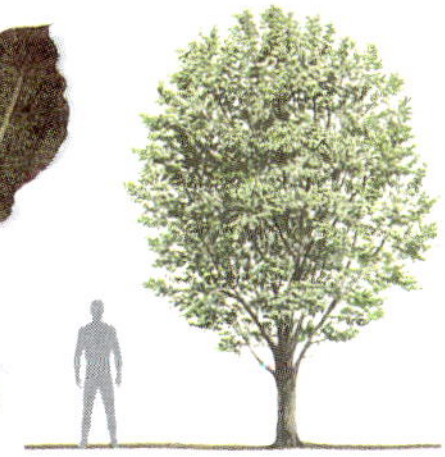

Hauteur 10 m (5 m)	Port Colonne large	Feuilles Persistantes	Type

LES PLATANACÉES

UN SEUL GENRE, *Platanus*, et 7 espèces dans cette famille. Grands arbres qui poussent, à l'état sauvage, surtout aux États-Unis et au Mexique.
Feuilles caduques alternes et palmatilobées, sauf celles du *Platanus kerrii*, du Sud-Est asiatique, non lobées.
Groupes denses de fleurs minuscules, pendant sur des pédoncules courts, solitaires ou par groupe.

Famille PLATANACÉES	Espèce *Platanus* × *acerifolia*	Auteur (Aiton) Willdenow

PLATANE COMMUN

Feuilles Palmatilobées, 20 cm de long et 25 cm de large, 3 à 5 grands lobes dentés, vert vif brillant dessus, plus pâles dessous, couvertes de poils bruns squameux au stade juvénile. ***Écorce*** Brune, grise et crème, s'exfoliant par plaques. ***Fleurs*** Très petites, mâles jaunes, femelles rougeâtres, en petits capitules sphériques, séparés sur la même plante, fin du printemps. ***Fruit*** Akènes réunis en petites boules hérissées de poils bruns, 2,5 cm de diamètre, vertes, brunes à maturité, pendant par 2 ou 4, persistant tout l'hiver.
• **ORIGINE** Horticole.
• **REMARQUE** Appelé aussi *Platanus* × *hispanica*. Hybride probable du platane d'Occident (*Platanus occidentalis*, p. 235) et du platane d'Orient (*Platanus orientalis*, p. 235).

Hauteur 35 m	Port Colonne large	Feuilles Caduques	Type

Famille PLATANACÉES	Espèce *Platanus occidentalis*	Auteur Linnaeus

PLATANE D'OCCIDENT

Feuilles Palmatilobées, 20 cm de long et de large, 3 lobes, vert luisant dessus, plus pâles dessous. ***Écorce*** Brune, grise et crème, pelante. ***Fleurs*** Très petites, mâles jaunes, femelles rougeâtres, en capitules globuleux séparés, sur la même plante, fin du printemps. ***Fruit*** Akènes en boules denses, brunes, 2,5 cm de diamètre.
• **ORIGINE**
E. de l'Amérique du Nord.
• **HABITAT** Sols fertiles et humides.

Hauteur 35 m	Port Colonne large	Feuilles Caduques	Type

Famille PLATANACÉES	Espèce *Platanus orientalis*	Auteur Linnaeus

PLATANE D'ORIENT

Feuilles Palmatilobées, 20 cm de long et 25 cm de large, avec généralement 5 lobes dentés, découpés jusqu'à plus de la moitié du limbe, vert luisant dessus, plus pâles dessous, couvertes de poils bruns squameux au stade juvénile. ***Écorce*** Grise, brun rosé et crème, s'exfoliant par plaques. ***Fleurs*** Très petites, mâles jaunes, femelles rougeâtres, en petits capitules globuleux, séparés, sur la même plante, fin du printemps. ***Fruit*** Akènes en petites boules denses, brunes, 2,5 cm de diamètre, pendant par 6 sur un pédoncule, persistant tout l'hiver.
• **ORIGINE** S.-E. de l'Europe.
• **HABITAT** Bois de montagne, bords de rivière, lieux humides.

Hauteur 30 m	Port Colonne large	Feuilles Caduques	Type

LES PROTÉACÉES

FAMILLE AVEC ENVIRON 75 genres et plus de 1 000 espèces d'arbres et d'arbustes, originaires de l'hémisphère Sud et poussant à l'état sauvage dans cette partie du globe, quelques-unes s'étendant jusqu'aux régions chaudes de l'hémisphère Nord. Feuilles persistantes alternes, simples à pennées; fleurs à calice de type pétale divisé en 4 lobes, les pétales eux-mêmes étant très petits et insignifiants. Les Protéacées sont surtout connues pour leurs espèces ornementales (p. ex. les espèces de *Grevillea*, *Banksia*, *Protea* et *Telopea*), et pour celles du genre *Macadamia*, cultivées en Australie et à Hawaii pour leurs noix comestibles.

Famille PROTÉACÉES	Espèce *Embothrium coccineum*	Auteur J.R. & J.G. Forster

EMBOTHRIUM COCCINEUM

Feuilles Elliptiques à oblongues, variables, 15 cm de long et 3 cm de large, non dentées, vert foncé à bleu-vert dessus, plus pâles dessous, coriaces, lisses des 2 côtés. ***Écorce*** Brun-pourpre, lisse, s'exfolie en vieillissant. ***Fleurs*** D'abord tubulaires, de 5 cm de long, se partageant en 4 lobes qui s'enroulent vers l'arrière en laissant saillir le style, orange-rouge vif, en bouquets, fin du printemps à début d'été. ***Fruit*** Capsule ligneuse, 3 cm de diamètre, prolongée par une sorte de bec.

- **ORIGINE** Argentine, Chili.
- **HABITAT** Terrains découverts à toutes les altitudes, de la côte à la montagne.
- **REMARQUE** L'un des représentants les plus spectaculaires de sa famille.

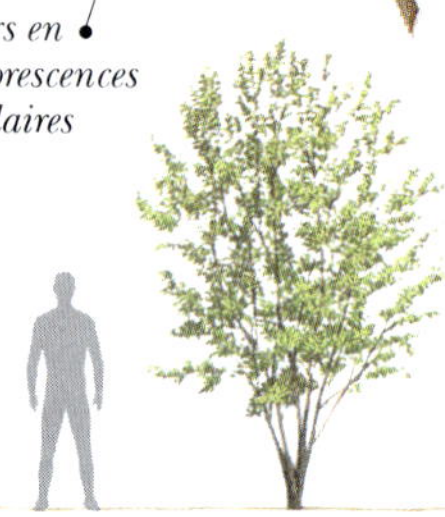

Hauteur 9 m	Port Colonne large	Feuilles Persistantes	Type

LES RHAMNACÉES

FAMILLE AVEC 60 GENRES et environ 900 espèces de plantes grimpantes, d'arbres et d'arbustes poussant, à l'état sauvage, dans le monde entier.
Souvent épineux, à feuilles persistantes ou non, alternes ou opposées, et à petites fleurs unisexuées, parfois portées sur plantes séparées.
Plusieurs espèces de nerprun (*Rhamnus*) produisent des colorants.

Famille RHAMNACÉES	Espèce *Rhamnus cathartica*	Auteur Linnaeus

NERPRUN PURGATIF

Feuilles Largement ovales à presque arrondies, 6 cm de long et 4 cm de large, extrémité en pointe courte, finement dentées, vert brillant dessus, plus pâles dessous, jaunes en automne, sur des rameaux à épines éparses. ***Écorce*** Orange-brun foncé, squameuse.
Fleurs Petites, pétales minuscules, calice vert à 4 lobes, odorantes, en groupes, début à milieu de l'été. ***Fruit*** Drupe globuleuse charnue, 1 cm de diamètre, verte, noire à maturité.
• **ORIGINE** Europe, O. de l'Asie, N. de l'Afrique.
• **HABITAT** Bois, taillis, haies, sur sols crayeux.

Hauteur 10 m	Port Largement étalé	Feuilles Caduques	Type

Famille RHAMNACÉES	Espèce *Rhamnus frangula*	Auteur Linnaeus

BOURDAINE

Feuilles Obovales, 7 cm de long et 4 cm de large, courte pointe émoussée, non dentées, vert brillant dessus, plus pâles dessous, rouges en automne.
Écorce Grise, lisse, craquelures verticales pâles, peu profondes.
Fleurs Très petites, pétales minuscules, calice vert à 5 lobes, en groupes, début à fin d'été. ***Fruit*** Drupe globuleuse, charnue, 1 cm de diamètre, verte, puis rouge, noire à maturité.
• **ORIGINE** O. de l'Asie, Europe.
• **HABITAT** Bois et broussailles, en général sur sols humides.
• **REMARQUE** Appelé aussi *Frangula alnus*.

Hauteur 5 m	Port Largement étalé	Feuilles Caduques	Type

LES ROSACÉES

FAMILLE LARGEMENT DISTRIBUÉE, rassemblant un grand nombre de plantes herbacées, d'arbres et d'arbustes à feuillage persistant ou caduc et comprenant plus de 100 genres et 3 000 espèces.
Les feuilles sont généralement alternes, de simples et non dentées à composées. Les fleurs ont le plus souvent 5 pétales. On observe plusieurs types de fructification : la structure du fruit permet de classer cette famille en plusieurs groupes. Les arbres décrits ici appartiennent à 2 groupes dont les fruits sont charnus, souvent comestibles ; mais alors que ceux des espèces de *Prunus* ne contiennent qu'une seule graine, ceux des *Amelanchier*, *Cotoneaster*, *Crataegus*, *Malus*, *Mespilus*, *Photinia*, *Pyrus* et *Sorbus* renferment 2 graines ou plus.

Famille ROSACÉES	Espèce *Amelanchier arborea*	Auteur (A. Michaux) Fernald

AMELANCHIER ARBOREA

Feuilles Ovales à obovales, 7,5 cm de long et 4 cm de large, arrondies à cordées à la base, apex généralement en pointe courte, finement dentées, plissées, blanches et velues au stade juvénile, devenant vert foncé et lisses, orange à rouges en automne. ***Écorce*** Grise et lisse, puis marquée de crêtes et écailleuse en vieillissant. ***Fleurs*** Blanches, 5 pétales étroits, en grappes dressées de 5 cm de long, au printemps avant le déploiement complet des feuilles. ***Fruit*** Baie globuleuse, sèche ou juteuse, sucrée, comestible, pourpre rougeâtre, de 8 mm de diamètre, mûrissant en été.
• **ORIGINE** C. et E. des États-Unis.
• **HABITAT** Bois, taillis, sur sols humides.

Hauteur 12 m	Port Largement étalé	Feuilles Caduques	Type

Famille ROSACÉES	Espèce *Amelanchier asiatica*	Auteur (Siebold & Zuccarini) Walpers

AMELANCHIER ASIATICA

Feuilles Ovales, 7,5 cm de long et 4 cm de large, arrondies à la base, pointues, dentées, vert foncé dessus, velues puis lisses dessous, orange et rouges en automne. ***Écorce*** Gris-brun, se fissure avec l'âge. ***Fleurs*** Blanches, en grappes dressées s'étalant ensuite, de 6 cm de long, printemps. ***Fruit*** Noir-pourpre, 1 cm de diamètre.
• **ORIGINE** Chine, Japon, Corée.
• **HABITAT** Situations ensoleillées, sèches.

Hauteur 12 m	Port Largement étalé	Feuilles Caduques	Type

Famille ROSACÉES	Espèce *Amelanchier laevis*	Auteur Wiegand

AMELANCHIER LAEVIS

Feuilles Elliptiques à ovales ou obovales, 6 cm de long et 2,5 cm de large, pointues, finement dentées, rouge bronze devenant vert foncé dessus, lisses, rouges ou orange en automne. ***Écorce*** Gris-brun, lisse. ***Fleurs*** Blanches, 5 pétales étroits, en grappes dressées à étalées de 7,5 cm de long, printemps. ***Fruit*** Globuleux, juteux, pourpre-noir, 8 mm de diamètre.
• **ORIGINE** E. de l'Amérique du Nord.
• **HABITAT** Bois, taillis.

Hauteur 12 m	Port Largement étalé	Feuilles Caduques	Type

Famille ROSACÉES	Espèce *Amelanchier lamarckii*	Auteur Schroeder

AMELANCHIER LAMARCKII

Feuilles Ovales à elliptiques, 7,5 cm de long et 4 cm de large, en général arrondies à la base, pointues, finement dentées, bronze devenant vert foncé. ***Écorce*** Grise et lisse, formant des craquelures verticales étroites. ***Fleurs*** Blanches, 5 pétales étroits, en grappes dressées à étalées de 7,5 cm de long, printemps. ***Fruit*** Globuleux, juteux, pourpre-noir, 1 cm de diamètre.
• **ORIGINE** Europe.
• **HABITAT** Sols sablonneux.

Hauteur 12 m	Port Largement étalé	Feuilles Caduques	Type

Famille ROSACÉES	Espèce *Cotoneaster frigidus*	Auteur Wallich

COTONEASTER FRIGIDUS

Feuilles Elliptiques à ovales, 12 cm de long et 5 cm de large, apex arrondi, non dentées, bord souvent ondulé, vert foncé mat et lisses dessus, grises et velues dessous, au moins au stade juvénile. ***Écorce*** Grise, s'exfolie avec l'âge. ***Fleurs*** 8 mm de diamètre, blanches, en corymbes de 10 cm de diamètre, mi-été. ***Fruit*** Globuleux, rouge vif, 5 mm de diamètre, en groupes pendant sur des tiges épaisses.

• **ORIGINE** Himalaya.

• **HABITAT** Taillis et bords de rivière.

• **REMARQUE** Petit arbre ou grand arbuste.

Hauteur 10 m (5 m)	Port Largement étalé	Feuilles Caduques	Type

Famille ROSACÉES	Espèce *Crataegus crus-galli*	Auteur Linnaeus

ÉPINE ERGOT DE COQ

Feuilles Obovales, 10 cm de long et 4 cm de large, base effilée, apex arrondi, moitié supérieure dentée, vert foncé brillant dessus, plus pâles dessous, lisses, orange et rouges en automne, rameaux à longues épines. ***Écorce*** Brun foncé, légèrement craquelée. ***Fleurs*** 1,5 cm de diamètre, blanches, 5 pétales, anthères roses, en corymbes arrondies, début d'été. ***Fruit*** Globuleux, charnu, rouge, 1 cm de diamètre.

• **ORIGINE** E. de l'Amérique du Nord.

• **HABITAT** Taillis en terrains secs et rocheux.

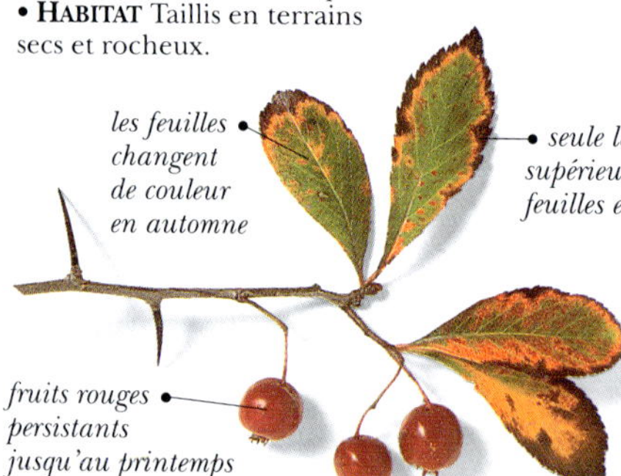

Hauteur 8 m	Port Largement étalé	Feuilles Caduques	Type

Famille ROSACÉES	Espèce *Crataegus laciniata*	Auteur Ucria

CRATAEGUS LACINIATA

Feuilles En losange, 5 cm de long et de large, à lobes profonds, souvent dentés au sommet, vert foncé luisant dessus, grises et velues dessous. ***Écorce*** Grise, s'exfolie par plaques minces. ***Fleurs*** 2 cm de diamètre, blanches, 5 pétales, anthères roses, en corymbes denses, début d'été. ***Fruit*** Globuleux ou légèrement oblong, rouge, parfois taché de jaune, 2 cm de diamètre, extrémité aplatie.
• **ORIGINE** S.-O. de l'Asie, S.-E. de l'Europe.
• **HABITAT** Lisières de bois et taillis.

Hauteur 6 m	Port Largement étalé	Feuilles Caduques	Type

Famille ROSACÉES	Espèce *Crataegus laevigata*	Auteur (Poiret) Candolle

ÉPINE BLANCHE

Feuilles Ovales à obovales, 5 cm de long et de large, lobes peu profonds, dentées, vert foncé brillant dessus, plus pâles dessous, devenant lisses. ***Écorce*** Grise, lisse, se craquelle en vieillissant. ***Fleurs*** 2 cm de diamètre, en général blanches, 5 pétales, en corymbes, fin du printemps. ***Fruit*** Globuleux à ovale, rouge, 2 cm de long.
• **ORIGINE** Europe.
• **HABITAT** Bois et haies.

▽ **'GIREOUDII'** Forme dont les jeunes feuilles vertes sont suivies d'un feuillage panaché.

◁ **'PAUL'S SCARLET'** Ce joli cultivar a été sélectionné pour ses fleurs, présentes de la fin du printemps au début de l'été.

Hauteur 10 m	Port Largement étalé	Feuilles Caduques	Type

Famille ROSACÉES	Espèce *Crataegus × lavallei*	Auteur Heirincq ex Lavallée

CRATAEGUS × LAVALLEI

Feuilles Obovales à elliptiques, 10 cm de long et 5 cm de large, base effilée, apex pointu, dentées, vert foncé brillant et lisses dessus, plus pâles et velues dessous. ***Écorce*** Grise, grossièrement écailleuse. ***Fleurs*** 2,5 cm de diamètre, blanches, 5 pétales, anthères roses, en corymbes aplatis sur des pédicelles pubescents, début à milieu de l'été. ***Fruit*** Globuleux, rouge, 2 cm de diamètre.
• **ORIGINE** Horticole.
• **REMARQUE** Hybride de l'épine ergot de coq (*C. crus-galli*, p. 240) et de *C. mexicana*. Appelé précédemment *C. carrierei*.

'CARRIEREI'

Hauteur 10 m	Port Largement étalé	Feuilles Caduques	Type

Famille ROSACÉES	Espèce *Crataegus mollis*	Auteur (Torrey & Gray) Scheele

CRATAEGUS MOLLIS

Feuilles Largement ovales, 10 cm de long et de large, 4 à 5 lobes peu profonds de chaque côté, dents aiguës, vert foncé brillant dessus, velues dessous, surtout au stade juvénile ; rameaux à épines luisantes de 5 cm de long. ***Écorce*** Rouge-brun, puis gris-brun, se craquelle en plaques squameuses. ***Fleurs*** 2,5 cm de diamètre, blanches, anthères jaunes, en larges corymbes sur des pédicelles pubescents, fin du printemps à début d'été. ***Fruit*** Globuleux, pubescent, rouge, 2,5 cm de diamètre.
• **ORIGINE** C. des États-Unis.
• **HABITAT** Bords de rivières dans les bois, souvent en terrain calcaire.

Hauteur 12 m	Port Colonne large	Feuilles Caduques	Type

Famille ROSACÉES	Espèce *Crataegus monogyna*	Auteur Jacquin

AUBÉPINE MONOGYNE

Feuilles Ovales à obovales, 5 cm ou plus de long et presque autant de large, profondément découpées en lobes pointus et dentés, vert foncé brillant et lisses dessus, plus pâles et lisses dessous, avec des poils à l'aisselle des nervures. ***Écorce*** Orange-brun, se craquelle. ***Fleurs*** 1,5 cm de diamètre, blanches, en groupes, fin du printemps. ***Fruit*** Ovales, rouges, 1,2 cm de diamètre.
- **ORIGINE** Europe.
- **HABITAT** Bois et taillis.

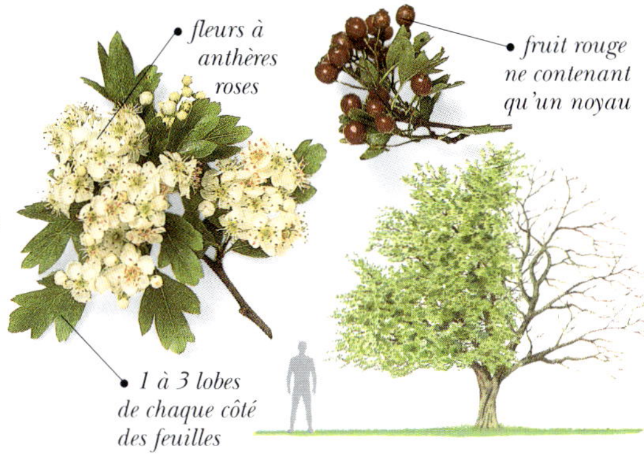

Hauteur 10 m	Port Largement étalé	Feuilles Caduques	Type

Famille ROSACÉES	Espèce *Crataegus phaenopyrum*	Auteur Linnaeus f.

CRATAEGUS PHAENOPYRUM

Feuilles Largement ovales, 3 à 5 lobes pointus, à dents aiguës, vert foncé brillant et lisses dessus, plus pâles et lisses ou à poils épars dessous. ***Écorce*** Rouge-brun à gris-brun, fine, squameuse. ***Fleurs*** 1,2 cm de diamètre, 5 pétales, en corymbes, début à milieu de l'été. ***Fruit*** Globuleux, petit, rouge, 6 mm de diamètre.
- **ORIGINE** S.-E. des États-Unis.
- **HABITAT** Bois et taillis.

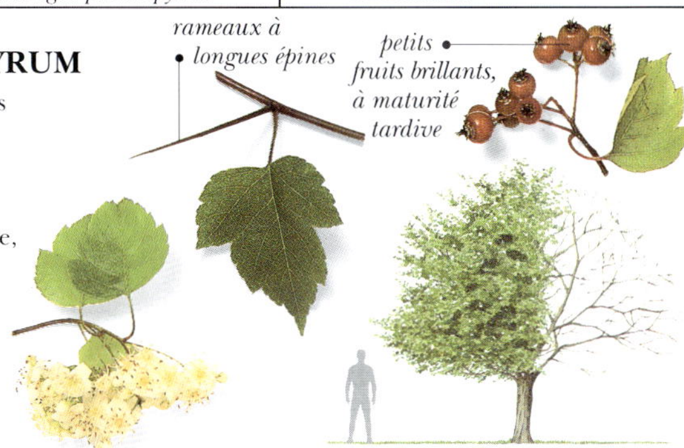

Hauteur 12 m	Port Largement étalé	Feuilles Caduques	Type

Famille ROSACÉES	Espèce *Crataegus prunifolia*	Auteur (Lamarck) Persoon

CRATAEGUS PRUNIFOLIA

Feuilles Largement elliptiques à obovales, 7,5 cm de long et 6 cm de large, dents aiguës, vert foncé brillant et lisses dessus, velues sur les nervures dessous. ***Écorce*** Brun-pourpre, se craquelle. ***Fleurs*** 1,5 cm de diamètre, blanches, 5 pétales, en corymbes arrondis, début d'été. ***Fruit*** Globuleux, rouge vif, 1,5 cm de diamètre.
- **ORIGINE** Horticole.
- **REMARQUE** Probablement un hybride de l'épine ergot de coq (*C. crus-galli*, p. 240) et de *C. macracantha*.

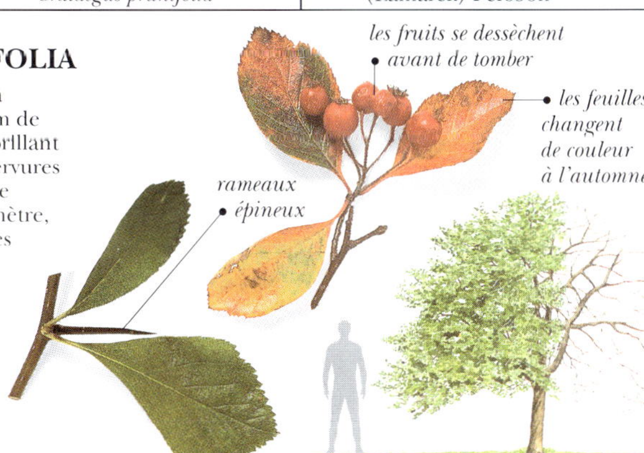

Hauteur 6 m	Port Largement étalé	Feuilles Caduques	Type

Famille ROSACÉES	Espèce × *Crataemespilus grandiflora*	Auteur (W.W. Smith) E.G. Camus

× CRATAEMESPILUS GRANDIFLORA

Feuilles Elliptiques à obovales, 7,5 cm de long et 5 cm de large, vert brillant dessus, devenant orange vif en automne ; profondément lobées sur les pousses vigoureuses. ***Écorce*** Orange-brun pâle, s'exfolie par plaques fines. ***Fleurs*** 2,5 cm de diamètre, blanches, 5 pétales, groupées par 3, fin du printemps. ***Fruit*** Globuleux, légèrement velu, orange-brun brillant, 2 cm de diamètre.

- **ORIGINE** Horticole.
- **REMARQUE** On suppose qu'il s'agit d'un hybride de l'épine blanche (*Crataegus laevigata*, p. 241) et du néflier commun (*Mespilus germanica*, p. 255).

× **CRATAEMESPILUS** △
GRANDIFLORA

+ **CRATAEGOMESPILUS DARDARII** ▽
'JULES D'ASNIÈRES'
Hybride de greffage à feuilles aux lobes arrondis, à fleurs plus petites, et à petits fruits bruns.

Hauteur 8 m	Port Largement étalé	Feuilles Caduques	Type

Famille ROSACÉES	Espèce *Cydonia oblonga*	Auteur Miller

COGNASSIER COMMUN

Feuilles Largement elliptiques à ovales, 10 cm de long et 6 cm de large, non dentées, blanc grisâtre et pubescentes au stade juvénile, devenant vert foncé dessus, grises et velues dessous, sur des pétioles courts. ***Écorce*** Brun-pourpre, s'exfolie, nouvelle écorce orange-brun. ***Fleurs*** 5 cm de diamètre, rose pâle ou blanches, 5 pétales, solitaires, fin du printemps. ***Fruit*** En forme de poire ou parfois de pomme, jaune, 10 cm de long, d'abord velouté, puis devenant gras au toucher, très parfumé ; plus petit sur les plantes sauvages.

- **ORIGINE** C. et S.-O. de l'Asie.
- **HABITAT** Lisières de bois, forêts, et pentes de montagne, souvent sur terrains calcaires.

Hauteur 5 m	Port Largement étalé	Feuilles Caduques	Type

Famille ROSACÉES	Espèce *Malus baccata*	Auteur (Linnaeus) Borkhausen

POMMIER À PETITS FRUITS

Feuilles Elliptiques à ovales, 7,5 cm de long et 4 cm de large, acuminées, finement dentées, vert foncé dessus, plus pâles dessous, lisses des deux côtés. ***Écorce*** Gris-brun, s'exfolie par plaques carrées ; nouvelle écorce rouge-brun. ***Fleurs*** 4 cm de diamètre, blanches nuancées de rose, blanches à l'éclosion, 5 pétales, anthères jaunes, en bouquets, mi-printemps au moment de l'émergence des feuilles. ***Fruit*** Arrondi, petit, rouge ou jaune, 1 cm de diamètre.
• **ORIGINE** E. de l'Asie.
• **HABITAT** Bois et broussailles.

les jeunes feuilles vert pâle se déploient quand les fleurs s'ouvrent

petits fruits sur des pédoncules grêles

feuilles bordées de dents fines

Hauteur 15 m	Port Largement étalé	Feuilles Caduques	Type

Famille ROSACÉES	Espèce *Malus coronaria*	Auteur (Linnaeus) Miller

POMMIER ODORANT

Feuilles Ovales, 10 cm de long et 6 cm de large, à dents aiguës souvent doubles, rougeâtres et pubescentes devenant vert foncé dessus, lisses ; lobées vers la base sur les pousses vigoureuses. ***Écorce*** Rouge-brun et squameuse, fissures verticales. ***Fleurs*** 5 cm de diamètre, roses, en bouquets, fin du printemps. ***Fruit*** Globuleux, vert, 4 cm de diamètre, légèrement plus large que long.
• **ORIGINE** E. de l'Amérique du Nord.
• **HABITAT** Bois et taillis.

fleurs odorantes

les feuilles se colorent souvent à l'automne

MALUS CORONARIA

revers des jeunes feuilles velu

les fruits durs restent verts

◁ **'CHARLOTTAE'**
Forme à fleurs doubles, au parfum de violette.

Hauteur 9 m	Port Largement étalé	Feuilles Caduques	Type

Famille ROSACÉES	Espèce *Malus domestica*	Auteur Borkhausen

POMMIER COMMUN

Feuilles Ovales à largement elliptiques, 12 cm de long et 7,5 cm de large, dentées, vert jaunâtre devenant vert foncé dessus, en général velues, au moins dessous. ***Écorce*** Gris-brun à brun-pourpre, pelant par petites plaques fines. ***Fleurs*** 5 cm de diamètre, blanches tachées de rose, 5 pétales, en bouquets, fin du printemps. ***Fruit*** Très variable, globuleux, sucré à acide, comestible, 10 cm ou plus de diamètre, vert à jaune, ou marbré de rouge ou entièrement rouge.
• **ORIGINE** Horticole.
• **REMARQUE** Hybride de plusieurs espèces européennes et asiatiques, cultivé depuis longtemps pour ses fruits, à présent largement répandu dans les régions tempérées du globe.

Hauteur 10 m	Port Largement étalé	Feuilles Caduques	Type

Famille ROSACÉES	Espèce *Malus florentina*	Auteur (Zuccagni) Schneider

MALUS FLORENTINA

Feuilles Largement ovales, 6 cm de long et 5 cm de large, lobées, dentées, vert foncé dessus, densément velues dessous, pourpres et rouges en automne. ***Écorce*** Rouge à pourpre-brun, s'exfolie largement par petites plaques minces et carrées ; nouvelle écorce orange-brun. ***Fleurs*** 2 cm de diamètre, blanches, 5 pétales, anthères jaunes, en bouquets, fin du printemps à début d'été. ***Fruit*** Globuleux à piriforme, orange rougeâtre, environ 1 cm de diamètre.
• **ORIGINE** Du N. de l'Italie au N. de la Turquie.
• **HABITAT** Broussailles et pentes rocheuses.
• **REMARQUE** Probablement un hybride d'un pommier (*Malus*) et de l'alisier torminal (*Sorbus torminalis*, p. 282), rarement rencontré dans la nature.

Hauteur 8 m	Port Colonne large	Feuilles Caduques	Type

Famille ROSACÉES	Espèce *Malus floribunda*	Auteur Siebold ex van Houtte

POMMIER DU JAPON

Feuilles Elliptiques, 10 cm de long et 5 cm de large, acuminées, dents aiguës, vert foncé et lisses dessus, velues dessous quand elles sont jeunes ; parfois lobées sur les pousses vigoureuses. ***Écorce*** Gris-pourpre, s'exfolie par plaques fines en vieillissant.
Fleurs 2,5 cm de diamètre, rouge foncé en bouton, rose pâle à l'éclosion devenant blanches, 5 pétales, très abondantes, en bouquets, mi-printemps. ***Fruit*** Globuleux, jaune, 2 cm de diamètre.
• **ORIGINE** Horticole.
• **REMARQUE** Hybride d'origine inconnue introduit en Occident à partir du Japon.

Hauteur 5 m	Port Largement étalé	Feuilles Caduques	Type

Famille ROSACÉES	Espèce *Malus hupehensis*	Auteur (Pampanini) Rehder

MALUS HUPEHENSIS

Feuilles Elliptiques à ovales, 10 cm de long et 6 cm de large, acuminées, finement dentées, devenant vert foncé et lisses dessus. ***Écorce*** Brun-pourpre, s'exfolie par plaques rectangulaires ; nouvelle écorce orange-brun. ***Fleurs*** 5 cm de diamètre, roses en boutons, blanches à l'éclosion, 5 pétales larges et embrassants, parfumées, généralement très abondantes, en gros bouquets, mi-printemps. ***Fruit*** Globuleux plutôt aplati, rouge sombre, 1 cm de diamètre, pendant par groupes sur des pédoncules rouges et élancés, persistant longtemps après la chute des feuilles.
• **ORIGINE** Chine.
• **HABITAT** Terrains boisés en montagne.

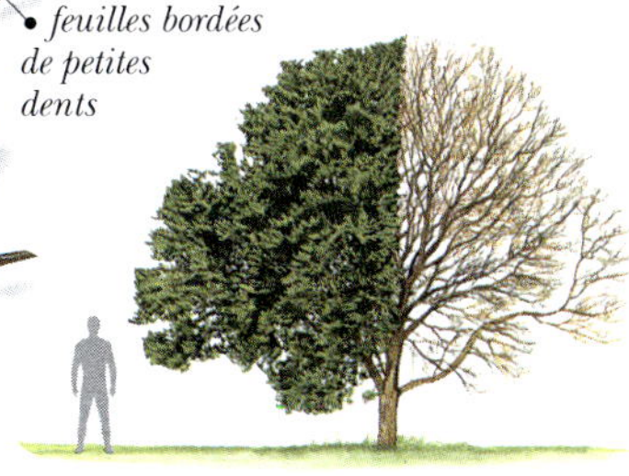

Hauteur 12 m	Port Largement étalé	Feuilles Caduques	Type

Famille ROSACÉES	Espèce *Malus ioensis*	Auteur (Wood) Britton

MALUS IOENSIS

Feuilles Largement ovales, 10 cm de long et 5 cm de large, lobes peu profonds, dentées, vert foncé brillant dessus, pubescentes dessous, devenant orange-rouge vif en automne. ***Écorce*** Rougeâtre à brun pourpré, s'exfoliant. ***Fleurs*** Roses à blanches, 5 pétales, par groupes de 6 au plus, printemps. ***Fruit*** Globuleux, lisse, dur et acide, vert pâle ou vert taché de rouge, 4 cm de diamètre.
• **ORIGINE** C. des États-Unis.
• **HABITAT** Bords de rivière humides et lisières de bois.

MALUS IOENSIS

▽ **'PLENA'**
Forme à fleurs semi-doubles, dont la couleur s'atténue de rose à blanc.

Hauteur 8 m	Port Largement étalé	Feuilles Caduques	Type

Famille ROSACÉES	Espèce *Malus prunifolia*	Auteur (Willdenow) Borkhausen

MALUS PRUNIFOLIA

Feuilles Elliptiques à ovales, 10 cm de long et 6 cm de large, dentées, vert foncé. ***Écorce*** Brun-pourpre à gris-brun, s'exfolie par plaques rectangulaires ; nouvelle écorce rouge-brun. ***Fleurs*** 4 cm de diamètre, roses en bouton, blanches à l'éclosion, 5 pétales, odorantes, en groupes de dix au plus, mi-printemps. ***Fruit*** Globuleux à ovoïde, rouge vif, 2,5 cm de diamètre, sépales persistants à l'extrémité.
• **ORIGINE** Horticole.
• **HABITAT** Espèce dont l'origine précise n'a pas été établie.
• **REMARQUE** Probablement un hybride, sans doute introduit en Occident à partir du N.-E. de l'Asie.

Hauteur 10 m	Port Largement étalé	Feuilles Caduques	Type

Famille ROSACÉES	Espèce *Malus* × *purpurea*	Auteur (Barbier) Rehder

MALUS × PURPUREA

Feuilles Elliptiques à étroitement ovales, 7,5 cm de long, pointues, dentées, vert pourpré. ***Écorce*** Brun-pourpre, se craquelant et s'exfoliant. ***Fleurs*** 4 cm de diamètre, rose pourpré foncé à l'éclosion, en bouquets, printemps. ***Fruit*** Globuleux, pourpre rougeâtre intense, 2,5 cm de diamètre.
• **ORIGINE** Horticole.
• **REMARQUE** Hybride de *M.* × *atrosanguinea* et de *M. niedzwetzkyana*.

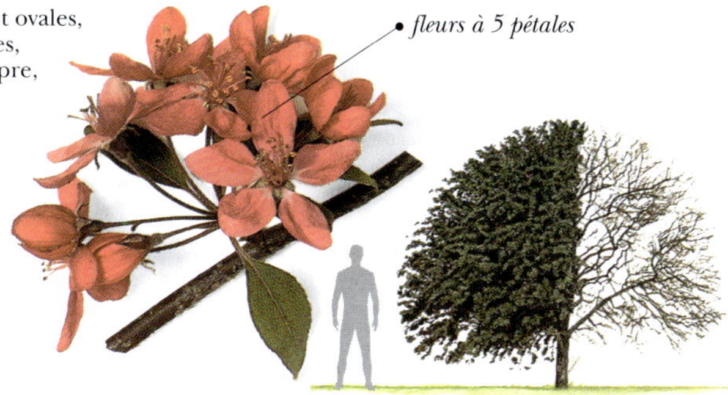

Hauteur 8 m	Port Largement étalé	Feuilles Caduques	Type

Famille ROSACÉES	Espèce *Malus sieboldii*	Auteur (Regel) Rehder

MALUS SIEBOLDII

Feuilles Elliptiques à ovales, 6 cm de long et 3 cm de large, acuminées, dentées, vert foncé mat dessus, plus pâles dessous, pubescentes des deux côtés au stade juvénile, devenant presque lisses ; avec 3 à 5 lobes sur les pousses vigoureuses. ***Écorce*** Gris foncé, se craquelle en petites plaques. ***Fleurs*** 2 cm de diamètre, roses en bouton, blanches à l'éclosion, 5 pétales, odorantes, en petits bouquets, mi-printemps. ***Fruit*** Globuleux, rouge ou jaune, 1 cm de diamètre, sans sépales à maturité, sur des pédoncules grêles, persistant quelque temps.
• **ORIGINE** Japon.
• **HABITAT** Zones humides, ensoleillées.

Hauteur 10 m	Port Largement pleureur	Feuilles Caduques	Type

Famille ROSACÉES	Espèce *Malus transitoria*	Auteur (Batalin) Schneider

MALUS TRANSITORIA

Feuilles Variables, petites, oblongues, de 2,5 cm de long sur les pousses courtes, de 7,5 cm de long et 6 cm de large sur les pousses vigoureuses, profondément découpées en 3 lobes, le lobe central avec un lobe de chaque côté, dents aiguës, vert vif dessus, plus pâles dessous, finement velues. ***Écorce*** Brun-pourpre, se craquelle en plaques lisses rectangulaires, verticales. ***Fleurs*** 2 cm de diamètre, blanches, 5 pétales, en petits bouquets, fin du printemps. ***Fruit*** Petit, jaune, 8 mm de diamètre, légèrement aplati, sur des pédoncules grêles rouges.
• **ORIGINE** N.-O. de la Chine.
• **HABITAT** Bois et taillis.

Hauteur 10 m	Port Largement étalé	Feuilles Caduques	Type

Famille ROSACÉES	Espèce *Malus trilobata*	Auteur (Labillardière) Schneider

MALUS TRILOBATA

Feuilles 9 cm de long et 12 cm de large, 3 lobes profonds, le lobe central découpé en 3 lobes ou plus, les lobes basaux constitués de un ou plusieurs lobes, vert foncé brillant dessus, plus pâles et velues dessous, jaunes, rouges et pourpres à l'automne. ***Écorce*** Gris-brun foncé, se craquelle en nombreuses petites plaques, sur un tronc cannelé. ***Fleurs*** 4 cm de diamètre, blanches, 5 pétales, anthères jaunes, s'ouvrant à partir de boutons laineux, en bouquets à l'extrémité des rameaux, été. ***Fruit*** Petit, dur, vert ou vert taché de rouge, 2 cm de diamètre.
• **ORIGINE** S.-O. de l'Asie, Grèce.
• **HABITAT** Broussailles à feuillage persistant.

Hauteur 15 m	Port Cône étroit	Feuilles Caduques	Type

Famille ROSACÉES	Espèce *Malus tschonoskii*	Auteur (Maximowicz) Schneider

MALUS TSCHONOSKII

Feuilles Largement ovales, 12 cm de long et 7,5 cm de large, pointues, dents aiguës, grises et velues devenant lisses et brillantes dessus, finement velues dessous. ***Écorce*** Brun-pourpre, lisse devenant fissurée et rugueuse avec l'âge. ***Fleurs*** 3 cm de diamètre, blanches teintées de rose, 5 pétales, anthères jaunes, groupées par 5 au plus, fin du printemps. ***Fruit*** Globuleux, jaune-vert taché de rouge, 3 cm de diamètre, strié de rouge-brun.

• **ORIGINE** Japon.

• **HABITAT** Sols rocheux peu profonds dans les bois.

Hauteur 15 m	Port Cône	Feuilles Caduques	Type

Famille ROSACÉES	Espèce *Malus yunnanensis*	Auteur (Franchet) Schneider

MALUS YUNNANENSIS

Feuilles Largement ovales, 10 cm de long et 9 cm de large, pointues à l'apex, lobes peu profonds, finement dentées, vert pâle mat dessus, duvet doux dessous, orange à rouges et pourpres en automne. ***Écorce*** Gris-brun foncé, pelant par petites plaques ; nouvelle écorce orange-brun. ***Fleurs*** 1,2 cm de diamètre, blanches, 5 pétales, en bouquets aplatis, fin du printemps. ***Fruit*** Globuleux, dur, rouge sombre, 1,5 cm de diamètre, largement strié de brun pâle, en groupes denses.

• **ORIGINE** S.-O. de la Chine.

• **HABITAT** Bois et taillis sur les pentes de montagne.

• **REMARQUE** La forme présentée, var. *veitchii*, diffère par ses fruits de couleur plus vive et ses feuilles cordées.

Hauteur 10 m	Port Colonne large	Feuilles Caduques	Type

Famille ROSACÉES	Espèce Hybrides de *Malus*	Auteur Sans

HYBRIDES DE POMMIERS

La plupart des pommiers de jardin sont des hybrides de diverses espèces, obtenus en culture et sélectionnés pour la beauté de leurs fleurs ou de leurs fruits ; l'intérêt de certains réside à la fois dans leurs fleurs et dans les fruits qui les suivent en automne. Ces plantes font en général de petits arbres étalés, atteignant environ 6-8 m de haut et fleurissant à la fin du printemps et au début de l'été. Plusieurs espèces ont des fleurs et des feuilles pourprées. Cette couleur est due à une hybridation avec *Malus niedzwetzkyana*, originaire du Turkestan (Asie centrale).

boutons floraux rosâtres

◁ **'BUTTERBALL'** Hybride obtenu en Amérique du Nord. Fruits globulaires, jaunâtres, succédant à des fleurs blanches tachées de rose.

▽ **'BUTTERBALL'**

les fruits persistent pendant l'automne et l'hiver

fruits jaune orangé à maturité

▽ **'DARTMOUTH'** Forme à petites fleurs blanches, s'ouvrant à partir de boutons nuancés de rose atténué. Gros fruits de 5 cm de diamètre, rouge-pourpre et duveteux.

abondance de fleurs blanches

◁ **'CRITTENDEN'** Arbres à fleurs blanches légèrement tachées de rose, suivies d'une profusion de fruits écarlates.

▽ **'CRITTENDEN'**

les bouquets de fleurs s'ouvrent après le déploiement des feuilles

fruits jaunes devenant pourpres puis rouge foncé en mûrissant

jeunes feuilles bronze pourpre

pétales pourpre rougeâtre se rétrécissant en une base blanche

◁ **'ELEYI'** Forme ornementale à petits fruits coniques pourpres.

Hauteur Jusqu'à 8 m	Port Largement étalé	Feuilles Caduques	Type

▽ **'John Downie'**
Forme dont les boutons rose doux s'ouvrent en petites fleurs blanches à anthères jaunes. Fruits ovoïdes de 3 cm de long, orange-jaune taché de rouge.

△ **'Golden Hornet'**
Forme à fleurs de 4 cm de diamètre, roses en bouton, blanc taché de rose en s'ouvrant. Fruits globuleux, jaunes, de 2,5 cm de diamètre.

'Golden Hornet' ▷

△ **'John Downie'**

◁ **'Lemoinei'**
Hybride à couleurs éclatantes, à jeunes feuilles bronze pourpré foncé, vert pourpré à maturité. Les fleurs rouge pourpré ont 4 cm de diamètre et les fruits, pourpre foncé, 1,5 cm de long.

▽ **'Liset'**
Forme à jeunes feuilles bronze pourpre devenant vert foncé, contrastant avec les fleurs rose-pourpre foncé.

△ **'Liset'**

Famille ROSACÉES	Espèce Hybrides de *Malus*	Auteur Sans

• *sur les pousses vigoureuses, feuilles souvent lobées*

• *petits fruits sur des pédoncules grêles*

◁ **'PROFUSION'**
Arbre à fleurs rouge pourpré de 4 cm de diamètre, en une abondance de gros bouquets. Feuilles vert foncé à nervures rouges, bronze pourpre au stade juvénile. Fruits globuleux pourpre rougeâtre foncé de 1,2 cm de diamètre, produits en automne.

pétales tachés de rose à la base •

'RED SENTINEL' ▷
Hybride à boutons roses s'ouvrant en fleurs blanches de 3 cm de diamètre, évoluant en fruits globuleux rouge foncé luisant, de 2,5 cm de diamètre, persistant longtemps.

fruits rouges à maturité •

△ **'RED JADE'**
Arbre en forme de champignon, qui porte des bouquets de boutons roses, s'ouvrant en fleurs blanches. Fruits rouge vif se maintenant sur l'arbre jusqu'en fin d'automne.

△ **'RED JADE'**

▽ **'ROYALTY'**
Arbre compact à feuilles rouge-pourpre luisant, rouges à la fin de l'automne. Boutons floraux rouge foncé, fleurs rouge-pourpre.

'ROYALTY' ▷

• *feuilles restant rougeâtres pendant la maturation des fruits*

fleurs doubles à 15 pétales •

'VAN ESELTINE' ▷
Forme caractérisée par son port dressé, ses fleurs doubles, et ses petits fruits d'automne jaunes ou jaune taché de rouge.

Hauteur 8 m	Port Variable	Feuilles Caduques	Type

Famille ROSACÉES	Espèce *Mespilus germanica*	Auteur Linnaeus

NÉFLIER COMMUN

Feuilles Elliptiques à oblongues, 15 cm de long et 5 cm de large, non ou finement dentées, vert foncé dessus, en général velues des 2 côtés, devenant jaunes et brunes en automne, pétioles très courts ; rameaux souvent épineux. ***Écorce*** Gris-brun et lisse au début, se craquelle en plaques minces en vieillissant ; nouvelle écorce orange-brun. ***Fleurs*** 5 cm de diamètre, blanches, 5 pétales, solitaires sur de courts pédoncules, fin du printemps à début d'été ; les arbres vigoureux refleurissent souvent en fin d'été. ***Fruit*** Subglobuleux aplati ou piriforme, charnu, brun, 3 cm de diamètre, sépales persistant à l'extrémité.

• **ORIGINE** S.-O. de l'Asie, S.-E. de l'Europe.

• **HABITAT** Forêts, lisières de bois et taillis de montagne.

• **REMARQUE** Les plantes sauvages ont tendance à être plus arbustives que les formes cultivées. Fruit comestible seulement après exposition au gel.

MESPILUS GERMANICA ▷

'NOTTINGHAM' ▷

▽ **'NOTTINGHAM'** Forme cultivée sélectionnée pour ses gros fruits.

Hauteur 6 m	Port Largement étalé	Feuilles Caduques	Type

Famille ROSACÉES	Espèce *Photinia beauverdiana*	Auteur Schneider

PHOTINIA BEAUVERDIANA

Feuilles Elliptiques à lancéolées ou obovales, 12 cm de long et 5 cm de large, base rétrécie, acuminées, dents aiguës, vert foncé dessus, lisses des 2 côtés, rouges en automne. ***Écorce*** Grise, lisse, crevassée à la base du tronc. ***Fleurs*** 1 cm de diamètre, blanches, 5 pétales, en corymbes aplatis de 5 cm de diamètre, fin du printemps. ***Fruit*** Ovoïde, 5 mm de diamètre, vert, rouge à maturité.
• **ORIGINE** O. de la Chine.
• **HABITAT** Bois et taillis.

Hauteur 6 m	Port Largement étalé	Feuilles Caduques	Type

Famille ROSACÉES	Espèce *Photinia davidiana*	Auteur (Descaine) Cardot

PHOTINIA DAVIDIANA

Feuilles Elliptiques à oblongues ou oblancéolées, 12 cm de long et 4 cm de large, acuminées, non dentées, vert foncé dessus, presque lisses des 2 côtés, rouges avant de tomber. ***Écorce*** Gris-brun, lisse. ***Fleurs*** 6 mm de diamètre, blanches, 5 pétales, anthères roses, en corymbes denses, arrondis, de 7,5 cm de diamètre, mi-été. ***Fruit*** Globuleux, rouge vif, environ 8 mm de diamètre, sur de longs pédoncules, en petits groupes.
• **ORIGINE** Chine, Vietnam.
• **HABITAT** Bois, taillis et falaises.

Hauteur 10 m (5 m)	Port Largement étalé	Feuilles Persistantes	Type

Famille ROSACÉES	Espèce *Photinia × fraseri*	Auteur Dress

PHOTINIA × FRASERI

Feuilles Oblongues à obovales, 15 cm de long et 6 cm de large, dentées, vert foncé brillant dessus, lisses. ***Écorce*** Gris-brun, lisse, pelant sur les gros troncs. ***Fleurs*** Blanches, en panicules aplaties de 12 cm de diamètre, fin du printemps à été. ***Fruit*** Globuleux, rouge, 5 mm de diamètre.

• **ORIGINE** Horticole.

• **REMARQUE** Hybride de *Photinia glabra* et de *P. serratifolia* (ci-dessous).

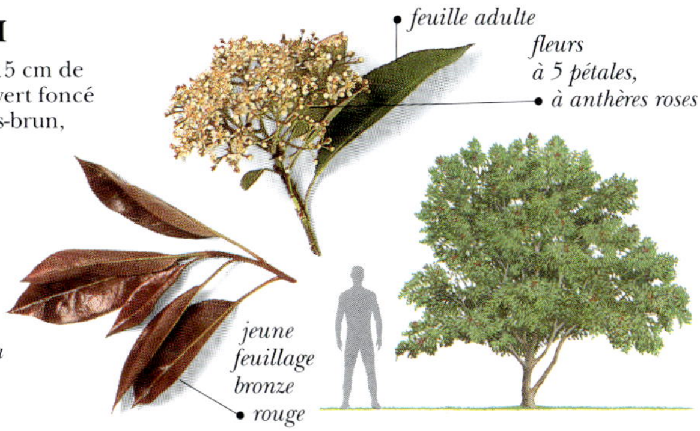

Hauteur 6 m	Port Largement étalé	Feuilles Persistantes	Type

Famille ROSACÉES	Espèce *Photinia serratifolia*	Auteur (Desfontaine) Kalkman

PHOTINIA SERRATIFOLIA

Feuilles Oblongues à lancéolées, 20 cm de long et 7,5 cm de large, dentées, vert foncé brillant dessus, lisses, sur des pousses vigoureuses lisses et rouges. ***Écorce*** Gris-brun, lisse, pelant par plaques irrégulières. ***Fleurs*** 1 cm de diamètre, blanches, en grandes panicules aplaties de 15 cm de diamètre, à l'extrémité des rameaux, milieu à fin du printemps. ***Fruit*** Globuleux, rouge, 6 mm de diamètre, persistant pendant l'hiver.

• **ORIGINE** Chine.

• **HABITAT** Taillis.

Hauteur 10 m (5 m)	Port Largement étalé	Feuilles Persistantes	Type

Famille ROSACÉES	Espèce *Photinia villosa*	Auteur (Thunberg) Candolle

PHOTINIA VILLOSA

Feuilles Elliptiques à obovales, 7,5 cm de long et 4 cm de large, acuminées, finement dentées, vert foncé dessus, rouges et orange en automne. ***Écorce*** Gris à gris-brun, avec l'âge fissures peu profondes. ***Fleurs*** Petites, blanches, 5 pétales, anthères roses, en petits corymbes aplatis, fin du printemps. ***Fruit*** Ovoïde, rouge, comestible, environ 1 cm de long.

• **ORIGINE** Chine, Japon, Corée.

• **HABITAT** Bois, et près des rivières.

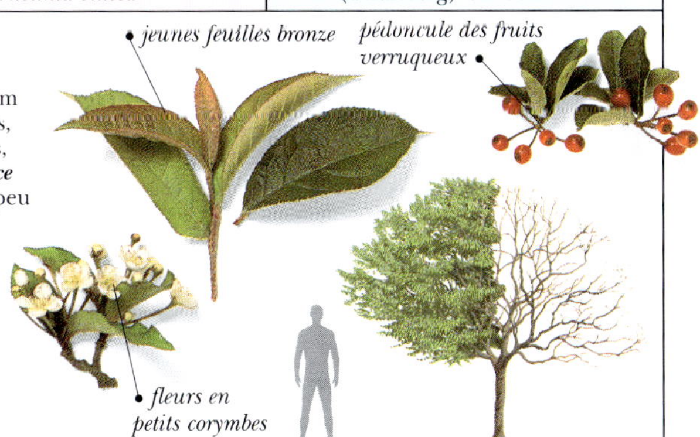

Hauteur 5 m	Port Largement étalé	Feuilles Caduques	Type

Famille ROSACÉES	Espèce *Prunus armeniaca*	Auteur Linnaeus

ABRICOTIER

Feuilles Largement ovales à arrondies, 10 cm de long et 6 cm de large, base en général arrondie, brusquement acuminées, finement dentées, vert foncé brillant. ***Écorce*** Rouge-brun, lisse et luisante. ***Fleurs*** 2,5 cm de diamètre, rose pâle ou blanches, 5 pétales, presque sans pédoncule, d'habitude solitaires sur les vieux rameaux, début du printemps, avant l'émergence des feuilles. ***Fruit*** Globuleux, charnu, comestible, jaune parfois taché de rouge, un seul noyau lisse renfermant une graine comestible blanche.

• **ORIGINE** C. de l'Asie, N. de la Chine.
• **HABITAT** Pentes de colline et taillis.
• **REMARQUE** Acclimaté dans certaines parties de l'Europe et largement cultivé pour son fruit comestible.

Hauteur 10 m	Port Largement étalé	Feuilles Caduques	Type

Famille ROSACÉES	Espèce *Prunus avium*	Auteur Linnaeus

MERISIER DES OISEAUX

Feuilles Elliptiques à oblongues, 15 cm de long et 6 cm de large, acuminées, dents aiguës, bronze quand elles sont jeunes, devenant vert foncé mat dessus. ***Écorce*** Rouge-brun brillant, pelant par bandes horizontales. ***Fleurs*** 3 cm de diamètre, blanches, 5 pétales, en ombelles, mi-printemps, juste avant ou pendant l'émergence des feuilles. ***Fruit*** Drupe arrondie, amère ou sucrée, comestible, rouge, environ 1 cm de diamètre.

• **ORIGINE** Europe, O. de l'Asie, Afrique du N.
• **HABITAT** Bois et haies.
• **REMARQUE** Appelé aussi cerisier sauvage. Espèce surtout familière à la floraison en terrain boisé. N'atteint parfois que 20 m.

PRUNUS AVIUM

△ **'PLENA'**
Cultivar plus petit dont les grandes fleurs doubles ont de nombreux pétales.

Hauteur 25 m	Port Colonne large	Feuilles Caduques	Type

Famille ROSACÉES	Espèce *Prunus cerasifera*	Auteur Ehrhart

PRUNIER MYROBOLAN

Feuilles Ovales à obovales, 6 cm de long et 3 cm de large, bord denté, vert foncé brillant et lisses dessus, nervures pubescentes dessous. ***Écorce*** Brun-pourpre, écailles minces, lenticelles horizontales orange, se fissure en vieillissant. ***Fleurs*** 2,5 cm de diamètre, blanches, 5 pétales, sépales réfléchis, solitaires ou par petits groupes, début du printemps, avant l'émergence des feuilles. ***Fruit*** Globuleux, en forme de prune, comestible, rouge, 3 cm de diamètre.

• **ORIGINE** Horticole.

• **REMARQUE** Appelé aussi prunier-cerise. Le *Prunus divaricata* est une espèce similaire à fruits jaunes, originaire du S.-E. de l'Europe et du C. et du S.-O. de l'Asie.

PRUNUS CERASIFERA

◁ **'NIGRA'**
Forme caractérisée par ses feuilles rouge-pourpre foncé et ses fleurs roses.

△ **'PISSARDII'**
Forme à boutons roses, à fleurs blanches à l'éclosion, et à feuilles pourpres.

△ **'ROSEA'**
Hybride à feuillage rouge-pourpre et à petites fleurs roses.

Hauteur 8 m	Port Largement étalé	Feuilles Caduques	Type

Famille ROSACÉES	Espèce *Prunus cerasus*	Auteur Linnaeus

GRIOTTIER

Feuilles Elliptiques à ovales, 7,5 cm de long et 5 cm de large, acuminées, dents aiguës, vert foncé dessus, lisses des 2 côtés. ***Écorce*** Brun-pourpre, lenticelles horizontales orange-brun, pelant horizontalement. ***Fleurs*** 2 cm de diamètre, blanches, 5 pétales, en petits bouquets, mi-printemps. ***Fruit*** Cerise comestible, rouge à noire, 2 cm de diamètre.

• **ORIGINE** Horticole.

• **REMARQUE** Apparenté au merisier des oiseaux (*P. avium*, p. 258).

PRUNUS CERASUS

△ **'RHEXII'**
Forme à grandes fleurs en rosette.

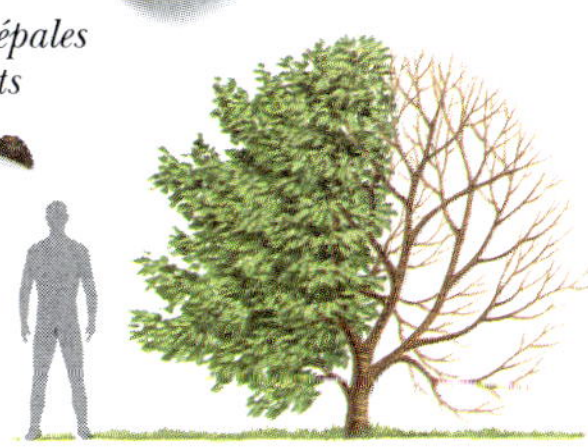

Hauteur 8 m	Port Largement étalé	Feuilles Caduques	Type

Famille ROSACÉES	Espèce *Prunus domestica*	Auteur Linnaeus

PRUNIER DOMESTIQUE

Feuilles Elliptiques à obovales, 7,5 cm de long et 5 cm de large, pointe courte, dents émoussées, vert foncé mat dessus, velues dessous, sur des rameaux en général sans épines. ***Écorce*** Gris-brun, se fissure avec l'âge. ***Fleurs*** 2,5 cm de diamètre, blanches, 5 pétales, solitaires ou en groupes de 3 au plus, printemps. ***Fruit*** Globuleux à ovoïde, charnu, acide à sucré, comestible, jaune, rouge, ou pourpre, 7,5 cm de long, peau fine, renfermant un seul noyau avec une graine blanche.

• **ORIGINE** Horticole.

• **REMARQUE** Hybride probable du prunier myrobolan (*P. cerasifera*, p. 259) et du prunellier (*P. spinosa*), à présent acclimaté.

Hauteur 10 m	Port Largement étalé	Feuilles Caduques	Type

Famille ROSACÉES	Espèce *Prunus dulcis*	Auteur (Miller) Webb

AMANDIER

Feuilles Lancéolées à étroitement elliptique, 12 cm de long et 4 cm de large, longue pointe effilée, finement dentées, vert foncé. ***Écorce*** Gris foncé, se craquelle en petites plaques avec l'âge. ***Fleurs*** 5 cm de diamètre, rose s'atténuant en blanc, ou toutes blanches, 5 pétales, solitaires ou par paires, début du printemps, avant l'émergence des feuilles. ***Fruit*** Vert, velouté, 6 cm de long, enveloppe sèche et coriace, renfermant un seul noyau à graine comestible blanchâtre.

• **ORIGINE** N. de l'Afrique, C. et S.-O. de l'Asie.

• **HABITAT** Pentes sèches, broussailles et bois.

PRUNUS DULCIS

◁ **'ROSEOPLENA'** Forme dont les fleurs doubles roses s'ouvrent au moment où les feuilles se déploient.

Hauteur 8 m	Port Largement étalé	Feuilles Caduques	Type

Famille ROSACÉES	Espèce *Prunus incisa*	Auteur Thunberg

PRUNUS INCISA

Feuilles Ovales à obovales, 6 cm de long et 3 cm de large, acuminées, dentées, bronze rouge au stade juvénile, devenant vert foncé, velues des 2 côtés. ***Écorce*** Gris foncé, fissures verticales. ***Fleurs*** 2 cm de diamètre, blanches ou rose très pâle, 5 pétales échancrés, en petits groupes de 2 ou 3, mi-printemps, avant l'émergence des feuilles. ***Fruit*** Ovoïde, pourpre-noir, 8 mm de long.
- **ORIGINE** S.-O. du Japon.
- **HABITAT** Bois d'altitude.

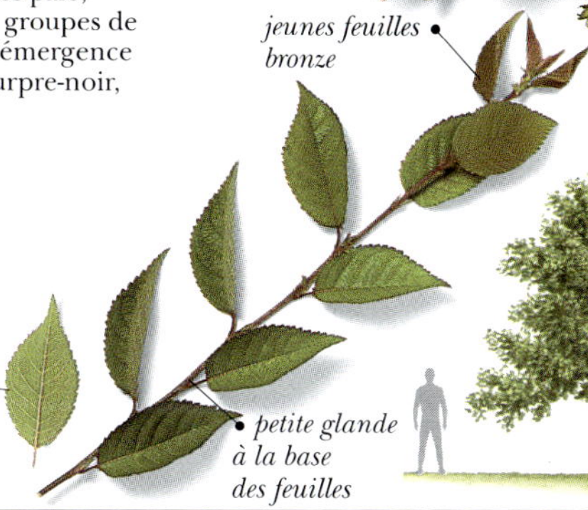

Hauteur 10 m (6 m)	Port Largement étalé	Feuilles Caduques	Type

Famille ROSACÉES	Espèce *Prunus insititia*	Auteur Linnaeus

PRUNIER SAUVAGE

Feuilles Elliptiques à obovales, 7,5 cm de long et 5 cm de large, brusquement acuminées, dents émoussées, vert foncé mat dessus, sur des rameaux souvent épineux. ***Écorce*** Gris foncé, lisse, se fissurant en général avec l'âge. ***Fleurs*** 2,5 cm de diamètre, blanches, 5 pétales, solitaires ou en petits groupes de 3 au plus, printemps, avant l'émergence des feuilles. ***Fruit*** Globuleux à ovoïde, charnu, comestible, pourpre, 5 cm de long, le noyau presque rond adhérant à la chair.
- **ORIGINE** Horticole.
- **REMARQUE** Espèce largement acclimatée, proche du prunier cultivé (*Prunus domestica*, p. 260). Elle a donné les mirabelles et plusieurs porte-greffe.

PRUNUS INSITITIA

▽ **'MIRABELLE'** Les fruits, de type prune, de cette forme sélectionnée sont sucrés et comestibles.

Hauteur 7 m	Port Largement étalé	Feuilles Caduques	Type

Famille ROSACÉES	Espèce *Prunus* Cerisiers japonais	Auteur Sans

CERISIERS JAPONAIS

Les cerisiers japonais, ou *Sato-zakura*, sont des arbres à fleurs ornementaux de jardins, obtenus ou sélectionnés au Japon. On pense qu'il s'agit de formes ou d'hybrides de 2 espèces d'origine japonaise, *Prunus jamasakura* (p. 265) et *Prunus speciosa*: arbres semblables à ceux qui poussent à l'état sauvage dans les collines et les montagnes du Japon. Ils sont cultivés dans les jardins japonais depuis plus de 1 500 ans, mais n'ont été introduits que récemment en Occident. La plupart ont un port étalé, mais certains sont pleureurs ou étroits et érigés. Les fleurs spectaculaires sont simples, semi-doubles ou doubles, et vont du blanc au rose intense.

▽ **'AMANOGAWA'**
Arbre particulier à port étroit et érigé, d'environ 8 m de haut. Fleurs semi-doubles rose pâle de 4 cm de diamètre, s'ouvrant à mi-printemps, avant ou avec les jeunes feuilles teintées de bronze.

'KANZAN' △
De loin le plus connu et le plus cultivé des cerisiers japonais, cet arbre est évasé au début, ensuite à branches étalées et arquées. 10 m ou plus de haut.

△ **'KANZAN'**

△ **'CHEAL'S WEEPING'**
Forme qui atteint en général 2,5 m. Ses longues branches s'arquent vers le sol, donnant à l'arbre une forme de champignon.

Hauteur 10 m	Port Variable	Feuilles Caduques	Type

◁ **'SHIROFUGEN'**
L'un des plus beaux cerisiers japonais, cet arbre étalé atteint 10 m de haut. Ses fleurs doubles sont roses en bouton, blanches en s'ouvrant à la fin du printemps. Elles redeviennent roses avant de tomber.

△ **'SHOGETSU'**
Arbre étalé à grandes fleurs doubles blanches, s'ouvrant à partir de boutons nuancés de rose à la fin du printemps, formant des bouquets pendants parmi les jeunes feuilles vert pâle.

'TAI HAKU' ▷
Grand cerisier blanc découvert dans un jardin anglais et réintroduit au Japon, où on pensait que sa culture était éteinte. Ses fleurs blanches simples sont parmi les plus grandes de toutes celles des cerisiers à fleurs. Elles s'ouvrent à la mi-printemps parmi des feuilles bronze.

△ **'UKON'**
Les fleurs doubles caractéristiques de cette forme sont jaune-vert pâle, d'abord taché de rose. Elles s'ouvrent à la mi-printemps avec les jeunes feuilles teintées de bronze.

Famille ROSACÉES	Espèce Hybrides de *Prunus*	Auteur Sans

HYBRIDES DE PRUNUS

Outre les cerisiers japonais, on trouve dans les jardins de nombreux autres hybrides de diverses espèces, obtenus intentionnellement ou accidentellement, et cultivés pour leurs fleurs et leurs feuilles décoratives. Leurs origines impliquent différents hybrides et espèces, comprenant *P. sargentii* (p. 268) et *P.* × *subhirtella* (pp. 270-271), et ces arbres sont donc plus diversifiés que les cerisiers japonais. Leur port peut être érigé ou étalé ; ils ne dépassent généralement pas 10 m de haut, et ont toujours un feuillage caduc ; certains prennent de belles couleurs d'automne. Les fleurs sont simples, semi-doubles ou doubles, s'ouvrant généralement du début à la fin du printemps.

△ **'ACCOLADE'**
On pense que ce petit arbre est un hybride de *P. sargentii* (p. 268) et de *P.* × *subhirtella* (pp. 270-271).

△ **'PANDORA'**
Arbre à fleurs simples rose pâle, à 5 pétales, s'ouvrant au début du printemps avant l'émergence des feuilles.

△ **'SPIRE'**
Forme dont le feuillage vert foncé mat devient orange et rouge en automne.

Hauteur 10 m	Port Variable	Feuilles Caduques	Type

Famille ROSACÉES | Espèce *Prunus jamasakura* | Auteur Siebold ex Koidzumi

PRUNUS JAMASAKURA

Feuilles Oblongues à obovales, 12 cm de long et 5 cm de large, brusquement acuminées, dents aiguës, bronze ou rouges devenant vert foncé dessus, bleu-vert dessous, lisses des 2 côtés, jaunes à rouges en automne. ***Écorce*** Brun-pourpre, lenticelles horizontales. ***Fleurs*** 3 cm de diamètre, rose pâle à presque blanches, 5 pétales échancrés au sommet, en petits bouquets à la mi-printemps, à l'émergence des feuilles. ***Fruit*** Drupe charnue, pourpre-noir foncé, 2,5 cm de long.
• **ORIGINE** Chine, Japon, Corée.
• **HABITAT** Bois de colline et de basse montagne.
• **REMARQUE** Appelé aussi *Prunus serrulata* var. *spontanea*.

Hauteur 20 m | Port Largement étalé | Feuilles Caduques | Type

Famille ROSACÉES | Espèce *Prunus laurocerasus* | Auteur Linnaeus

LAURIER-CERISE

Feuilles Elliptiques à oblongues ou obovales, 20 cm de long et 6 cm de large, brusquement et brièvement acuminées, avec en général des dents peu profondes au moins dans la moitié supérieure, jaunâtres à vert très foncé brillant dessus, vert pâle dessous, lisses, sur des pétioles courts, trapus. ***Écorce*** Gris foncé, lisse. ***Fleurs*** 8 mm de diamètre, blanches, 5 pétales, odorantes, en grappes dressées de 12 cm de long, à l'aisselle des feuilles, mi-printemps, parfois refleurissant à l'automne. ***Fruit*** Drupe globuleuse, 1,2 cm de diamètre, verte, devenant rouge, noire à maturité.
• **ORIGINE** S.-O. de l'Asie, E. de l'Europe.
• **HABITAT** Taillis en forêt.

Hauteur 6 m | Port Largement étalé | Feuilles Persistantes | Type

Famille ROSACÉES	Espèce *Prunus lusitanica*	Auteur Linnaeus

LAURIER DU PORTUGAL

Feuilles Ovales à elliptiques, 12 cm de long et 5 cm de large, acuminées, dentées, vert foncé brillant dessus, lisses des 2 côtés, sur des pétioles grêles rouges. ***Écorce*** Gris-brun foncé, lisse. ***Fleurs*** 1 cm de diamètre, blanches, 5 pétales, odorantes, nombreuses, en grappes étalées de 25 cm de long, mi-été. ***Fruit*** Ovoïde, 1,2 cm de long, vert devenant rouge, noir à maturité.
• **ORIGINE** S.-O. de la France, Portugal, Espagne.
• **HABITAT** Bois de montagne.

SUBSP. AZORICA ▷ Forme originaire des Açores. Fleurs en grappes plus courtes.

Hauteur 10 m	Port Largement étalé	Feuilles Persistantes	Type

Famille ROSACÉES	Espèce *Prunus maackii*	Auteur Ruprecht

PRUNUS MAACKII

Feuilles Ovales, 7,5 cm de long et 3 cm de large, acuminées, finement dentées, vert foncé, jaunes en automne. ***Écorce*** Jaune-brun brillant, lisse, lenticelles pâles, horizontales, pelant par bandes horizontales. ***Fleurs*** 1 cm de diamètre, blanches, odorantes, en grappes denses à l'extrémité des rameaux âgés, mi-printemps, à l'émergence des feuilles. ***Fruit*** Globuleux, 5 mm de diamètre, vert, noir à maturité.
• **ORIGINE** N.-O. de l'Asie.
• **HABITAT** Bois.

Hauteur 12 m	Port Cône large	Feuilles Caduques	Type

Famille ROSACÉES	Espèce *Prunus padus*	Auteur Linnaeus

CERISIER À GRAPPES

Feuilles Elliptiques, 10 cm de long et 6 cm de large, acuminées, finement dentées, vert foncé mat devenant généralement rouges ou jaunes en automne. ***Écorce*** Gris foncé, lisse. ***Fleurs*** 1 cm de diamètre, blanches, 5 pétales, odorantes, en grappes dressées, étalées ou pendantes de 15 cm de long, milieu à fin du printemps. ***Fruit*** Drupe globuleuse à ovoïde, noir luisant, 8 mm de long.
• **ORIGINE** N. de l'Asie, Europe.
• **HABITAT** Terrains découverts, en bord de rivière, dans les bois.

PRUNUS ▷ PADUS

'COLORATA' ▷ Forme à jeunes feuilles rouge-pourpre, qui deviennent vert foncé dessus et rouges dessous à maturité.

◁ 'WATERERI' Forme caractérisée par des fleurs en grappes grêles, compactes, de 20 cm de long.

Hauteur 15 m	Port Largement étalé	Feuilles Caduques	Type

Famille ROSACÉES	Espèce *Prunus persica*	Auteur (Linnaeus) Batsch

PÊCHER

Feuilles Étroitement elliptiques à lancéolées, 15 cm de long et 4 cm de large, pointe élancée, finement dentées, vert foncé luisant. ***Écorce*** Gris foncé, se fissure avec l'âge. ***Fleurs*** 4 cm de diamètre, rose pâle à foncé ou rouges, parfois blanches, pédicelle court, solitaires ou par paires, début du printemps. ***Fruit*** Globuleux, charnu, sucré, comestible, en général orange-jaune taché de rouge, 7,5 cm de diamètre, renfermant un noyau à pores profonds, cannelé, à graine blanche.
• **ORIGINE** Chine.
• **HABITAT** Montagnes.

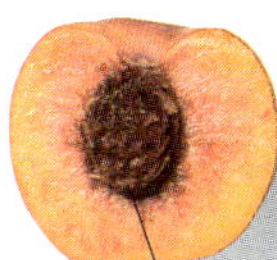

△ PRUNUS PERSICA

◁ 'PRINCE CHARMING' Forme à fleurs doubles.

▷ VAR. NECTARINA La peau des fruits de cette variété est lisse et légèrement grasse au toucher.

Hauteur 8 m	Port Largement étalé	Feuilles Caduques	Type

Famille ROSACÉES	Espèce *Prunus sargentii*	Auteur Rehder

PRUNUS SARGENTII

Feuilles Elliptiques à obovales, 12 cm de long et 6 cm de large, brusquement acuminées, dents aiguës, dessus rougeâtre au stade juvénile, puis vert foncé brillant, lisses des 2 côtés, orange brillant et rouge en automne. ***Écorce*** Rouge-brun luisant, pâles lenticelles horizontales. ***Fleurs*** 4 cm de diamètre, roses, 5 pétales échancrés au sommet, en bouquets à la mi-printemps, avec ou juste avant les feuilles. ***Fruit*** Drupe globuleuse à ovoïde, brillante, pourpre-noir, environ 1 cm de long.

• **ORIGINE** Japon.
• **HABITAT** Bois de montagne.

Hauteur 20 m	Port Largement étalé	Feuilles Caduques	Type

Famille ROSACÉES	Espèce *Prunus × schmittii*	Auteur Rehder

PRUNUS × SCHMITTII

Feuilles Elliptiques à obovales, 11 cm de long et 5,5 cm de large, acuminées, dents aiguës et grossières, vert foncé dessus, plus pâles dessous, duvet doux des 2 côtés. ***Écorce*** Rouge-pourpre, avec des rangées horizontales de lenticelles liégeuses orange-brun, pelant par bandes horizontales étroites. ***Fleurs*** 2 cm de diamètre, bouton rose foncé, fleur rose pâle, 5 pétales en coupe, s'ouvrant par bouquets à la mi-printemps, avec les feuilles. ***Fruit*** Habituellement pas de production.

• **ORIGINE** Horticole.
• **REMARQUE** Hybride du merisier des oiseaux (*P. avium*, p. 258) et de l'espèce arbustive *P. canescens*.

Hauteur 15 m	Port Colonne étroite	Feuilles Caduques	Type

Famille ROSACÉES	Espèce *Prunus serotina*	Auteur Ehrhart

CERISIER NOIR

Feuilles Elliptiques à lancéolées, 12 cm de long et 5 cm de large, acuminées, finement dentées, vert foncé brillant et lisses dessus, plus pâles et lisses avec une nervure médiane velue dessous, jaunes en automne. ***Écorce*** Gris foncé, lisse. ***Fleurs*** 1 cm de diamètre, blanches, en grappes étalées à pendantes de 15 cm de long, à l'extrémité des rameaux, fin du printemps ou début d'été. ***Fruit*** Drupe globuleuse, comestible, 1 cm de diamètre, rouge, noire à maturité.

- **ORIGINE** Amérique du Nord.
- **HABITAT** Bois, pâturages et bords de route.

Hauteur 25 m	Port Colonne large	Feuilles Caduques	Type

Famille ROSACÉES	Espèce *Prunus serrula*	Auteur Franchet

PRUNUS SERRULA

Feuilles Lancéolées, 10 cm de long et 3 cm de large, s'effilant en pointe élancée, bord finement denté, vert foncé mat. ***Écorce*** Rouge-brun luisant, lisse, bandes de lenticelles horizontales pâles bien visibles, pelant horizontalement en bandes étroites. ***Fleurs*** Blanches, 2 cm de diamètre, relativement insignifiantes, pendantes, solitaires ou en petits groupes de 3 au plus, printemps, juste après l'émergence des feuilles. ***Fruit*** Drupe ovoïde, environ 1 cm de long, jaune, rouge à maturité.

- **ORIGINE** O. de la Chine.
- **HABITAT** Bois de montagne.
- **REMARQUE** Appelé aussi *P. serrula* var. *tibetica*. Espèce facilement reconnaissable à son écorce caractéristique.

Hauteur 15 m	Port Largement étalé	Feuilles Caduques	Type

Famille ROSACÉES	Espèce *Prunus* × *subhirtella*	Auteur Miquel

PRUNUS × SUBHIRTELLA

Feuilles Elliptiques à ovales, 7,5 cm de long et 5 cm de large, acuminées, dents aiguës, bronze pâle au stade juvénile, puis vert foncé dessus, plus pâles dessous, jaunes en automne. ***Écorce*** Gris-brun, lisse, bandes de lenticelles horizontales. ***Fleurs*** 2 cm de diamètre, rose pâle ou blanches, 5 pétales échancrés au sommet, boutons roses, en petits groupes, début du printemps, avant ou pendant l'émergence des feuilles. ***Fruit*** Drupe presque noire, 8 mm de diamètre, peu abondant.
- **ORIGINE** Japon.
- **HABITAT** Dans les bois, près des parents.
- **REMARQUE** Hybride naturel de *P. incisa* (p. 261) et de *P. pendula*. Rarement observé à l'état sauvage, mais existe sous de nombreuses formes horticoles. 'Autumnalis' est l'une des variétés les plus couramment cultivées.

'AUTUMNALIS' ▷
Forme à fleurs semi-doubles blanches, teintées de rose pâle, s'ouvrant à l'automne, par temps doux en hiver, et au printemps.

△ **'AUTUMNALIS ROSEA'**
Cultivar à fleurs semi-doubles très semblables à celles d''Autumnalis', mais rose plus foncé aussi bien en boutons qu'ouvertes. Comme 'Autumnalis', il fleurit par temps doux en hiver et au printemps.

Hauteur 6 m	Port Largement étalé	Feuilles Caduques	Type

▽ **'Pendula Rosea'**
Forme dont les fleurs simples, rose pâle, sont portées par des branches pleureuses. 'Pendula Rubra' a un port similaire, mais des fleurs plus foncées. Ces deux formes ne sont peut-être pas issues de *P.* × *subhirtella*, mais plutôt de *P. pendula*, et sont d'origine japonaise.

◁ **'Stellata'**
Le nom de ce cultivar décrit ses fleurs étoilées aux pétales étroits. Forme très décorative et fleurissant à profusion, obtenue aux États-Unis, où elle porte aussi le nom de 'Pink Star'.

Famille ROSACÉES | Espèce *Prunus verecunda* | Auteur (Koidzumi) Koehne

PRUNUS VERECUNDA

Feuilles Elliptiques à obovales, 12 cm de long et 5 cm de large, brusquement acuminées, dents aiguës, vert pâle à bronze au stade juvénile, puis vert lustré dessus, plus pâles dessous, pubescentes sur une face ou les deux, rouges à pourpres en automne. ***Écorce*** Gris-brun, pelant par bandes horizontales. ***Fleurs*** 3 cm de diamètre, blanches ou rose pâle, 5 pétales échancrés au sommet, en petits bouquets, mi-printemps, avant ou avec les feuilles. ***Fruit*** Drupe rouge à pourpre, 1 cm de diamètre.

• **ORIGINE** Chine, Japon, Corée.

• **HABITAT** Bois de colline et de montagne.

• **REMARQUE** Appelé aussi *Prunus serrulata* var. *pubescens*.

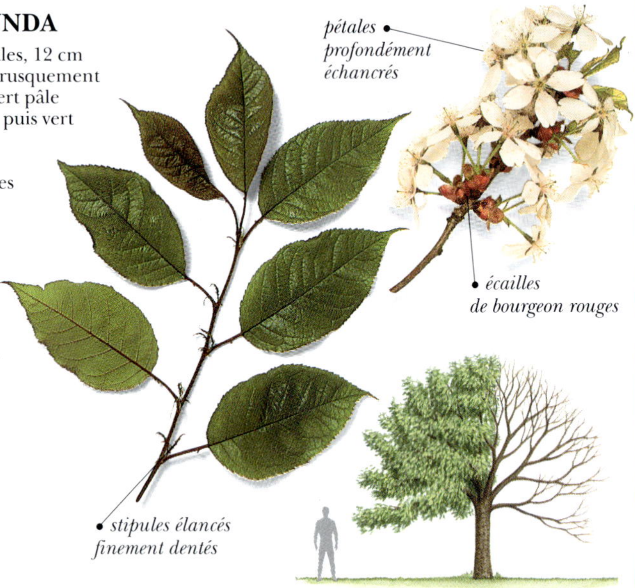

Hauteur 20 m | Port Largement étalé | Feuilles Caduques | Type

Famille ROSACÉES | Espèce *Prunus × yedoensis* | Auteur Matsumura

PRUNUS × YEDOENSIS

Feuilles Elliptiques, 11 cm de long et 6 cm de large, acuminées, dents aiguës, pubescentes des 2 côtés, surtout dessous quand elles sont jeunes, devenant lisses et brillantes dessus. ***Écorce*** Gris-pourpre, bandes épaisses de lenticelles liégeuses. ***Fleurs*** 4 cm de diamètre, rose pâle devenant presque blanc, 5 pétales échancrés à l'extrémité, en petits bouquets, début du printemps, avant l'émergence des feuilles. ***Fruit*** Drupe presque globuleuse, 1,2 cm de diamètre, rouge, noire à maturité en été.

• **ORIGINE** Japon.

• **HABITAT** Bois de colline, près des parents.

• **REMARQUE** Hybride probable de *P. pendula*, et de *P. speciosa*.

Hauteur 12 m | Port Largement étalé | Feuilles Caduques | Type

Famille Rosacées	Espèce *Pyrus calleryana*	Auteur Decaisne

Pyrus calleryana

Feuilles Ovales à elliptiques, 7,5 cm de long et 5 cm de large, dents fines, lustrées dessus, lisses, rouge-pourpre en automne ou en début d'hiver. ***Écorce*** Gris foncé, à crêtes squameuses ; nouvelle écorce rouge-brun. ***Fleurs*** 1 cm de large, blanches, 5 pétales, printemps. ***Fruit*** Globuleux à piriforme, charnu, 2 cm de diamètre, brun roux moucheté de blanc.

- **Origine** C. et S. de la Chine.
- **Habitat** Taillis et près des torrents en montagne.

Hauteur 10 m	Port Cône large	Feuilles Caduques	Type

Famille Rosacées	Espèce *Pyrus communis*	Auteur Linnaeus

Poirier commun

Feuilles Ovales à elliptiques, 10 cm de long et 5 cm de large, base arrondie à cordée, acuminées, dentées, vert foncé luisant. ***Écorce*** Gris foncé, se craquelle en petites plaques. ***Fleurs*** 4 cm de diamètre, blanches, 5 pétales, anthères rose foncé, en bouquets, mi-printemps. ***Fruit*** Globuleux à piriforme, charnu, sucré, comestible, verdâtre à roux ou jaune, parfois taché de rouge, 10 cm de long.

- **Origine** Horticole.
- **Remarque** Hybride impliquant plusieurs espèces, probablement originaire de l'O. de l'Asie.

Hauteur 15 m	Port Colonne large	Feuilles Caduques	Type

Famille Rosacées	Espèce *Pyrus salicifolia*	Auteur Pallas

Poirier à feuilles de saule

Feuilles Étroitement elliptiques à étroitement lancéolées, 9 cm de long et 2 cm de large, effilées des 2 côtés, en général non dentées, devenant lisses dessus. ***Écorce*** Gris-brun pâle, se craquelle en plaques lisses. ***Fleurs*** 2 cm de large, blanc crème, 5 pétales, anthères rose foncé, en bouquets, printemps. ***Fruit*** Piriforme, dur, vert, 3 cm de long.

- **Origine** Caucase, N.-E. de la Turquie.
- **Habitat** Lisières de bois, taillis.

Hauteur 10 m	Port Large, pleureur	Feuilles Caduques	Type

Famille ROSACÉES	Espèce *Sorbus alnifolia*	Auteur (Siebold & Zuccarini) K. Koch

SORBUS ALNIFOLIA

Feuilles Ovales à elliptiques, 10 cm de long et 4 cm de large, pointues, dentées, vert foncé dessus, velues devenant lisses dessous, jaunes, orange ou rouges en automne. ***Écorce*** Brun foncé, lisse, fissures peu profondes. ***Fleurs*** 1 cm de large, blanches, en corymbes, mi-printemps. ***Fruit*** Baie globuleuse, rougeâtre, 1 cm de diamètre.
• **ORIGINE** Chine, Japon, Corée, Taiwan.
• **HABITAT** Bois.

Hauteur 20 m (10 m)	Port Cône large	Feuilles Caduques	Type

Famille ROSACÉES	Espèce *Sorbus americana*	Auteur Marshall

SORBIER D'AMÉRIQUE

Feuilles Pennées, 25 cm de long, environ 15 folioles oblongues à lancéolées, pointues, dentées, de 10 cm de long et 2,5 cm de large, jaunes ou rouges en automne. ***Écorce*** Grise, lisse. ***Fleurs*** 5 mm de large, blanches, en corymbes ramifiés denses de 20 cm de large, fin du printemps à début d'été. ***Fruit*** Baie orange-rouge, 5 mm de diamètre.
• **ORIGINE** E. de l'Amérique du Nord.
• **HABITAT** Bois.

Hauteur 8 m	Port Colonne large	Feuilles Caduques	Type

Famille ROSACÉES	Espèce *Sorbus aria*	Auteur (Linnaeus) Crantz

ALISIER BLANC

Feuilles Elliptiques à ovales, 12 cm de long et 6 cm de large, dents aiguës, vert pâle, velues au stade juvénile, devenant vert brillant dessus, duvet blanc dessous. ***Écorce*** Grise, lisse, craquelures rugueuses en vieillissant. ***Fleurs*** Environ 1 cm de diamètre, blanches, 5 pétales, en corymbes aplatis, fin du printemps. ***Fruit*** Baie globuleuse, rouge vif, 1,2 cm de diamètre, tachetée de pâle.
• **ORIGINE** Europe.
• **HABITAT** Des basses terres à la montagne, terrains crayeux et calcaires.

Hauteur 15 m	Port Colonne large	Feuilles Caduques	Type

Famille ROSACÉES	Espèce *Sorbus aucuparia*	Auteur Linnaeus

SORBIER DES OISELEURS

Feuilles Pennées, 20 cm de long, jusqu'à 15 folioles acuminées, à dents aiguës, de 6 cm de long, vert foncé et lisses dessus, revers bleu-vert et en général pubescent au stade juvénile, parfois rouges en automne. ***Écorce*** Grise, lisse. ***Fleurs*** 8 mm de diamètre, blanches, 5 pétales, en grands corymbes de 15 cm de diamètre, fin du printemps. ***Fruit*** Baie globuleuse, orange-rouge, 8 mm de diamètre, formant souvent de lourds groupes.
• **ORIGINE** Asie, Europe.
• **HABITAT** Bois, landes, bruyères et montagnes, sur sols humides, acides.
• **REMARQUE** Appelé aussi sorbier des oiseaux. Les baies s'utilisent pour faire des gelées et des confitures, mais sont toxiques consommées crues.

◁ **'ASPLENIFOLIA'** Forme à folioles oblongues, bordées de dents très aiguës.

Hauteur 15 m	Port Cône large	Feuilles Caduques	Type

Famille ROSACÉES	Espèce *Sorbus cashmiriana*	Auteur Hedlund

SORBUS CASHMIRIANA

Feuilles Pennées, 15 cm de long, environ 17 folioles à dents aiguës, de 5 cm de long et 1,5 cm de large, vert foncé dessus, gris-vert dessous, devenant lisses des 2 côtés, jaunes en automne. ***Écorce*** Lisse, grise à gris rougeâtre. ***Fleurs*** 1,5 cm de large, roses, 5 pétales, en corymbes ouverts de 12 cm de large, fin du printemps. ***Fruit*** Baie globuleuse, blanche d'abord teintée de rose au sommet, 1,2 cm de diamètre, pédoncule rouge.
• **ORIGINE** O. de l'Himalaya.
• **HABITAT** Bois de montagne.

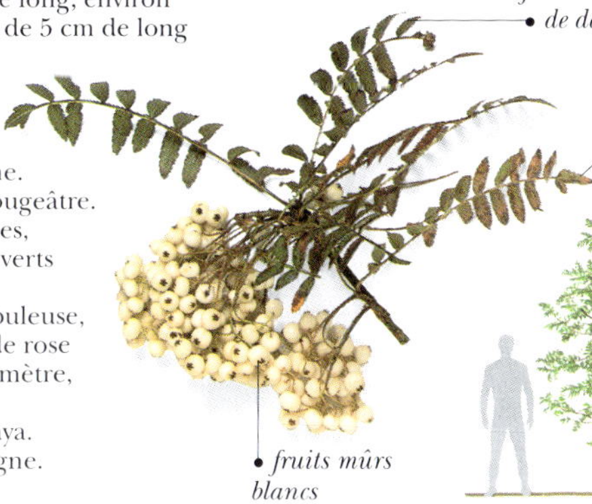

Hauteur 8 m	Port Largement étalé	Feuilles Caduques	Type

Famille ROSACÉES	Espèce *Sorbus commixta*	Auteur Hedlund

SORBUS COMMIXTA

Feuilles Pennées, 20 cm de long, jusqu'à 15 folioles acuminées, de 7,5 cm de long et 2,5 cm de large, brillantes dessus, bleu-vert dessous, jaunes à rouge pourpré en automne. ***Écorce*** Grise et lisse. ***Fleurs*** 8 mm de diamètre, blanches, 5 pétales, en corymbes de 10 cm de large, fin du printemps. ***Fruit*** Globuleux, orange-rouge, 8 mm de diamètre.
• **ORIGINE** Japon, Corée.
• **HABITAT** Forêts d'altitude.

Hauteur 10 m	Port Colonne large	Feuilles Caduques	Type

Famille ROSACÉES	Espèce *Sorbus domestica*	Auteur Linnaeus

CORMIER

Feuilles Pennées, 22 cm de long, jusqu'à 21 folioles oblongues, dentées, de 6 cm de long et environ 1 cm de large, jaune-vert et lisses dessus, pubescentes dessous, au stade juvénile, jaunes ou rouges en automne. ***Écorce*** Brun foncé, squameuse, se craquelle en plaques. ***Fleurs*** 1,5 cm de diamètre, blanches, 5 pétales, en corymbes arrondis de 10 cm de diamètre, fin du printemps. ***Fruit*** Globuleux ou piriforme, jaune-vert taché de rouge, de 3 cm de long.
• **ORIGINE** E. et S. de l'Europe, O. de l'Asie, N. de l'Afrique.
• **HABITAT** Pentes de montagne, forêts caducifoliées.

◁ **SORBUS DOMESTICA**

VAR. POMIFERA ▷
Forme dont les fruits ressemblent à de minuscules pommes.

VAR. PYRIFERA ▷
Forme à fruits rouge vif ressemblant à des poires miniatures.

Hauteur 20 m	Port Colonne large	Feuilles Caduques	Type

Famille ROSACÉES	Espèce *Sorbus esserteauiana*	Auteur Koehne

Sorbus esserteauiana

Feuilles Pennées, 25 cm de long, jusqu'à 15 folioles acuminées, de 10 cm de long et 4 cm de large, bronze pourpre foncé devenant vert foncé brillant et lisses dessus, duvet gris dessous, rouges en automne. ***Écorce*** Gris-brun, écailles fines. ***Fleurs*** 8 mm de diamètre, blanches, 5 pétales, en corymbes aplatis de 12 cm de large, fin du printemps. ***Fruit*** Rouge, 8 mm de diamètre.
- **ORIGINE** S.-O. de la Chine.
- **HABITAT** Montagnes, falaises, bois.

Hauteur 10 m	Port Largement étalé	Feuilles Caduques	Type

Famille ROSACÉES	Espèce *Sorbus forrestii*	Auteur McAllister & Gillham

Sorbus forrestii

Feuilles Pennées, 20 cm de long, jusqu'à 17 folioles de 4 cm de long et 1,5 cm de large, bleu-vert foncé dessus, gris-vert dessous, lisses. ***Écorce*** Gris-pourpre, lisse, fissures verticales peu profondes. ***Fleurs*** 1 cm de diamètre, blanches, 5 pétales, en corymbes aplatis, fin du printemps. ***Fruit*** Globuleux, 1 cm de diamètre, vert, blanc à maturité.
- **ORIGINE** S.-O. de la Chine.
- **HABITAT** Bois d'altitude.

Hauteur 6 m	Port Largement étalé	Feuilles Caduques	Type

Famille ROSACÉES	Espèce *Sorbus hupehensis*	Auteur Schneider

SORBUS HUPEHENSIS

Feuilles Pennées, 15 cm de long, jusqu'à 17 folioles de 6 cm de long et 2 cm de large, dentées vers l'apex, bleu-vert dessus, bleu-gris et lisses ou presque dessous, devenant rouges en automne. ***Écorce*** Grise, lisse. ***Fleurs*** 6 mm de diamètre, blanches, 5 pétales, en corymbes arrondis de 15 cm de diamètre, fin du printemps. ***Fruit*** Baie globuleuse, environ 8 mm de diamètre, blanches, teintées de rose au sommet.
- **ORIGINE** Chine.
- **HABITAT** Bois d'altitude.

Hauteur 12 m	Port Colonne large	Feuilles Caduques	Type

Famille ROSACÉES	Espèce *Sorbus intermedia*	Auteur (Ehrhart) Persoon

SORBUS INTERMEDIA

Feuilles Ovales ou largement elliptiques, 10 cm de long et 6 cm de large, lobées, la profondeur des lobes augmentant vers la base de la feuille, dentées, vert foncé brillant dessus, gris-vert et velues dessous. ***Écorce*** Grise, se craquelle et s'exfolie en vieillissant. ***Fleurs*** 2 cm de diamètre, blanches, 5 pétales, en gros corymbes denses de 12 cm de large, fin du printemps. ***Fruit*** Baie largement ovoïde, rouge vif, 1,5 cm de diamètre.
- **ORIGINE** N.-O. de l'Europe.
- **HABITAT** Bois.

Hauteur 15 m	Port Colonne large	Feuilles Caduques	Type

Famille ROSACÉES	Espèce *Sorbus* ' Joseph Rock '	Auteur Sans

SORBUS ' JOSEPH ROCK '

Feuilles Pennées, 15 cm de long, jusqu'à 17 folioles à dents aiguës, de 4 cm de long et 1,2 cm de large, vert vif dessus, gris-vert dessous, devenant presque lisses, orange, rouges et pourpres en automne. ***Écorce*** Grise, presque lisse, petites lenticelles orange. ***Fleurs*** 1 cm de large, blanches, 5 pétales, en corymbes aplatis de 10 cm de diamètre, fin du printemps à début d'été. ***Fruit*** Globuleux, 1 cm de diamètre, vert, puis jaune-blanc, orange-jaune à maturité.
• **ORIGINE** Probablement la Chine.
• **HABITAT** Inconnu, espèce ne poussant peut-être pas à l'état sauvage.

Hauteur 10 m	Port Colonne large	Feuilles Caduques	Type

Famille ROSACÉES	Espèce *Sorbus latifolia*	Auteur (Lamarck) Persoon

ALISIER DE FONTAINEBLEAU

Feuilles Largement ovales, 10 cm de long et de large, lobes peu profonds et triangulaires vers la base, dents aiguës, vert foncé brillant dessus, grises et velues dessous. ***Écorce*** Gris foncé, se craquelle, s'exfolie. ***Fleurs*** 1,5 cm de diamètre, blanches, 5 pétales, en corymbes aplatis, fin du printemps. ***Fruit*** Globuleux, jaune-brun, 1,2 cm de diamètre, moucheté.
• **ORIGINE** C. et O. de l'Europe.
• **HABITAT** Bois.
• **REMARQUE**
Cette espèce est probablement issue d'une hybridation entre l'alisier blanc (*S. aria*, p. 274) et l'alisier torminal (*S. torminalis*, p. 282).

Hauteur 12 m	Port Colonne large	Feuilles Caduques	Type

Famille ROSACÉES	Espèce *Sorbus sargentiana*	Auteur Koehne

SORBUS SARGENTIANA

Feuilles Pennées, 35 cm de long, environ 11 folioles oblongues, acuminées, dentées, de 12 cm de long et 5 cm de large, vert foncé mat dessus, gris-vert et velues dessous, orange et rouges en automne. ***Écorce*** Brun-pourpre, se craquelle et s'exfolie avec l'âge. ***Fleurs*** 6 mm de large, blanches, en corymbes de 20 cm de diamètre, début d'été. ***Fruit*** Globuleux, rouge vif, 6 mm de diamètre, en groupes volumineux.

• **ORIGINE** S.-O. de la Chine.

• **HABITAT** Bois d'altitude.

Hauteur 10 m	Port Colonne large	Feuilles Caduques	Type

Famille ROSACÉES	Espèce *Sorbus scalaris*	Auteur Koehne

SORBUS SCALARIS

Feuilles Pennées, 20 cm de long, nombreuses folioles étroitement oblongues de 4 cm de long et 1 cm de large, dentées vers le sommet, vert foncé lustré dessus, grises et velues dessous, devenant rouges et pourpres en fin d'automne. ***Écorce*** Lisse, grise, fissures peu profondes. ***Fleurs*** 6 mm de diamètre, blanches, 5 pétales, en larges corymbes aplatis de 15 cm de diamètre, fin du printemps ou début d'été. ***Fruit*** Globuleux, rouge vif, 6 mm de diamètre, en gros groupes.

• **ORIGINE** S.-O. de la Chine.

• **HABITAT** Bois d'altitude.

Hauteur 10 m	Port Largement étalé	Feuilles Caduques	Type

Famille ROSACÉES	Espèce *Sorbus thibetica*	Auteur (Cardot) Handel-Mazzetti

SORBUS THIBETICA

Feuilles Elliptiques à obovales ou presque arrondies, 15 cm de long et 10 cm de large, effilées à la base, pointues à l'apex, dents aiguës, velues au début, puis lisses ou finement velues, vert foncé dessus, couvertes d'un dense duvet blanc dessous, jusqu'à 14 paires de nervures. ***Écorce*** Gris-brun, écailles minces, craquelée, s'exfoliant à la base. ***Fleurs*** Blanches, 5 pétales, en corymbes de 6 cm de diamètre, fin du printemps à début d'été. ***Fruit*** Baie globuleuse, 1,5 cm de diamètre, verte, orange ou jaune à maturité.

- **ORIGINE** S.-O. de la Chine, Himalaya.
- **HABITAT** Forêts mixtes d'altitude.
- **REMARQUE** La forme présentée ici, ' John Mitchell ', est la plus couramment observée.

Hauteur 15 m	Port Cône large	Feuilles Caduques	Type

Famille ROSACÉES	Espèce *Sorbus × thuringiaca*	Auteur (Ilse) Fritsch

SORBUS × THURINGIACA

Feuilles Étroitement ovales à elliptiques, 10 cm de long et 6 cm de large, lobées sauf tout en haut, plus profondément vers la base, dentées, vert foncé brillant dessus, grises et velues dessous, souvent avec plusieurs folioles libres à la base. ***Écorce*** Gris-pourpre, lisse, se craquelle et s'exfolie en vieillissant. ***Fleurs*** 1,2 cm de diamètre, blanches, 5 pétales, en corymbes denses, fin du printemps. ***Fruit*** Baie globuleuse, rouge vif, 1 cm de diamètre.

- **ORIGINE** Europe.
- **HABITAT** Bois, avec les parents.
- **REMARQUE** Hybride provenant d'un croisement naturel entre l'alisier blanc (*S. aria*, p. 274) et le sorbier des oiseleurs (*S. aucuparia*, p. 275). La forme présentée ici, ' Fastigiata ', est souvent plantée comme arbre d'alignement, ses branches dressées formant une couronne dense, ovale. D'autres formes sont plus proches de *S. aucuparia*, avec plus de folioles libres.

Hauteur 12 m	Port Cône large	Feuilles Caduques	Type

Famille ROSACÉES	Espèce *Sorbus torminalis*	Auteur (Linnaeus) Crantz

ALISIER TORMINAL

Feuilles Largement ovales, 10 cm de long et presque autant de large, lobes profonds à dents aiguës, vert foncé brillant dessus, plus pâles dessous, velues au stade juvénile, jaunes, rouges ou pourpres en automne. ***Écorce*** Brun foncé, se craquelle en plaques écailleuses. ***Fleurs*** 1,2 cm de large, blanches, en corymbes aplatis, fin du printemps à début d'été. ***Fruit*** Baie globuleuse, brun roux, 1,2 cm de long.
• **ORIGINE** N. de l'Afrique, S.-O. de l'Asie, Europe.
• **HABITAT** Bois.

Hauteur 15 m	Port Colonne large	Feuilles Caduques	Type

Famille ROSACÉES	Espèce *Sorbus vestita*	Auteur (G. Don) Loddiges

SORBUS VESTITA

Feuilles Elliptiques, 20 cm ou plus de long et 15 cm de large, parfois quelques petits lobes, dents aiguës, duvet blanc quand elles sont jeunes, devenant vert foncé brillant dessus, densément couvertes de poils blancs dessous, avec jusqu'à 11 paires de nervures. ***Écorce*** Gris pâle, pelant par plaques épaisses. ***Fleurs*** 2 cm de diamètre, blanches, 5 pétales, en corymbes aplatis de 10 cm de diamètre, fin du printemps à début d'été. ***Fruit*** Baie globuleuse à piriforme, 2 cm de diamètre, verte tachetée de brun.
• **ORIGINE** Himalaya.
• **HABITAT** Forêts d'altitude.

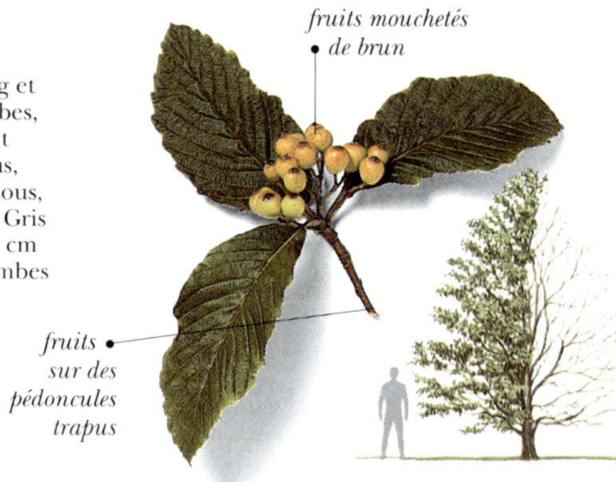

Hauteur 15 m	Port Cône large	Feuilles Caduques	Type

Famille ROSACÉES	Espèce *Sorbus vilmorinii*	Auteur Schneider

SORBUS VILMORINII

Feuilles Pennées, 15 cm de long, jusqu'à 25 folioles oblongues, de 2 cm de long, dentées vers le haut, vert foncé brillant dessus, gris-vert dessous. ***Écorce*** Lisse, gris foncé. ***Fleurs*** 6 mm de large, blanches, 5 pétales, en corymbes de 10 cm de diamètre, fin du printemps à début d'été. ***Fruit*** Baie globuleuse, 1 cm de long, rouge foncé, blanche à maturité.
• **ORIGINE** S.-O. de la Chine.
• **HABITAT** Bois d'altitude.

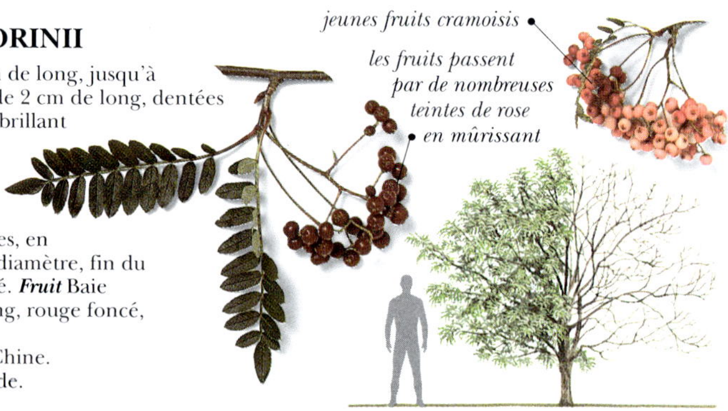

Hauteur 8 m	Port Largement étalé	Feuilles Caduques	Type

LES RUTACÉES

LES 1 500 ESPÈCES D'ARBRES, d'arbustes et de plantes grimpantes de cette famille, réparties dans plus de 150 genres, se trouvent dans le monde entier, mais surtout dans les régions tropicales ou tempérées chaudes. Les feuilles sont en général alternes et souvent composées, aromatiques quand on les écrase. Les fleurs sont vertes à blanches ou jaunes, d'habitude avec 4 ou 5 pétales.

Famille RUTACÉES	Espèce *Phellodendron amurense*	Auteur Ruprecht

PHELLODENDRON DE L'AMOUR

Feuilles Pennées, 35 cm de long, jusqu'à 13 folioles ovales à lancéolées, acuminées, finement ou non dentées, de 10 cm de long et 5 cm de large, vert foncé luisant et lisses dessus, bleu-vert et velues à la base de la nervure médiane dessous, jaunes en automne. ***Écorce*** Gris-brun, épaisse, liégeuse, côtes saillantes. ***Fleurs*** Mâles et femelles petites, verdâtres, mâles à anthères jaunes saillantes, en panicules coniques d'environ 7,5 cm de long, sur plantes séparées, mi-été. ***Fruit*** Globuleux, 1 cm de diamètre, vert, noir à maturité.

• **ORIGINE** N.-E. de l'Asie.

• **HABITAT** Lieux humides près de torrents en montagne.

▽ **VAR. LAVALLEI**
Variété caractérisée par ses folioles lisses un peu moins brillantes, dont la face inférieure est gris-vert, à nervures velues.

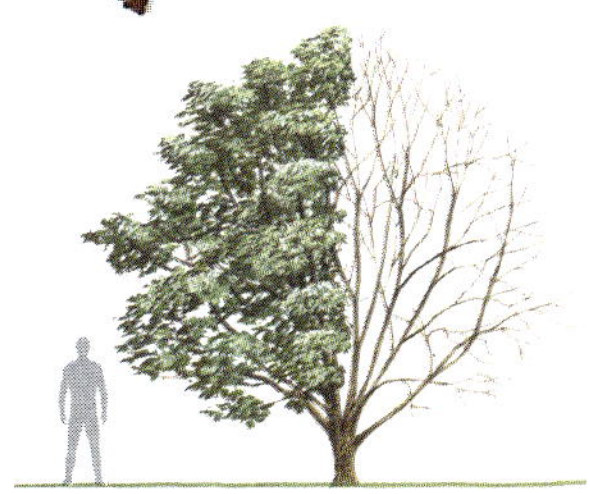

Hauteur 12 m	Port Largement étalé	Feuilles Caduques	Type

Famille RUTACÉES	Espèce *Ptelea trifoliata*	Auteur Linnaeus

ORME DE SAMARIE

Feuilles 3 folioles elliptiques à ovales, peu ou non dentées, de 10 cm de long et 4 cm de large, vert foncé brillant dessus, généralement lisses des 2 côtés, jaunes en automne, aromatiques quand on les écrase. ***Écorce*** Gris foncé, presque lisse. ***Fleurs*** Environ 1 cm de diamètre, jaune-vert à vert, 4 à 5 pétales, en corymbes de 7,5 cm de diamètre, à l'extrémité des rameaux, début d'été. ***Fruit*** 2 graines au centre d'une aile circulaire de 2,5 cm de diamètre, vert pâle, brun pâle à maturité.

• **ORIGINE** E. de l'Amérique du Nord.

• **HABITAT** Bois humides, taillis et pentes rocheuses.

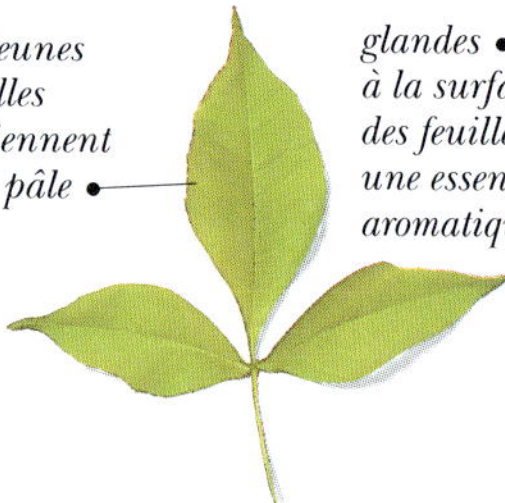

◁ **'AUREA'**
Forme dont les jeunes feuilles jaunes donnent une apparence étonnante à la masse du feuillage.

Hauteur 8 m	Port Largement étalé	Feuilles Caduques	Type

Famille RUTACÉES	Espèce *Tetradium daniellii*	Auteur (Bennett) Hartley

TETRADIUM DANIELLII

Feuilles Pennées, 30 cm ou plus de long, jusqu'à 11 folioles ovales ou oblongues, en général à pointe courte, non dentées, de 10 cm de long et 4 cm de large, vert foncé luisant et lisses dessus, bleu-vert et velues dessous, au moins au stade juvénile. ***Écorce*** Grise, lisse. ***Fleurs*** Petites, blanches, aromatiques, en larges corymbes aplatis de 15 cm de diamètre, à l'extrémité des rameaux, fin d'été à début d'automne. ***Fruit*** Petite capsule à bec, rouge-brun à presque noire, 8 mm de long, en groupes denses.

• **ORIGINE** Chine, Corée.

• **HABITAT** Bois d'altitude.

• **REMARQUE** Appelé auparavant *Euodia daniellii.*

Hauteur 15 m	Port Largement étalé	Feuilles Caduques	Type

Famille RUTACÉES	Espèce *Zanthoxylum ailanthoides*	Auteur Siebold & Zuccarini

ZANTHOXYLUM AILANTHOIDES

Feuilles Pennées, 30 cm ou plus de long, jusqu'à 15 paires de folioles oblongues, pointues, de 15 cm de long et 5 cm de large, vert clair dessus, bleu-vert dessous. ***Écorce*** Grise et verte, rayée, protubérances épineuses. ***Fleurs*** Mâles et femelles jaune-vert, en larges cymes au bout des rameaux, sur plantes séparées, fin d'été. ***Fruit*** Petit, vert, à graines noires.
• **ORIGINE** E. de l'Asie.
• **HABITAT** Bois.

Hauteur 15 m	Port Largement étalé	Feuilles Caduques	Type

Famille RUTACÉES	Espèce *Zanthoxylum simulans*	Auteur Hance

ZANTHOXYLUM SIMULANS

Feuilles Pennées, 20 cm de long, jusqu'à 11 folioles ovales, peu dentées, dessus vert brillant, parfois épineux, rachis légèrement ailé, aromatiques quand on les écrase, rachis et nervures principales généralement épineux au revers. ***Écorce*** Grise, protubérances coniques. ***Fleurs*** Petites, vertes, en groupes de 5 cm de diamètre, été. ***Fruit*** Petit, globuleux, verruqueux, très aromatique, 5 mm de diamètre, vert, rouge à maturité ; il sèche et se fend pour libérer des graines noir brillant.
• **ORIGINE** Chine.
• **HABITAT** Bois d'altitude et taillis.
• **REMARQUE** Au cours du développement, les épines du tronc durcissent, formant les excroissances rugueuses, coniques, qui caractérisent l'écorce de cette espèce.

Hauteur 6 m	Port Largement étalé	Feuilles Caduques	Type

LES SALICACÉES

LA FAMILLE COMPTE 2 genres et environ 350 espèces d'arbres et d'arbustes présents dans le monde entier, sauf en Australasie, mais surtout dans les régions tempérées du Nord.

Feuilles alternes, parfois opposées. Fleurs minuscules, apétales, en chatons, mâles et femelles presque toujours sur plantes séparées. Le fruit est une capsule contenant de petites graines.

Famille SALICACÉES	Espèce *Populus alba*	Auteur Linnaeus

PEUPLIER BLANC

Feuilles Variables, rappelant celles de l'érable sur les pousses vigoureuses, 3 à 5 lobes de 10 cm de long et 7,5 cm de large, lobes peu profonds ou bords ondulés sur les rameaux courts, les deux types blancs et velus au stade juvénile, devenant lisses et vert foncé dessus, couverts d'un dense duvet blanc dessous. ***Écorce*** Longtemps lisse et gris clair puis sombre et rugueuse. ***Fleurs*** En chatons pendants, mâles de 7,5 cm de long, grises à anthères rouges, femelles de 5 cm de long, vertes, sur plantes séparées, début du printemps, avant les feuilles. ***Fruit*** Petites capsules vertes, en chatons de 10 cm de long, s'ouvrant pour libérer des graines minuscules entourées de poils cotonneux.

- **ORIGINE** N. de l'Afrique, C. et O. de l'Asie, Europe.
- **HABITAT** Bois, situations humides et sèches.
- **REMARQUE** Appelé aussi peuplier de Hollande.

Hauteur 30 m	Port Colonne large	Feuilles Caduques	Type

Famille SALICACÉES | Espèce *Populus balsamifera* | Auteur Linnaeus

PEUPLIER BAUMIER

Feuilles Ovales, 12 cm de long et 10 cm de large, acuminées, finement dentées, vert brillant dessus, revers blanchâtre, à nervures fines, lisses des 2 côtés, odeur balsamique au stade juvénile. ***Écorce*** Grise, striée. ***Fleurs*** En chatons, mâles de 5 cm de long, femelles de 12 cm de long, vertes, sur plantes séparées, début du printemps. ***Fruit*** Petites capsules vertes, en chatons de 30 cm de long.

• **ORIGINE** N. de l'Amérique.

• **HABITAT** Bois humides.

Hauteur 30 m (20 m) | Port Colonne large | Feuilles Caduques | Type

Famille SALICACÉES | Espèce *Populus × canadensis* | Auteur Moench

PEUPLIERS EURAMÉRICAINS

Feuilles Largement triangulaires, 10 cm de long et de large, courte pointe à l'apex, finement dentées, vert brillant dessus. ***Écorce*** Gris pâle, profondes fissures verticales. ***Fleurs*** En chatons, mâles de 10 cm de long, femelles vertes, sur plantes séparées, début du printemps, avant les feuilles. ***Fruit*** Petites capsules vertes, s'ouvrant pour libérer des graines minuscules entourées de poils cotonneux.

• **ORIGINE** Horticole.

• **REMARQUE** Groupe d'hybrides du peuplier noir (*P. nigra*, p. 289) et du peuplier américain *P. deltoides* (notamment ssp. *angulata*). Ces peupliers hybrides ont été clonés, et les clones obtenus sont nombreux et très couramment plantés.

'MARILANDICA' ▷ L'écorce de ce clone femelle est marquée de cannelures profondes.

◁ **'ROBUSTA'** Le feuillage bronze rouge de ce clone mâle émerge à la mi-printemps et devient vert foncé luisant à maturité, vers la fin de l'été.

△ **'SEROTINA AUREA'** Clone mâle à feuillage d'été jaune vif, et à feuilles apparaissant à la fin du printemps.

Hauteur 30 m | Port Colonne large | Feuilles Caduques | Type

Famille SALICACÉES	Espèce *Populus × candicans*	Auteur Aiton

POPULUS × CANDICANS

Feuilles Largement ovales, 15 cm de long et 10 cm de large, en général cordées, acuminées, dentées, vert foncé dessus, blanchâtres et nettement nervurées dessous, légèrement pubescentes des 2 côtés. ***Écorce*** Grise, lisse, rugueuse avec l'âge. ***Fleurs*** Uniquement femelles, vertes, en chatons pendants, début du printemps. ***Fruit*** Petites capsules vertes, en chatons de 15 cm de long, s'ouvrant pour libérer des graines minuscules entourées de poils cotonneux blancs.
• **ORIGINE** Horticole.
• **REMARQUE** On suppose qu'il s'agit d'un hybride du peuplier baumier (*P. balsamifera*, p. 288), originaire d'Amérique du Nord, connu uniquement en culture. ' Aurora ', forme courante, porte des feuilles tachées de blanc, de crème et de rose.

△ POPULUS × CANDICANS

' AURORA ' ▷

Hauteur 30 m	Port Colonne large	Feuilles Caduques	Type

Famille SALICACÉES	Espèce *Populus × canescens*	Auteur (Aiton) P. Smith

PEUPLIER GRISARD

Feuilles Arrondies à ovales, 7,5 cm de long et de large, parfois à lobes peu profonds, dentées, densément couvertes de duvet blanc au stade juvénile, devenant lisses et vert foncé brillant dessus, grises et velues dessous. ***Écorce*** D'abord gris pâle avec des fissures foncées en losange, puis brun foncé et profondément sillonnée avec l'âge. ***Fleurs*** En chatons pendants, mâles de 10 cm de long, grises à anthères rouges, femelles de 10 cm de long, vertes, sur plantes séparées, début du printemps. ***Fruit*** Petites capsules vertes, en chatons, s'ouvrant pour libérer des graines minuscules entourées de poils cotonneux blancs.
• **ORIGINE** Europe.
• **HABITAT** Vallées fluviales.
• **REMARQUE** Hybride du peuplier blanc (*P. alba*, p. 286) et du peuplier tremble (*P. tremula*, p. 290), largement acclimaté en culture.

Hauteur 30 m	Port Colonne large	Feuilles Caduques	Type

Famille SALICACÉES	Espèce *Populus lasiocarpa*	Auteur Oliver

POPULUS LASIOCARPA

Feuilles Largement ovales, grandes, 30 cm de long et 20 cm de large, base nettement cordée, bordées de petites dents arrondies, pubescentes des 2 côtés au stade juvénile, devenant vert vif et lisses dessus, nervure médiane et pétiole rouges, sur des rameaux très vigoureux. ***Écorce*** Gris-brun, fissures verticales. ***Fleurs*** Mâles et femelles jaune-vert, mâles à anthères rouges, en chatons pendants massifs de 10 cm de long, en général sur plantes séparées (parfois fleurs mâles et femelles sur le même chaton), mi-printemps. ***Fruit*** Petites capsules vertes, en chatons de 15 cm de long, s'ouvrant pour libérer des graines minuscules entourées de poils cotonneux blancs.

- **ORIGINE** C. de la Chine.
- **HABITAT** Bois humides en montagne.
- **REMARQUE** Cette espèce se distingue facilement des autres du même genre par ses très grandes feuilles à long pétiole.

Hauteur 20 m	Port Cône large	Feuilles Caduques	Type

Famille SALICACÉES	Espèce *Populus nigra*	Auteur Linnaeus

PEUPLIER NOIR

Feuilles Triangulaires à ovales, 10 cm de long et presque autant de large, plus grandes sur les pousses vigoureuses, acuminées, dents émoussées, étroite marge translucide, bronze devenant vert foncé brillant dessus, plus pâles dessous, lisses des 2 côtés, jaunes en automne. ***Écorce*** Gris-brun foncé, fissures grossières, avec souvent de grandes excroissances. ***Fleurs*** Mâles à anthères rouges, femelles vertes, en chatons pendants de 5 cm à 10 cm de long, sur plantes séparées, début du printemps, avant les feuilles. ***Fruit*** Petites capsules vertes, en chatons, s'ouvrant pour libérer des graines minuscules entourées de poils cotonneux blancs.

- **ORIGINE** O. de l'Asie, Europe.
- **HABITAT** Vallées fluviales.
- **REMARQUE** *P. nigra* var. ' Italica ', le peuplier d'Italie, a un port dressé.

Hauteur 30 m	Port Largement étalé	Feuilles Caduques	Type

Famille SALICACÉES	Espèce *Populus szechuanica*	Auteur Schneider

POPULUS SZECHUANICA

Feuilles Ovales, 20 cm de long et 10 cm ou plus de large sur les pousses vigoureuses, en général beaucoup plus petites sur les rameaux courts, base arrondie ou en cœur, acuminées, dents émoussées, d'abord rougeâtres à bronze, devenant vert foncé dessus, plus pâles dessous, lisses des 2 côtés. ***Écorce*** Gris rosâtre, se craquelle en grandes plaques en vieillissant. ***Fleurs*** Petites, sans pétales, mâles à anthères rouge sombre, femelles vertes, en chatons pendants, sur plantes séparées, mi-printemps, avant les feuilles. ***Fruit*** Petites capsules vertes, en chatons de 6 cm de long, s'ouvrant pour libérer des graines minuscules entourées de poils cotonneux blancs.
- **ORIGINE** O. de la Chine.
- **HABITAT** Bois de montagne humides.
- **REMARQUE** Les feuilles de la var. *thibetica*, présentée ici, sont légèrement velues sur le revers.

Hauteur 30 m	Port Colonne large	Feuilles Caduques	Type

Famille SALICACÉES	Espèce *Populus tremula*	Auteur Linnaeus

PEUPLIER TREMBLE

Feuilles Arrondies à largement ovales, 7,5 cm de long et de large, ovales, plus grandes sur les rejets, dents arrondies, d'abord bronze, puis gris-vert dessus, plus pâles dessous, en général lisses des 2 côtés, jaunes en automne, sur des pétioles aplatis. ***Écorce*** Grise, lisse, puis foncée et crevassée à la base. ***Fleurs*** Mâles à anthères rouges, femelles vertes, en chatons pendants de 7,5 cm de long, sur plantes séparées, début du printemps, avant les feuilles. ***Fruit*** Petites capsules vertes, en chatons, s'ouvrant pour libérer des graines minuscules entourées de poils cotonneux blancs.
- **ORIGINE** Asie, N. de l'Afrique, Europe.
- **HABITAT** Bois et broussailles sur sol pauvre. Dans le sud de sa région d'origine, on trouve cette espèce en montagne.

Hauteur 20 m	Port Largement étalé	Feuilles Caduques	Type

Famille SALICACÉES	Espèce *Salix alba*	Auteur Linnaeus

SAULE BLANC

Feuilles Lancéolées, 10 cm de long et 1,5 cm de large, effilées des 2 côtés, plus élancées à l'apex, duvet argenté au stade juvénile, devenant vertes dessus, grises ou bleu-gris, soyeuses dessous. ***Écorce*** Gris-brun, fissures profondes. ***Fleurs*** Très petites et sans pétales, groupées en chatons élancés, cylindriques, étalés à presque dressés, mâles de 5 cm de long, jaunes, femelles de 4 cm de long, sur plantes séparées, printemps, à l'émergence des feuilles. ***Fruit*** Petite capsule verte, 5 mm de long, s'ouvrant pour libérer des graines blanches duveteuses.

• **ORIGINE** O. de l'Asie, Europe, Afrique du N.

• **HABITAT** Bords de rivière et prairies humides.

• **REMARQUE** Espèce largement cultivée dans sa région d'origine, où elle est surtout plantée en zone côtière humide et près des rivières.

SALIX ALBA

'BRITZENSIS' △
Forme appelée parfois saule à écorce rouge, car les jeunes rameaux sont orange-rouge vif pendant les mois d'hiver.

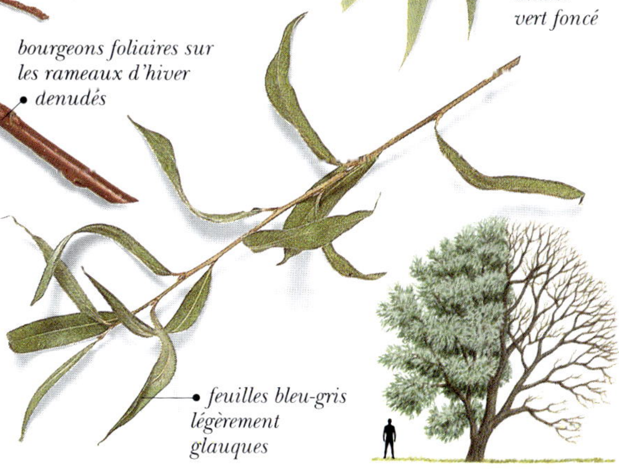

VAR. COERULEA ▷
Les battes de cricket sont traditionnellement taillées dans le bois de cette variété.

Hauteur 25 m	Port Colonne large	Feuilles Caduques	Type

Famille SALICACÉES	Espèce *Salix babylonica*	Auteur Linnaeus

SAULE PLEUREUR

Feuilles Lancéolées, 10 cm de long et 2 cm de large, effilées à l'apex en une longue pointe fine, bord finement denté, vertes dessus, vert bleuté et velues dessous au stade juvénile, devenant lisses, sur de jeunes rameaux bruns, luisants, pendants. ***Écorce*** Gris-brun, fissurée, à crêtes verticales rugueuses. ***Fleurs*** Très petites et sans pétales, en chatons élancés, cylindriques, mâles de 5 cm de long, jaunes, femelles de 2,5 cm de long, verts, sur plantes séparées, printemps, à l'émergence des feuilles. ***Fruit*** Petite capsule verte, 5 mm de long, s'ouvrant pour libérer des graines blanches duveteuses.

- **ORIGINE** N. de la Chine.
- **HABITAT** Inconnu, uniquement en culture.
- **REMARQUE** Cette espèce est cultivée depuis si longtemps en Afrique du N., Asie de l'O. et Europe de l'E., qu'il est impossible de déterminer son habitat d'origine.

◁ **SALIX BABYLONICA**

▽ **VAR. PEKINENSIS**
Variété souvent appelée *Salix matsudana* ('Pendula' et 'Tortuosa' étant considérés comme 2 formes de *S. matsudana*, cf. ci-dessous). Port étroit et dressé.

▽ **'PENDULA'**
Cette forme de saule pleureur très gracieuse porte de longs rameaux pendants caractéristiques et un feuillage plus dense.

'TORTUOSA' ▷
Forme dont les rameaux et les feuilles sont curieusement tortillés.

Hauteur 12 m	Port Largement pleureur	Feuilles Caduques	Type

Famille SALICACÉES	Espèce *Salix daphnoides*	Auteur Villars

SAULE DAPHNÉ

Feuilles Étroitement elliptiques, 12 cm de long et 3 cm de large, acuminées, dents peu profondes, vert foncé brillant dessus, bleu-vert dessous, velues devenant lisses des 2 côtés, rameaux pruineux devenant rouge-brun luisant. ***Écorce*** Grise, lisse. ***Fleurs*** Mâles et femelles très petites et sans pétales, mâles à anthères jaunes, en chatons soyeux de 4 cm de long, fin de l'hiver à début du printemps, avant les feuilles. ***Fruit*** Petite capsule verte, 5 mm de long, s'ouvrant pour libérer des graines blanches duveteuses.
- **ORIGINE** Europe.
- **HABITAT** Bois humides.

Hauteur 10 m	Port Cône large	Feuilles Caduques	Type

Famille SALICACÉES	Espèce *Salix fragilis*	Auteur Linnaeus

SALIX FRAGILIS

Feuilles Lancéolées, 15 cm de long et 3 cm de large, effilées à l'apex en pointe fine, finement dentées, d'abord à duvet soyeux, devenant vert foncé brillant dessus, bleu-vert dessous, lisses des 2 côtés. ***Écorce*** Gris foncé, fissures profondes. ***Fleurs*** Très petites, sans pétales, mâles jaunes, femelles vertes, en chatons frêles de 6 cm de long, sur plantes séparées, printemps, avec les feuilles. ***Fruit*** Petite capsule verte, 3 mm de long, s'ouvrant pour libérer des graines blanches duveteuses.
- **ORIGINE** O. de l'Asie, Europe.
- **HABITAT** Bords de rivière.
- **REMARQUE** Le nom d'espèce *S. fragilis* est dû au fait que les rameaux se cassent facilement.

Hauteur 15 m	Port Largement étalé	Feuilles Caduques	Type

Famille SALICACÉES	Espèce *Salix pentandra*	Auteur Linnaeus

SAULE LAURIER

Feuilles Elliptiques à étroitement ovales, 12 cm de long et 5 cm de large, s'effilant à l'apex en pointe courte, finement dentées, vert très foncé brillant dessus, plus pâles dessous, lisses des 2 côtés, légèrement aromatiques. ***Écorce*** Gris-brun, fissures peu profondes. ***Fleurs*** Très petites, sans pétales, mâles jaune vif, femelles vertes, en chatons cylindriques de 5 cm de long, sur plantes séparées, fin du printemps, après les feuilles. ***Fruit*** Petite capsule verte, 6 mm de long, s'ouvrant pour libérer des graines blanches duveteuses.
• **ORIGINE** Asie, Europe.
• **HABITAT** Bords de rivière et prairies.

Hauteur 15 m	Port Largement étalé	Feuilles Caduques	Type

Famille SALICACÉES	Espèce *Salix × sepulcralis*	Auteur Simonkai

SALIX × SEPULCRALIS

Feuilles Étroitement lancéolées, 12 cm de long et 2 cm de large, acuminées, dents fines, léger duvet au stade juvénile, puis vert vif dessus, bleu-vert dessous, lisses, sur des rameaux grêles, pendants, jaunâtres. ***Écorce*** Gris-brun pâle, fissures peu profondes. ***Fleurs*** Très petites, sans pétales, en chatons de 7,5 cm de long, souvent mâles et femelles sur le même chaton, printemps. ***Fruit*** Petite capsule verte, 3 mm de long, s'ouvrant pour libérer des graines blanches duveteuses.
• **ORIGINE** Horticole.
• **REMARQUE** Hybride du saule blanc (*S. alba*, p. 291) et du saule pleureur (*Salix babylonica*, p. 292). Parmi ses nombreuses formes, 'Chrysocoma' (le saule pleureur familier présenté ici), souvent appelé *S. × chrysocoma*, est la plus connue.

Hauteur 20 m	Port Largement pleureur	Feuilles Caduques	Type

LES SAPINDACÉES

LARGEMENT DISTRIBUÉE surtout dans les régions tropicales et subtropicales, cette famille comprend environ 150 genres et 1 500 espèces d'arbres, d'arbustes et de plantes grimpantes. Feuilles alternes simples, pennées, bipennées ou trifoliées. Petites fleurs hermaphrodites avec en général 5 pétales.
Les fruits sont variés : samare, capsule, drupe, baie, etc.

Famille SAPINDACÉES	Espèce *Koelreuteria paniculata*	Auteur Laxmann

SAVONNIER

Feuilles Pennées ou en partie bipennées, 45 cm de long, folioles lobées ou divisées en foliolules de 10 cm de long, dentées, vert foncé dessus, jaunes en automne. ***Écorce*** Brun pâle, fissurée. ***Fleurs*** Environ 1,2 cm de large, jaunes, 4 pétales, en panicules coniques de 45 cm de long, à l'extrémité des rameaux, milieu à fin d'été. ***Fruit*** Capsule vésiculeuse, 5 cm de long, verte ou vert nuancé de rouge, brun pâle à maturité.
- **ORIGINE** Chine, Corée.
- **HABITAT** Vallées fluviales chaudes.

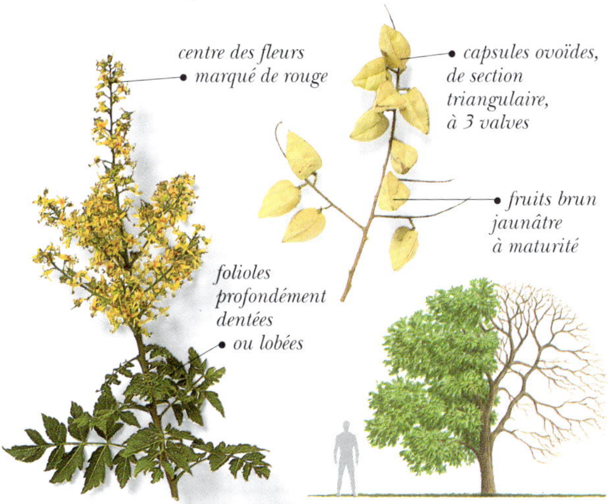

Hauteur 12 m	Port Largement étalé	Feuilles Caduques	Type

Famille SAPINDACÉES	Espèce *Xanthoceras sorbifolium*	Auteur Bunge

XANTHOCERAS SORBIFOLIUM

Feuilles Pennées, 30 cm de long, jusqu'à 17 folioles étroitement elliptiques, dentées, de 6 cm de long, vert foncé brillant dessus, lisses. ***Écorce*** Gris-brun, fissurée en crêtes squameuses. ***Fleurs*** 3 cm de diamètre, blanches, 5 pétales tachés de jaune-vert devenant rouges à la base, en grappes dressées de 25 cm de long, à l'extrémité des rameaux âgés, fin du printemps avant ou juste après les feuilles. ***Fruit*** Capsule verte, lisse, à paroi épaisse, 6 cm de diamètre, plus large en haut, contenant plusieurs graines de la taille d'un pois.
- **ORIGINE** Chine.
- **HABITAT** Taillis.

Hauteur 8 m	Port Colonne large	Feuilles Caduques	Type

LES SCROPHULARIACÉES

GRANDE FAMILLE comptant environ 3 000 espèces et 220 genres de plantes ligneuses et herbacées présentes dans le monde entier. Feuilles alternes ou opposées, simples ou lobées. Fleurs à corolle bilabiée, généralement à 5 lobes. Le fruit est une capsule. Tous les arbres sont du genre *Paulownia*.

Famille SCROPHULARIACÉES	Espèce *Paulownia tomentosa*	Auteur (Thunberg) Steudel

PAULOWNIA TOMENTOSA

Feuilles Ovales, 30 cm de long et 25 cm de large, cordées, acuminées, parfois lobées, vert foncé et velues dessus, grisâtres et tomenteuses dessous. ***Écorce*** Grise, lisse. ***Fleurs*** 5 cm de long, pourpre pâle marqué de pourpre plus foncé et de jaune à l'intérieur, en panicules dressées de 40 cm de long, printemps. ***Fruit*** Capsule brun pâle, ligneuse, 5 cm de long.

- **ORIGINE** Chine.
- **HABITAT** Montagnes.

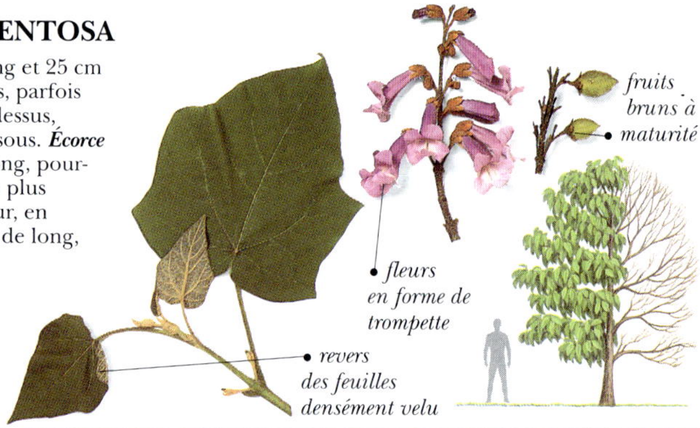

Hauteur 15 m	Port Colonne large	Feuilles Caduques	Type

LES SIMAROUBACÉES

ENVIRON 20 GENRES et 150 espèces d'arbres et d'arbustes présents dans les régions tropicales, subtropicales et les régions tempérées d'Asie. Feuilles alternes, souvent pennées. Petites fleurs bisexuées ou unisexuées avec en général 5 pétales. Les fruits sont des samares ou des capsules.

Famille SIMAROUBACÉES	Espèce *Ailanthus altissima*	Auteur (Miller) Swingle

FAUX VERNIS DU JAPON

Feuilles Pennées, 60 cm de long, 15 paires de folioles ou plus, de 12 cm de long et 5 cm de large, brillantes. ***Écorce*** Gris-brun, rayures pâles. ***Fleurs*** Mâles et femelles jaune verdâtre, 5 ou 6 pétales, en grandes panicules au bout des rameaux, en général sur plantes séparées, de mi- à fin d'été. ***Fruit*** Ailé, 4 cm de long.

- **ORIGINE** Chine.
- **HABITAT** Bois d'altitude.

Hauteur 20 m	Port Colonne large	Feuilles Caduques	Type

LES STYRACACÉES

ENVIRON 12 GENRES et 150 espèces d'arbres et d'arbustes dans cette famille, présents dans l'est de l'Asie, du sud des États-Unis à l'Amérique centrale et à l'Amérique du Sud, et dans le bassin méditerranéen (une seule espèce). Feuilles caduques alternes, simples. Corolle des fleurs à base tubulaire, se divisant en 4 à 7 lobes. Le fruit est une capsule ou une drupe.

Famille STYRACACÉES	Espèce *Halesia carolina*	Auteur Linnaeus

ARBRE AUX CLOCHES D'ARGENT

Feuilles Ovales-oblongues, 20 cm de long et 10 cm de large, acuminées, finement dentées, vert vif dessus, plus pâles dessous, duvet fin des 2 côtés, jaunes à l'automne. ***Écorce*** Brun-pâle, crêtes squameuses entrelacées. ***Fleurs*** Blanches ou blanc taché de rose, pendantes, corolle en cloche de 2 cm de long, 4 lobes étroits, en petits groupes, milieu à fin du printemps, avec les feuilles. ***Fruit*** Piriforme, 5 cm de long, 4 ailes, vert, brun pâle à maturité
• **ORIGINE** S.-E. des États-Unis.
• **HABITAT** Bois humides sur sols fertiles, et près des rivières.
• **REMARQUE** Cette espèce ne dépasse pas 10 m en conditions défavorables.

Hauteur 20 m (10 m)	Port Cône large	Feuilles Caduques	Type

Famille STYRACACÉES	Espèce *Pterostyrax hispida*	Auteur Siebold & Zuccarini

PTEROSTYRAX HISPIDA

Feuilles Oblongues à ovales, 20 cm de long et 10 cm de large, base effilée, pointue à l'apex, vert vif et presque lisses dessus, gris-vert et plus ou moins velues dessous. ***Écorce*** Brun pâle, liégeuse, fissures orange. ***Fleurs*** Environ 6 mm de long, blanches, odorantes, étamines saillantes voyantes, en panicules pendantes de 20 cm de long, début à mi-été. ***Fruit*** Petit, gris, sec, environ 1,2 cm de long, à 5 côtes, hérissés de poils bruns.
• **ORIGINE** Chine, Japon.
• **HABITAT** Bois et bords de rivière en zone montagneuse.

Hauteur 12 m (6 m)	Port Largement étalé	Feuilles Caduques	Type

Famille STYRACACÉES	Espèce *Styrax hemsleyana*	Auteur Diels

STYRAX HEMSLEYANA

Feuilles Ovales à obovales, 13 cm de long et 8 cm de large, base oblique, acuminées, dents espacées, lisses ou presque. ***Écorce*** Gris pâle. ***Fleurs*** Environ 1,5 cm de long, corolle à 5 lobes, blanches, anthères jaunes, calice densément couvert de poils brun foncé, en grappes dressées à étalées de 15 cm de long, à l'extrémité des branches courtes, début d'été. ***Fruit*** Drupe ovoïde, grise, 1,5 cm de long, à graine unique.
• **ORIGINE** C. de la Chine.
• **HABITAT** Bois et taillis.
• **REMARQUE** Les plantes cultivées peuvent atteindre des tailles plus importantes que les spécimens sauvages. Espèce rappelant *S. obassia* (p. 289), mais à bourgeons foliaires bruns et exposés et à feuilles moins pubescentes.

Hauteur 8 m	Port Colonne large	Feuilles Caduques	Type

Famille STYRACACÉES	Espèce *Styrax japonica*	Auteur Siebold & Zuccarini

STYRAX JAPONICA

Feuilles Elliptiques à ovales, 10 cm de long et 5 cm de large, base atténuée, brusquement acuminées, bordées de dents fines et espacées, vert brillant profond dessus, jaunes ou rouges à l'automne. ***Écorce*** Gris-brun foncé, lisse, fissures orange en vieillissant. ***Fleurs*** 1,5 cm de long, corolle à 5 lobes, blanches ou teintées de rose, anthères jaunes, légèrement odorantes, pédicelles grêles, en bouquets courts ou solitaires, pendant sous les pousses feuillées, début à milieu d'été. ***Fruit*** Drupe globuleuse à ovoïde, grise, 1,5 cm de long, 1 seule graine.
- **ORIGINE** Chine, Japon, Corée.
- **HABITAT** Situations ensoleillées, généralement sur sols humides.
- **REMARQUE** Cette espèce devient un bel arbre élégant ou un grand arbuste.

Hauteur 10 m	Port Largement étalé	Feuilles Caduques	Type

Famille STYRACACÉES	Espèce *Styrax obassia*	Auteur Siebold & Zuccarini

STYRAX OBASSIA

Feuilles Variables, elliptiques à arrondies, 20 cm de long et presque autant de large, vert foncé et lisses dessus, bleu-gris et densément velues dessous, jaunissant à l'automne. ***Écorce*** Gris-brun et lisse, se fissurant verticalement en vieillissant. ***Fleurs*** Environ 2,5 cm de long, corolle à 5 lobes, blanches, anthères jaunes, odorantes, en grappes de 15 cm de long, s'étalant horizontalement, début à mi-été. ***Fruit*** Drupe ovoïde, grise, environ 2 cm de long, une seule graine.
- **ORIGINE** Japon.
- **HABITAT** Bois humides.
- **REMARQUE** Les grappes de fleurs sont souvent presque dissimulées par les grandes feuilles larges.

Hauteur 12 m	Port Colonne large	Feuilles Caduques	Type

LES THÉACÉES

LA FAMILLE COMPTE 30 genres et plus de 600 espèces d'arbres et d'arbustes, surtout dans les régions tropicales d'Asie et d'Amérique, mais aussi en zones tempérées de l'Asie de l'E. et du S.-E. des États-Unis.

Feuilles caduques ou persistantes simples, en général alternes.
Fleurs grandes et spectaculaires (ex. camellia). Le fruit est le plus souvent une capsule.

Famille THÉACÉES	Espèce *Stewartia malacodendron*	Auteur Linnaeus

STEWARTIA MALACODENDRON

Feuilles Ovales à elliptiques, 10 cm de long et 5 cm de large, apex pointu, dentées, lisses dessus, plus pâles et velues dessous. ***Écorce*** Gris pâle à brune, lisse. ***Fleurs*** En forme de coupe, s'ouvrant largement, 10 cm de large, blanches, nombreuses étamines à anthères bleutées, solitaires, été. ***Fruit*** Capsule ligneuse, rouge-brun, 1,5 cm de diamètre.
• **ORIGINE** S.-E. des États-Unis.
• **HABITAT** Bois humides en plaine côtière.

Hauteur 6 m (3 m)	Port Colonne large	Feuilles Caduques	Type

Famille THÉACÉES	Espèce *Stewartia monadelpha*	Auteur Siebold & Zuccarini

STEWARTIA MONADELPHA

Feuilles Elliptiques à ovales, 10 cm de long et 3 cm de large, acuminées, dentées, vert foncé brillant dessus, finement velues des 2 côtés, rouge-pourpre profond en automne.
Écorce Lisse, pelant par plaques qui laissent apparaître des taches grises, brun pâle et rouge-brun.
Fleurs 4 cm de diamètre, blanches, 5 pétales, nombreuses étamines à filets crème et à anthères foncées, 2 bractées persistantes, solitaires ou par paires, à l'aisselle des feuilles, été.
Fruit Capsule ligneuse, rouge-brun, environ 1 cm de long.
• **ORIGINE** S. du Japon, Corée.
• **HABITAT** Bois d'altitude.

Hauteur 25 m (7 m)	Port Colonne large	Feuilles Caduques	Type

Famille THÉACÉES	Espèce *Stewartia pseudocamellia*	Auteur Maximowicz

STEWARTIA PSEUDOCAMELLIA

Feuilles Largement ovales à elliptiques, 10 cm de long et 6 cm de large, apex effilé en pointe fine, finement dentées, vert vif et lisses dessus, lisses ou velues dessous, jaunes, orange ou rouges en automne. ***Écorce*** Rouge-brun, pelant par fines plaques irrégulières, laissant apparaître des taches grises et roses. ***Fleurs*** 6 cm de diamètre, blanches, 5 pétales, nombreuses étamines à filets jaunes et à anthères plus foncées, 2 bractées, solitaires ou par paires à l'aisselle des feuilles, été. ***Fruit*** Capsule ligneuse, rouge-brun, environ 2 cm de long.

• **ORIGINE** Japon.
• **HABITAT** Bois d'altitude.
• **REMARQUE** Comme chez les autres espèces de *Stewartia*, les 5 pétales sont soudés à la base et la fleur tombe entière.

▽ **VAR. KOREANA**
Les fleurs de cette variété originaire de la Corée du Sud s'ouvrent plus largement que celles de l'espèce type. Ses feuilles légèrement plus grandes se colorent cependant de la même façon en automne.

▽ **STEWARTIA PSEUDOCAMELLIA**

Hauteur 20 m (7 m)	Port Colonne large	Feuilles Caduques	Type

Les Tiliacées

Les tilleuls, du genre *Tilia*, sont des membres très appréciés de cette famille, qui comprend environ 50 genres et plus de 700 espèces d'arbres, d'arbustes et de plantes herbacées.
La plupart sont limités aux tropiques, mais le tilleul est présent dans les régions tempérées de l'hémisphère Nord. Les feuilles sont alternes, simples, parfois lobées, portant souvent des poils en étoile. Petites fleurs, souvent odorantes, en général avec 5 pétales et sépales, et de nombreuses étamines. Fruit variable, ligneux, capsule sèche ou « baie ».

Famille TILIACÉES	Espèce *Tilia americana*	Auteur Linnaeus

Tilleul d'Amérique

Feuilles Largement ovales à presque arrondies, 20 cm de long et 15 cm de large, brusquement acuminées en pointe fine, dents grossières et pointues, vert clair dessus, plus pâles et plutôt brillantes dessous, devenant lisses des 2 côtés à l'exception de touffes de poils bruns à l'aisselle des nervures dessous. ***Écorce*** Brune à grise, devenant rugueuse et craquelée. ***Fleurs*** 1,5 cm de diamètre, jaune pâle, 5 pétales, odorantes, en cymes pendantes de 10 au plus, chacune accompagnée d'une longue bractée de 10 cm de long, mi-été. ***Fruit*** Globuleux, ligneux, gris-vert pâle, environ 1 cm de diamètre.
• **Origine** E. de l'Amérique du Nord.
• **Habitat** Bois humides.

Hauteur 40 m (25 m)	Port Colonne large	Feuilles Caduques	Type

Famille TILIACÉES	Espèce *Tilia cordata*	Auteur Miller

TILLEUL À PETITES FEUILLES

Feuilles Arrondies, 7,5 cm de long et de large, cordées, acuminées, dentées, vert brillant dessus, bleu-vert dessous, lisses à l'exception de touffes de poils à l'aisselle des nervures dessous, jaunes en automne. ***Écorce*** Grise et lisse, gris-brun et cannelée en vieillissant. ***Fleurs*** 2 cm de diamètre, jaune pâle, 5 pétales, odorantes, en cymes de 10 au plus, chacune accompagnée d'une bractée verte de 8 cm de long, mi-été. ***Fruit*** Ovoïde, ligneux, gris-vert, environ 6 mm de diamètre.
• **ORIGINE** Europe.
• **HABITAT** Terrains calcaires.

petites feuilles d'un vert brillant s'effilant en une longue pointe

jusqu'à 10 fleurs par cyme pendante ou dressée

touffes de poils bruns à l'aisselle des nervures sur le revers des feuilles

Hauteur 30 m	Port Colonne large	Feuilles Caduques	Type

Famille TILIACÉES	Espèce *Tilia × euchlora*	Auteur K. Koch

TILLEUL DE CRIMÉE

Feuilles Largement ovales, 10 cm de long et de large, pointues, vert foncé dessus, plus pâles et lisses dessous, à l'exception de touffes de poils à l'aisselle des nervures. ***Écorce*** Grise, lisse, se craquelle avec l'âge. ***Fleurs*** 2 cm de diamètre, jaune pâle, 5 pétales, en cymes de 7 au plus, avec une bractée verte de 7,5 cm de long, mi-été. ***Fruit*** Ligneux, gris-vert, environ 1,2 cm de long.
• **ORIGINE** Inconnue.
• **REMARQUE** Peut-être un hybride de *T. dasystyla* et de *T. cordata*.

feuille bordée de dents fines

face supérieure des feuilles très brillante

aisselles des nervures velues sur le revers

base des feuilles asymétrique

jusqu'à 7 fleurs par cyme

Hauteur 20 m	Port Colonne large	Feuilles Caduques	Type

Famille TILIACÉES	Espèce *Tilia × europaea*	Auteur Linnaeus

TILLEUL COMMUN

Feuilles Largement ovales à arrondies, 10 cm de long et de large, cordées, brusquement acuminées, grossièrement dentées, vert foncé dessus, plus pâles dessous, lisses à l'exception de touffes de poils à l'aisselle des nervures dessous. ***Écorce*** Gris-brun, fissures peu profondes. ***Fleurs*** Petites, 2 cm de diamètre, jaune pâle, 5 pétales, odorantes, en cymes de 10 au plus, chacune accompagnée d'une bractée vert pâle de 10 cm de long, mi-été. ***Fruit*** Ovoïde, ligneux, gris-vert, environ 1,2 cm de long.
• **ORIGINE** Europe.
• **HABITAT** Urbain, forêts.
• **REMARQUE** Appelé aussi *Tilia × vulgaris*. Hybride du tilleul à petites feuilles (*T. cordata*, p. 303) et du tilleul à grandes feuilles (*T. platyphyllos*, p. 305).

▽ **TILIA × EUROPAEA**

◁ **'WRATISLAVIENSIS'** Le jeune feuillage d'un jaune vif et chaud de cette forme devient vert à maturité.

Hauteur 30 m	Port Colonne large	Feuilles Caduques	Type

Famille TILIACÉES	Espèce *Tilia mongolica*	Auteur Maximowicz

TILLEUL DE MONGOLIE

Feuilles Largement ovales, 7,5 cm de long et de large, 3 à 5 lobes, acuminées, dents aiguës, d'abord rougeâtres puis vert foncé brillant dessus, bleu-vert dessous, lisses des 2 côtés à l'exception de touffes de poils à l'aisselle des nervures dessous, jaunes en automne, sur des pétioles rouges. ***Écorce*** Grise et lisse. ***Fleurs*** 2 cm de diamètre, jaune pâle, 5 pétales, odorantes, en cymes pendantes de 20 au plus, chacune accompagnée d'une bractée étroite vert pâle, de 10 cm de long, mi-été. ***Fruit*** Globuleux, ligneux, gris-vert, environ 1,2 cm de long.
• **ORIGINE** N.-E. de l'Asie.
• **HABITAT** Pentes de montagne.
• **REMARQUE** Espèce facilement identifiable en saison par ses feuilles lobées à dents aiguës.

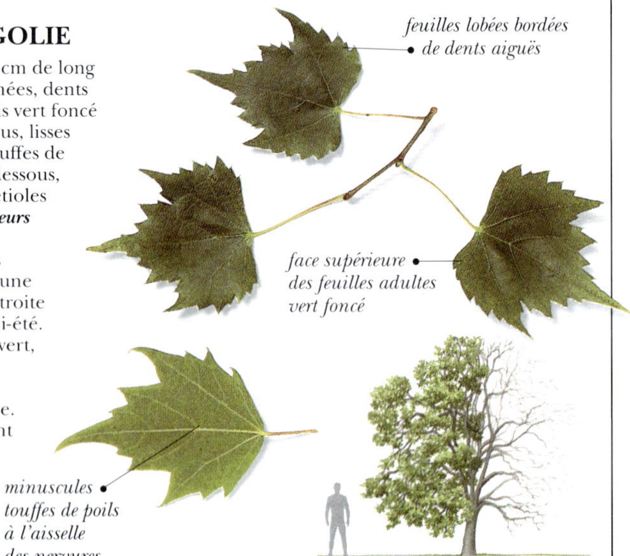

Hauteur 10 m	Port Largement étalé	Feuilles Caduques	Type

Famille TILIACÉES	Espèce *Tilia platyphyllos*	Auteur Scopoli

TILLEUL À GRANDES FEUILLES

Feuilles Arrondies à largement ovales, 12 cm de long et de large, cordées, apex s'effilant en pointe courte, dents aiguës, vert foncé dessus, plus pâles dessous, velues des 2 côtés, surtout dessous, jaunes en automne. ***Écorce*** Grise, fissures peu profondes. ***Fleurs*** 2 cm de diamètre, jaune pâle, 5 pétales, odorantes, par 5 environ en cymes pendantes, chacune accompagnée d'une bractée vert pâle de 12 cm de long, début à mi-été. ***Fruit*** Globuleux, ligneux, gris-vert, environ 1,2 cm de long, 5 côtes saillantes.

• **ORIGINE** S.-O. de l'Asie, Europe.

• **HABITAT** Bois humides.

T. PLATYPHYLLOS

feuilles profondément nervurées

les cymes de fleurs pendent d'une bractée vert pâle

feuilles bordées de grandes dents aiguës

◁ **'LACINIATA'** Cultivar inhabituel à feuilles étroitement ovales, profondément lobées et dentées.

Hauteur 30 m	Port Colonne large	Feuilles Caduques	Type

Famille TILIACÉES	Espèce *Tilia tomentosa*	Auteur Moench

TILLEUL ARGENTÉ

Feuilles Arrondies, 12 cm de long et 10 cm de large, souvent légèrement lobées, en général cordées à la base, apex s'effilant en pointe courte, dents aiguës, vert foncé dessus, duvet blanc dessous. ***Écorce*** Grise, fissures peu profondes. ***Fleurs*** 2 cm de diamètre, jaune pâle, 5 pétales, très parfumées, en cymes pendantes de 10 au plus, chacune accompagnée d'une bractée vert pâle de 10 cm de long, milieu à fin d'été. ***Fruit*** Globuleux à ovoïde, ligneux, gris-vert, 1,2 cm de long.

• **ORIGINE** S.-E. de l'Europe, S.-O. de l'Asie.

• **HABITAT** Bois mixtes.

• **REMARQUE** Appelé aussi *T. argentea*. Ses fleurs très odorantes ont des effets narcotiques sur les abeilles.

feuilles parfois légèrement lobées

jusqu'à 10 fleurs pendant ensemble

TILIA TOMENTOSA

revers des feuilles argenté caractéristique

◁ **'PETIOLARIS'** Le tilleul argenté pleureur est une forme sélectionnée pour ses rameaux pendants et feuilles à long pétiole.

Hauteur 25 m	Port Colonne large	Feuilles Caduques	Type

LES TROCHODENDRACÉES

CETTE FAMILLE ne contient qu'un genre et une espèce.
Sa parenté est incertaine, bien que l'on s'accorde généralement à penser qu'il s'agit d'une plante à fleur relativement primitive, étroitement apparentée au genre *Cercidiphyllum* (p. 133), ou au genre *Drimys* (p. 310).

Famille TROCHODENDRACÉES	Espèce *Trochodendron aralioides*	Auteur Siebold & Zuccarini

TROCHODENDRON ARALIOIDES

Feuilles Étroitement elliptiques, 12 cm de long et 4 cm de large, dentées sauf vers la base, vert foncé dessus, plus pâles dessous. ***Écorce*** Grise à brun foncé, lenticelles voyantes. ***Fleurs*** 2 cm de diamètre, vert vif, sans pétales, étamines nombreuses rayonnant autour des carpelles vertes, en grappes de 12 cm de long, à l'extrémité des rameaux, fin du printemps et début d'été.
Fruit Follicules associés en groupe hémisphérique, verts, bruns à maturité, à stigmates persistants.
• **ORIGINE** Japon, Corée, Taiwan.
• **HABITAT** Bois d'altitude.

Hauteur 20 m (10 m)	Port Colonne large	Feuilles Persistantes	Type

LES ULMACÉES

FAMILLE DE L'ORME, environ 15 genres et 150 espèces d'arbres et d'arbustes poussant à l'état sauvage sous les tropiques et dans les régions tempérées du Nord. Feuilles persistantes ou caduques, en général alternes.
Petites fleurs sans pétales. Le fruit est soit une samare, soit une drupe.

Famille ULMACÉES	Espèce *Celtis australis*	Auteur Linnaeus

MICOCOULIER DE PROVENCE

Feuilles Lancéolées à ovales, 15 cm de long et 5 cm de large, acuminées, vert clair à foncé et rugueuses dessus, gris-vert et poils doux dessous. ***Écorce*** Gris pâle, lisse. ***Fleurs*** Mâles et femelles petites et vertes, sans pétales, solitaires ou en petits groupes à l'aisselle des feuilles, séparément sur la même plante, printemps. ***Fruit*** Drupe globuleuse, environ 1 cm de diamètre, presque noire à maturité.
• **ORIGINE** S.-O. de l'Asie, S. de l'Europe.
• **HABITAT** Pentes rocheuses chaudes et sèches.

Hauteur 20 m	Port Colonne large	Feuilles Caduques	Type

Famille ULMACÉES	Espèce *Celtis laevigata*	Auteur Willdenow

MICOCOULIER DU MISSISSIPPI

Feuilles Étroitement ovales, 10 cm de long et 4 cm de large, 3 nervures partant de la base souvent oblique, acuminées, peu ou non dentées, vert assez pâle, lisses. ***Écorce*** Gris pâle, lisse, lenticelles liégeuses. ***Fleurs*** Mâles et femelles petites et vertes, sans pétales, solitaires ou en petits groupes à l'aisselle des feuilles, séparément sur la même plante, printemps. ***Fruit*** Drupe globuleuse, comestible, orange-rouge à pourpre, environ 8 mm de diamètre.

• **ORIGINE** N. du Mexique, S. des États-Unis.
• **HABITAT** Plaines inondables humides et bois.
• **REMARQUE** La variété présentée, var. *smallii*, a des feuilles à dents plus marquées.

Hauteur 25 m	Port Colonne large	Feuilles Caduques	Type

Famille ULMACÉES	Espèce *Celtis occidentalis*	Auteur Linnaeus

MICOCOULIER DE VIRGINIE

Feuilles Ovales, 12 cm de long et 6 cm de large, 3 nervures partant de la base souvent oblique, acuminées, dentées, lisses ou rugueuses dessus, velues dessous. ***Écorce*** Grise, lisse, verrues liégeuses, cannelée et squameuse avec l'âge. ***Fleurs*** Mâles et femelles petites et vertes, sans pétales, solitaires ou en petits groupes à l'aisselle des feuilles, séparément sur la même plante, printemps. ***Fruit*** Drupe globuleuse, comestible, orange-rouge à pourpre, environ 1 cm de diamètre.

• **ORIGINE** Amérique du Nord.
• **HABITAT** Bois sur sols fertiles et pentes de colline.
• **REMARQUE** Arbre ou arbuste.

Hauteur 25 m (15 m)	Port Colonne large	Feuilles Caduques	Type

Famille ULMACÉES	Espèce *Ulmus × hollandica*	Auteur Miller

ULMUS × HOLLANDICA

Feuilles Ovales à elliptiques, 12 cm de long et 6 cm de large, acuminées, dentées, en général velues dessous. ***Écorce*** Gris-brun, crêtes. ***Fleurs*** Minuscules, rouges, en groupes sur les rameaux âgés, début du printemps. ***Fruit*** Graine ailée de 2,5 cm de long.
• **ORIGINE** Europe.
• **HABITAT** Bois et haies.
• **REMARQUE** Groupes d'hybrides de l'orme de montagne (*U. glabra*) et de l'orme champêtre (*U. minor*, ci-dessous).

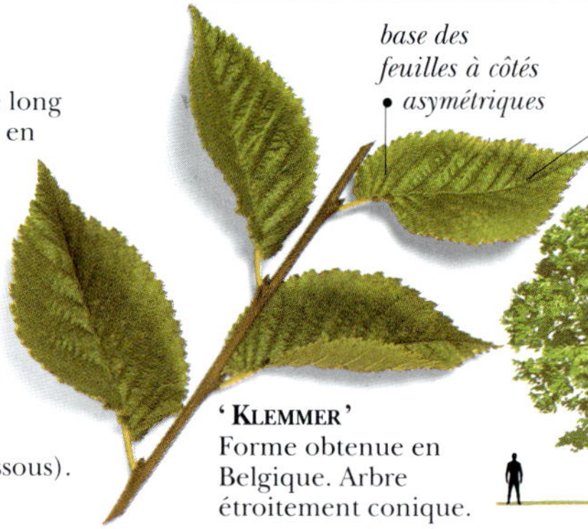

'KLEMMER'
Forme obtenue en Belgique. Arbre étroitement conique.

Hauteur 30 m	Port Colonne large	Feuilles Caduques	Type

Famille ULMACÉES	Espèce *Ulmus japonica*	Auteur (Rehder) Sargent

ULMUS JAPONICA

Feuilles Elliptiques à obovales, 10 cm de long et 6 cm de large, base asymétrique rétrécie, acuminées, doublement dentées, vert foncé, rugueuses et velues dessus, plus pâles dessous, pubescentes au moins sur les nervures. ***Écorce*** Gris-brun pâle, fissurée. ***Fleurs*** Très petites, rouges, en petits groupes sur les rameaux âgés, printemps. ***Fruit*** Graine ailée de 1,5 cm de long, mûrissant quelques semaines après la floraison.
• **ORIGINE** N.-E. de l'Asie, Japon.
• **HABITAT** Bois, zones rocheuses, landes.

Hauteur 30 m	Port Largement étalé	Feuilles Caduques	Type

Famille ULMACÉES	Espèce *Ulmus minor*	Auteur Miller

ORME CHAMPÊTRE

Feuilles Elliptiques à obovales, 12 cm de long et 6 cm de large, apex pointu, doublement dentées, vert vif brillant et lisses dessus, poils à l'aisselle des nervures dessous. ***Écorce*** Gris-brun, fissurée. ***Fleurs*** Minuscules, rouges, en groupes, début du printemps. ***Fruit*** Petite graine ailée.
• **ORIGINE** N. de l'Afrique, S.-O. de l'Asie, Europe.
• **HABITAT** Bois et haies.
• **REMARQUE** La variété présentée, var. *vulgaris* (ancien nom *U. procera*) est l'orme anglais jadis très répandu.

VAR. VULGARIS

Hauteur 30 m	Port Colonne large	Feuilles Caduques	Type

Famille ULMACÉES	Espèce *Ulmus parvifolia*	Auteur Jacquin

ORME DE CHINE

Feuilles Elliptiques à ovales ou obovales, 6 cm de long et 4 cm de large, base oblique, apex pointu, dents aiguës, vert brillant, parfois rugueuses dessus, poils à l'aisselle des nervures dessous, jaunes, rouges ou pourpres en automne. ***Écorce*** Gris-brun, pelant par écailles. ***Fleurs*** Minuscules, rouges, en groupes à l'aisselle des feuilles, début d'automne. ***Fruit*** Petite graine à aile verte, 8 mm de long.
• **ORIGINE** E. de l'Asie.
• **HABITAT** Zones rocheuses.

Hauteur 15 m	Port Largement étalé	Feuilles Caduques	Type

Famille ULMACÉES	Espèce *Ulmus pumila*	Auteur Linnaeus

ORME DE SIBÉRIE

Feuilles Elliptiques à étroitement ovales, 6 cm de long et 2,5 cm de large, base presque symétrique, acuminées, dents aiguës, vert foncé dessus, lisses ou presque des 2 côtés. ***Écorce*** Gris-brun, rugueuse, ridée. ***Fleurs*** Très petites, rouges, en groupes sur les rameaux, printemps, avant les feuilles. ***Fruit*** Petite graine entourée d'une aile verte arrondie et échancrée, 1,2 cm de long.
• **ORIGINE** C. et E. de l'Asie.
• **HABITAT** Sols sablonneux ou pierreux.

Hauteur 20 m (10 m)	Port Colonne large	Feuilles Caduques	Type

Famille ULMACÉES	Espèce *Zelkova carpinifolia*	Auteur (Pallas) K. Koch

FAUX ORME DE SIBÉRIE

Feuilles Elliptiques à oblongues, 10 cm de long et 5 cm de large, environ 10 paires de nervures se terminant en dent triangulaire, vert foncé et légèrement rugueuse dessus, velues dessous, devenant orange-brun en automne. ***Écorce*** Grise et lisse, s'exfolie en vieillissant, sur un tronc crevassé. ***Fleurs*** Mâles et femelles petites et vertes, en groupes séparés sur la même plante, printemps. ***Fruit*** Petit et globuleux.
• **ORIGINE** Caucase, N. de l'Iran.
• **HABITAT** Forêts.
• **REMARQUE** Se reconnaît facilement à son tronc court qui se divise en nombreuses branches dressées.

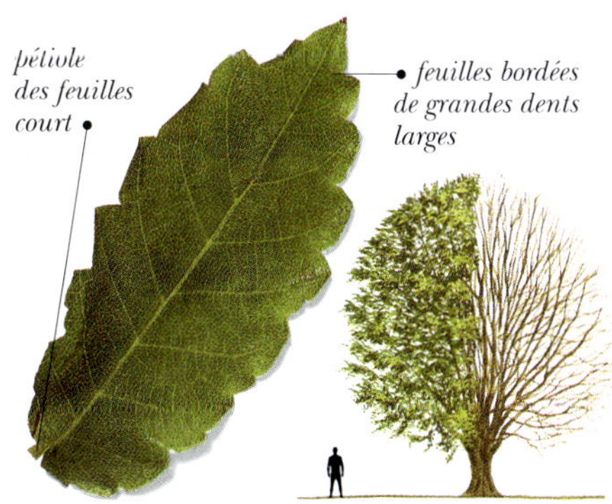

Hauteur 25 m	Port Colonne large	Feuilles Caduques	Type

Famille ULMACÉES	Espèce *Zelkova serrata*	Auteur (Thunberg) Makino

ZELKOVA SERRATA

Feuilles Ovales à oblongues-ovales, 12 cm de long et 5 cm de large, base arrondie, acuminées, dents aiguës se terminant en courte pointe, vert foncé et légèrement rugueuses dessus, plus pâles et presque lisses dessous, jaunes, orange ou rouges en automne. ***Écorce*** Gris pâle et lisse, s'exfolie avec l'âge. ***Fleurs*** Mâles et femelles petites et vertes, sur les jeunes rameaux sur la même plante, printemps. ***Fruit*** Petit et globuleux.
• **ORIGINE** Japon.
• **HABITAT** Sols humides près des rivières.

◁ **ZELKOVA SINICA**
Espèce proche. Feuilles effilées à la base, à dents moins nombreuses.

▽ **ZELKOVA SERRATA**

Hauteur 40 m (20 m)	Port Largement étalé	Feuilles Caduques	Type

LES WINTERACÉES

FAMILLE PRIMITIVE, peut-être apparentée aux magnolias (*Magnolia*, pp. 202-215). Environ 5 genres et 60 espèces d'arbres et d'arbustes poussant à Madagascar, du Mexique à l'Amérique du Sud, et de l'Asie du Sud-Est à l'Australie et à la Nouvelle-Zélande.
Feuilles persistantes alternes, non dentées, fleurs à 5 pétales ou plus, petites baies groupées.

Famille WINTERACÉES	Espèce *Drimys winteri*	Auteur J.R. & J.G. Forster

DRIMYS WINTERI

Feuilles Oblongues à elliptiques, 20 cm de long et 6 cm de large, non dentées, vert foncé brillant dessus, vert bleuté à blanc bleuté dessous, coriaces, aromatiques quand on les écrase. ***Écorce*** Gris-brun et lisse, très aromatique. ***Fleurs*** 4 cm de diamètre, blanches, odorantes, nombreux pétales fins, en grands bouquets, printemps à début d'été. ***Fruit*** Petite baie verte, noir-pourpre à maturité, en groupe à l'extrémité de longs pédoncules.
• **ORIGINE** Mexique, Amérique du Sud.
• **HABITAT** Montagnes.
• **REMARQUE** Nommée d'après le capitaine William Winter qui navigua avec Sir Francis Drake au XVIe siècle, et qui utilisa son écorce (source de vitamine C) pour traiter le scorbut, maladie due à une carence vitaminique.

Hauteur 15 m (6 m)	Port Cône étroit	Feuilles Persistantes	Type

GLOSSAIRE

LES TERMES DÉFINIS ci-dessous viennent en complément des différentes notions expliquées aux pages d'introduction. Les mots en **gras** renvoient à d'autres entrées.

• **ACUMINÉ** : dont l'extrémité se termine en pointe effilée.
• **AKÈNE** : fruit sec **indéhiscent**, formé d'un carpelle contenant une graine non adhérente au **péricarpe.**
• **APEX** : sommet d'un organe.
• **ARILLE** : **tégument** charnu enveloppant en partie la graine.
• **ART TOPIAIRE** : méthode de culture et de taille, visant à donner à des végétaux des formes géométiques, figuratives, ou abstraites.
• **AURICULÉ** : se dit d'une feuille ou d'une **bractée** portant à la base deux appendices (ou oreillettes) de part et d'autre de l'axe d'insertion.
• **AXILLAIRE** : placé à l'aisselle d'une feuille ou d'une **bractée**.
• **BILABIÉ** : se dit des **calices** ou des **corolles** divisés en deux lèvres.
• **BIPENNÉ** : doublement **penné**, c'est à dire où chaque foliole est elle-même **pennée**.
• **BRACTÉE** : petite feuille ou écaille placée à la base d'une **inflorescence**, d'un **pédicelle**.
• **CALICE** : enveloppe extérieure du **périanthe**, formée par les sépales.
• **CAPITULE** : **inflorescence** regroupée sur l'extrémité élargie du **pédoncule**.
• **CHIMÈRE** : voir **Hybride de greffage**.
• **CLONE** : groupe de plantes obtenues par la multiplication végétative (ou asexuée) d'un même individu.
• **COROLLE** : partie interne du **périanthe**, formée de pétales souvent colorés.
• **CORYMBE** : **inflorescence**, simple ou composée, dont les fleurs, portées par des **pédicelles** inégaux et insérés à des niveaux différents, sont toutes sur un même plan.
• **CUPULE** : organe en forme de coupe écailleuse, parfois épineuse, soutenant ou enveloppant certains fruits.
• **CYME** : **inflorescence** se ramifiant au-dessous de chaque fleur terminale et dans laquelle l'extrémité de l'axe principal est dépassée par un ou plusieurs rameaux latéraux.
• **DÉHISCENT** : se dit d'un fruit s'ouvrant spontanément à maturité.
• **DIOÏQUE** : se dit d'une plante dont les fleurs (unisexuées) mâles et femelles sont sur des pieds distincts.
• **DRUPE** : fruit charnu, **indéhiscent**, à graine(s) enfermée(s) dans un noyau.
• **FOLLICULE** : fruit sec **déhiscent** s'ouvrant par une longue fente, et ayant pour origine un seul carpelle.
• **GLOMÉRULE** : groupe de fleurs formant un petit amas compact.
• **HYBRIDE DE GREFFAGE** : plante obtenue par greffage, et contenant les tissus des deux sujets utilisés pour la greffe.
• **INDÉHISCENT** : se dit d'un fruit qui ne s'ouvre pas spontanément à maturité.
• **INFLORESCENCE** : ensemble de fleurs et de **bractées**.
• **INVOLUCRE** : ensemble de **bractées** disposées à la base d'une fleur, d'une **ombelle** ou d'un **capitule**.
• **LABIÉ** : en forme de lèvre.
• **LATIFOLIÉ** : à larges feuilles.
• **LENTICELLE** : petite saillie, souvent elliptique et brune, qui se trouve sur l'écorce permettant l'aération des couches sous-jacentes.
• **LIGNEUX, LIGNEUSE** : de la nature du bois.
• **LIMBE** : partie élargie d'une feuille, d'un sépale ou d'un pétale.
• **LOBE** : division d'une feuille ou d'un pétale, séparée par des **sinus**.
• **MUCRONÉ** : terminé à l'**apex** par une courte pointe raide (mucron).
• **OMBELLE** : **inflorescence** dont les **pédicelles** ou les **pédoncules** sont tous insérés en un point comme les rayons d'un cercle.
• **PALMATILOBÉ** : se dit d'une feuille découpée en **lobes** peu profonds, et à nervation disposée en éventail.
• **PANICULE** : **inflorescence** composée de grappes ou de **cymes** s'insérant sur un axe central.
• **PAPILIONACÉ** : se dit d'une fleur à **corolles** irrégulières, à 5 pétales inégaux et à symétrie bilatérale.
• **PECTINÉ** : en forme de peigne.
• **PÉDICELLE** : dans une **inflorescence**, petit axe ne portant qu'une seule fleur.
• **PÉDONCULE** : axe portant une **inflorescence**.
• **PENNÉ** : se dit d'une feuille dont les folioles sont disposées en deux rangées de part et d'autre du **rachis**.
• **PÉRIANTHE** : ensemble formé par le **calice** et la **corolle** d'une fleur.
• **PÉRICARPE** : paroi entourant les graines d'un fruit.
• **PÉTIOLE** : partie de la feuille, de forme généralement rétrécie et allongée, reliant le **limbe** à la tige.
• **PÉTIOLULE** : petit **pétiole** portant le **limbe** d'une foliole, dans les feuilles composées.
• **PRUINEUX** : couvert d'une pruine, c'est-à-dire d'une substance cireuse formant une mince couche poudreuse.
• **PUBESCENT** : couvert de poils courts, souples et épars.
• **RACÈME** : **inflorescence** simple (ou grappe) de fleurs pédicellées, s'insérant sur un axe principal.
• **RACHIS** : axe principal d'une feuille composée.
• **RAMULE** : jeune pousse de l'année.
• **SAMARE** : **akène** à une graine, accompagné d'une aile membraneuse.
• **SESSILE** : dépourvu de **pétiole**, de **pédicelle** ou de **pédoncule.**
• **SINUS** : découpure, creux entre les **lobes**.
• **SQUAMEUX** : écailleux.
• **SQUAMIFORME** : en forme d'écaille.
• **STIPE** : tronc sans ramification, le plus souvent cylindrique, des palmiers.
• **STIPULE** : appendice foliacé, inséré généralement par paire à la base du **pétiole.**
• **TÉGUMENT** : enveloppe protectrice de la graine.
• **TÉPALE** : pièce d'une enveloppe florale où il est impossible de distinguer un **calice** et une **corolle** (ex. : chez les tulipes).
• **TOMENTEUX** : couvert de poils mous, entrecroisés à la façon d'un feutre.
• **URCÉOLÉ** : se dit d'une **corolle** à pétales soudés, en forme de grelots.
• **VERTICILLE** : ensemble d'organes (branches, fleurs ou feuilles) disposés par plus de deux en cercle autour d'un axe.

INDEX

A

B

C

J

K

L

M

N

O

P

Q

R

S

T

U

V

W

X

Z